AF608793

TTN-Studien – Schriften aus dem Institut
Technik-Theologie-Naturwissenschaften
an der Ludwig-Maximilians-Universität München

wird herausgegeben von

Band 9

Herwig Grimm | Stephan Schleissing [Hrsg.]

Moral und Schuld

Exkulpationsnarrative in Ethikdebatten

Die Deutsche Nationalbibliothek verzeichnet diese Publikation in der Deutschen Nationalbibliografie; detaillierte bibliografische Daten sind im Internet über http://dnb.d-nb.de abrufbar.

ISBN 978-3-8487-5504-2 (Print)

ISBN 978-3-8452-9689-0 (ePDF)

1. Auflage 2019

Inhalt

Moral ohne Schuld? Ethik als Mittel der Schuldvermeidung Zur Einführung

Herwig Grimm und Stephan Schleissing

Im Anthropozän gibt es nichts mehr, das keine Spuren eines menschlichen Eingriffes trägt. Aber ist der Mensch deshalb schon in der Lage, für all sein Handeln die Verantwortung zu tragen? Und was ist, wenn die Dinge sich schlecht entwickeln? Kann man von moralischer Schuld sprechen, auch wenn Optionen zu ihrer Vermeidung nur retrospektiv erkennbar werden? In der Regel sind Sündenböcke schnell gefunden: Gewinnmaximierende Konzerne, individuelles Versagen und mangelnde Bereitschaft zum Verzicht oder einfach fehlgeleitete Politik. Trotz der komplexen Zusammenhänge, in denen wir leben, scheinen klare Schuldzuweisungen nicht nur möglich, sondern auch gängig. Die wissenschaftliche Ethik, so scheint es auf den ersten Blick, stützt solche Klarheiten: Gemäß einer gebräuchlichen Unterscheidung der analytischen Philosophie ist eine Handlung entweder verboten, geboten oder erlaubt. Wie im Recht ist klar, dass Verbotenes zu unterlassen, Gebotenes zu tun ist und Erlaubtes getan oder gelassen werden kann. Damit ist alles klar und eindeutig und es ist nur eine Frage des intensiven Nachdenkens, bis man weiß, was zu tun oder zu unterlassen ist und wie man selbst schuldfrei bleibt. Irgendwo, so die Vorstellung, ist eine eindeutige Antwort durch vernünftiges Nachdenken zu finden, auch wenn alles gegen dieses Bild spricht.

Die Situation erinnert an Josef K. in Kafkas Prozess. K. hat keine Zweifel, dass seine Verhaftung ein Irrtum sei, da er ja nichts Böses getan hat und er ist überzeugt, dass Nachforschungen seine Unschuld belegen können, so sie durchgeführt würden. Allerdings muss Josef K. einsehen, dass es keine nachvollziehbaren Gründe für seine Verhaftung und seinen Prozess gibt. Vielmehr sind die Bücher, in denen er die klaren Antworten in Form von Paragraphen vermutet, alles andere als autoritativ legitimierender Gesetzestext. Trotzdem hält K. daran fest, dass es eine legitimierte Instanz geben muss, die über seine Schuld oder Unschuld befindet. Vielleicht ist es gerade diese Suche nach einer legitimierenden Ordnung, die in Ethikdebatten die Tendenz zur Moralisierung zur Kehrseite hat: Wenn die Grundlage moralischer Autoritäten verloren geht, heißt dies noch lange nicht, dass sie an Einfluss und Wirkung einbüßen. Eventuell ist die Moralisierung gesellschaftlicher Debatten sogar mit dem Verlust moralischer Autoritäten am besten zu erklären, wie es Žižek andeutet: „Wenn es keinen Gott gibt, dann ist nichts erlaubt".[1] Die Klarheit, mit der die Unterscheidung von „gut und böse" gemacht und resultierende Schuldzuweisungen ausgesprochen werden, erinnert an Josef K., der daran festhält, dass es begründbare Antworten mit unzweifelhafter moralischer Autorität geben *muss*: Irgendwo muss es eine Quelle gesicherter moralischer Autorität geben, sonst macht das alles keinen Sinn.

Die Frage moralischer Autorität ist keineswegs trivial, denn in komplexen, dynamischen Gesellschaften ist das Gute nicht ohne Schaden zu haben. Auch ethische Entscheidungen generieren Gewinner und Verlierer und die Frage wird drängend, mit welchem Recht die Nachteile der Verlierer in Kauf genommen werden. Dies ist freilich keine neue Einsicht, wie die Auseinandersetzung mit dem Prinzip der Doppelwirkung in der Moralphilosophie zeigt. Der Fokus auf die Qualifizierung konkreter Handlungen in der Ethik hat jedoch dazu geführt, dass die ambivalenten Folgen moralischer Handlungen aus dem Blick geraten sind. Auch durch moralisch gebotene oder erlaubte Handlung lässt sich Schuld generieren und die Unterlassung einer verbotenen Handlung kann zu Gewissensbissen führen. Umgekehrt könnte man fragen, ob es nicht vielleicht ein Trugschluss ist, zu denken, dass moralisches Handeln von Schuld freihält. Um hier ein Beispiel aus der Tierethik zu geben: Das europäische Recht sieht vor, dass jedes Tierversuchsprojekt unter Berücksichtigung ethischer Aspekte in einer Schaden-Nutzen-Analyse gerechtfertigt werden muss.[2] Selbst wenn das konsequentialistische Kalkül deutlich für ein Tierversuchsprojekt spricht, so bleibt doch der Schaden der verwendeten Tiere real und erfahrbar. Auch wenn begründet und gerechtfertigt werden kann – das menschenverursachte Leiden der Tiere bringt die Frage mit sich, ob wir an ihnen schuldig geworden sind und wie mit dieser Schuld umzugehen ist, auch wenn wir gute Gründe für ihre Verwendung im Versuch haben. Hat hier die ethische Tradition etwas übersehen? Wenn Ethiker fordern, fleischfressende Tiere aussterben zu lassen,[3] damit weniger Leid in die Welt kommt, dann stellt sich die Frage, wer mit welcher Schuld nicht leben kann. Die einfache und konsequente Befolgung des Prinzips der Leidvermeidung ist hier eine unsägliche Reduzierung der Komplexität moralischer Praxis und hat nur den Anschein, Schuld durch konsequente Befol-

1 Žižek, Weniger als nichts, 2014, 114.
2 Vgl. European Commission, Directive 2010/63/EU, 2010, Article 38 (d).
3 Vgl. McMahan, The Meat Eaters, 2010.

gung moralischer Prinzipien zu vermeiden. Moralisches Handeln wird hier gewalttätig und auf diesem Weg Schuld allererst generiert.

Keiner will sie und doch ist sie unvermeidbar. Der moralphilosophische Zentralbegriff der Schuld wird aktuell nur wenig diskutiert, obwohl unsere gesellschaftlichen Debatten von Moralisierung und Schuldzuweisungen massiv geprägt sind. Hier kann nun grundsätzlicher gefragt werden: Hat – insbesondere die angewandte – Ethik die Funktion übernommen, moralische Schuld zu legitimieren? Ein solches Mittel käme gelegen, denn wir generieren laufend Schuld, nur fehlen Praktiken des Umgangs mit ihr. Vielleicht lässt sich philosophische Ethik auch zu einem Gutteil als Reaktion auf die Unfähigkeit verstehen, mit Schuld umzugehen und den Verlust exkulpierender Autoritäten zu kompensieren. Wird man seine Schuld nicht mehr los, so wird es umso wichtiger, keine Schuld mehr zu generieren.

Wenn ein gutes Leben ohne Schuld nicht möglich ist, dann rückt der Umgang mit ihr in den Vordergrund. Ist z.B. die Propagierung eines sparsamen, veganen, regional orientierten Lebensstils eine Strategie der Vermeidung von Schuld? Aber der Bioladen kann den Beichtstuhl nur bedingt ablösen. Wo sind die Orte in unserer Gesellschaft, wo Ambivalenzen beim Namen genannt werden können, ohne deshalb sofort am Pranger zu landen? Es hat den Eindruck, dass der Schuldbegriff längst zu einem Zentralbegriff heutiger Ethikdebatten avanciert ist. Aber wie lässt er sich in einer säkularen Gesellschaft verstehen und was ist sein Beitrag für die Ethik?

In der Moralphilosophie finden wir unterschiedliche Ansätze, über Schuld nachzudenken und mit ihr umzugehen. Eine Leitunterscheidung ist dabei jene zwischen Schuld und Schuldgefühl, die eine objektive und eine subjektive Dimension des Schuldphänomens beschreiben. Diese Unterscheidung findet sich z.B. bei Martin Buber, der sich vehement für eine Differenzierung zwischen Schuld, „einem ontisch charakterisierten Etwas, dessen Ort nicht die Seele, sondern das Sein ist".[4] und dem Schuldgefühl einsetzt. Aufgrund ihres ontischen Charakters lässt sich Schuld in Bubers Augen keinesfalls auf das Schuldgefühl reduzieren. Buber hält fest, dass Schuld, die er als *Existentialschuld* thematisiert, durch die Verletzung einer intersubjektiv geteilten normativen Ordnung entsteht: „Existentialschuld geschieht, wenn jemand eine Ordnung der Menschenwelt verletzt, deren Grundlagen er wesensmäßig als die des ihm und allen gemeinsamen menschlichen Daseins kennt und anerkennt."[5] Die Erfahrung von Existen-

---

4 Buber, Schuld und Schuldgefühle, 2017, 129.
5 Ebd., 132.

tialschuld zeichnet sich durch die „Einsicht in die Unwiederbringlichkeit der Ausgangsposition und die Irreparabilität des Bewirkten, und das heißt, die reale Einsicht in die Irreversibilität der gelebten Zeit“[6] aus, in der die Zeit als „Sturz“[7] erlebt wird. Der Schuldige, so Buber, leidet daran, derselbe zu sein, obwohl er ein anderer geworden ist. Dass eine Person eine Norm verletzt hat, die der intersubjektiv geteilten normativen Ordnung angehört, wird ihr durch ihr Gewissen in Form des Schuldgefühls vermittelt.

Buber beschreibt die Sühne als einzig angemessene Praxis des Umganges mit Schuld. Im Unterschied zu einem reinen Abbau des Schuldgefühls z.B. im Zuge einer Psychotherapie beschreibt er Sühne als den Prozess moralischer Weiterentwicklung der Person in drei Schritten. Im ersten Schritt, der Selbsterhellung, stellt sich der Schuldige seiner Schuld im umfassenden Sinn, so dass er sich deren Bedeutung für sein Leben bewusst wird.[8] Im zweiten Schritt, der Beharrung, hat er die als demütigend empfundene Tatsache zu affirmieren, dass er als schuldig gewordene Person mit seiner ursprünglichen Person identisch ist.[9] Der dritte Schritt, die Sühne, stellt keine klassische Wiedergutmachung dar, weil die Schuld und ihre Folgen irreversibel sind. Sühne bedeutet in diesem Kontext, sich zur eigenen Existentialschuld zu bekennen und die Geschädigten bei der Bewältigung der Folgen der Schuld zu unterstützen.[10] Da die Sühne dem Schuldigen die Ausbildung eines neuen Weltverhältnisses abverlangt, werden im Zuge dieses Lernprozesses seine Schuld*gefühle* in einer angemessenen Weise getilgt, während seine Schuld als solche bestehen bleibt und der Einsicht in die Notwendigkeit einer moralischen Entwicklung dient. Hier handelt es sich um den retrospektiven Umgang mit Schuld, ein prospektives Konzept der Praxis der Sühne, die Menschen zu dem werden lässt, was ihnen moralisch möglich ist.

Gabriele Taylors Modell der Schuld[11] deckt sich in vielen Punkten mit Bubers Konzeption. Analog zu Buber unterscheidet Taylor Schuld als objektive Dimension vom Schuldgefühl als subjektiver Dimension desselben Phänomens. Taylor zufolge lädt eine Person durch den Bruch eines Gesetzes oder einer Norm Schuld auf sich: „A person is guilty if he breaks a law,

---

6 Ebd., 131.

7 Ebd.

8 Vgl. ebd., 142.

9 Vgl. ebd., 141.

10 Vgl. ebd., 152.

11 Taylor, Pride, Shame, and Guilt, 2002.

which may be of human or divine origin."[12] Schuldgefühle angesichts der Verletzung eines Gesetzes oder einer Norm stellen sich bei einer handelnden Person allerdings nur dann ein, wenn die Person das Gesetz bzw. die Norm als legitim anerkennt: „To feel guilty he must accept not only that he has done something which is forbidden, he must accept also that it is forbidden, and thereby accept the authority of whoever or whatever forbids it."[13] Taylors Schilderung des Erlebens von Schuldgefühlen ähnelt Bubers Ausführungen über die Erfahrung der Existentialschuld: Durch das Gefühl der Schuld, das angesichts von verbotenem Handeln empfunden wird, würde das Selbst regelrecht entstellt werden.[14] In extremen Fällen könnte die Erfahrung von Schuldgefühlen sogar eine Entfremdung der schuldigen Person von sich selbst und eine Spaltung ihres Selbst bewirken.[15]

Taylor zeigt drei Praktiken auf, wie Schuldgefühlen im Alltag begegnet werden kann,[16] die sich stark von Bubers Modell der Sühne unterscheiden. Wenngleich sie mit Buber darin übereinkommt, dass eine Eliminierung von Schuld unmöglich ist,[17] nennt sie das Leisten von Wiedergutmachung als erste Möglichkeit, um auf Schuldgefühle zu reagieren. Zweitens weist Taylor auf die Möglichkeit hin, die eigenen normativen Maßstäbe an die Entstellung anzupassen, sodass der erfolgte Vollzug verbotener Handlungen keine Schuldgefühle mehr hervorruft. Drittens steht es dem Schuldigen nach Taylor frei, untätig zu bleiben, und an seinen Schuldgefühlen weiter zu leiden.

Christian Illies' Annäherung an das Phänomen Schuld[18] weist eine deutliche Nähe zu Taylor, aber auch zu Bubers Bestimmung des Schuldgefühls auf. Er beschreibt unter expliziter Bezugnahme auf Taylors Konzeption die Empfindung von Schuldgefühlen als Identitätskrise einer Person, deren Handeln in Konflikt mit ihrem normativen Selbstbild geraten ist:

> Die moralische Schuld lässt sich daher als Sonderfall einer Identitätskrise interpretieren. Hier wird die moralische Seite des normativen Selbstbildes verfehlt, welches durch Vorstellungen des moralisch Richtigen geformt ist. Schuldgefühle treten also auf, wenn das deskriptive und moralisch-normative Selbstbild nicht zusammenpassen; wenn das

12 Ebd., 85.
13 Ebd.
14 Vgl. Ebd., 92.
15 Vgl. ebd., 95.
16 Vgl. ebd. 93.
17 „He cannot wipe it out, for what is done is done." in: Ebd., 93.
18 Illies, Schuld, Subjekt und Sittengesetz, in: Lüke & G. Souvignier (Hrsg.): Schuld, 2015, 32-62.

> Ich eine begangene Untat (die es seinem empirischen Selbst zuschreiben muss) nicht in Einklang mit dem moralisch-normativen, idealen Bild seines Selbst bringen kann (das so etwas nicht tun würde).[19]

In Anlehnung an Taylor eröffnet Illies dem Schuldigen die Möglichkeit, seine Identitätskrise zu beheben, indem er entweder Wiedergutmachung leistet oder sein normatives Selbstbild an sein moralisches Vergehen anpasst.

Im Hinblick auf die Ausgestaltung der objektiven Dimension des Phänomens Schuld distanziert sich Illies allerdings in einer entscheidenden Hinsicht von Taylor und Buber. Nach Illies ist Schuld, und damit einhergehend auch die Hervorrufung von Schuldgefühlen, auf die Verletzung einer Norm des eigenen normativen Selbstbildes durch eine handelnde Person zurückzuführen. Im Unterschied zu Taylor und Buber speist sich das normative Selbstbild einer Person allerdings nicht aus intersubjektiv geteilten Grundsätzen, sondern aus einer normativen Ordnung, die objektive Gültigkeit besitzt: „Eine objektive Moral, und damit das Vermögen tatsächlich schuldig zu werden, ist Voraussetzung für das Menschsein."[20] Folglich werden ausschließlich auf der Grundlage der Verletzung eines objektiven Moralkanons durch ein handelndes Subjekt Schuld hergestellt und Schuldgefühle evoziert. Die Position erinnert nicht umsonst an Josef K., mit dem sich Illies auseinandersetzt. Die Frage bleibt, ob eine objektive Moral zu „haben" ist oder ob nicht gerade ihre vermeintliche Abwesenheit das Bewusstsein individueller Schuld allererst hervorruft. Im Gegensatz zu Illies bildet bei Bubers und Taylors Ansatz die Verletzung intersubjektiv geteilter Normen den Ausgangspunkt von Schuld und Schulderfahrungen.

Maria-Sibylla Lotters Zugang[21] hat mit Illies' Modell den Ausgang von einem normativen Selbstbild bzw. Selbstverständnis der handelnden Person als Basis von Schuld und Schuldgefühlen gemein. Lotters Konzept baut auf der Differenzierung zwischen dem Scham- und Schuldgefühl auf, die sie als einander ergänzend bestimmt. Während Scham, ein egozentrisches Gefühl, durch die Verletzung des normativen Selbstverständnisses einer Person hervorgerufen werden würde, entsteht in dieser Sicht das Schuldgefühl, ein allozentrisches Empfinden, durch die Verletzung von intersubjektiv geteilten Normen und anderen Personen: „Der Schambegriff bezieht sich auf ein *egozentrisches* Wertempfinden, ein Selbstwertempfinden, im Unterschied zu den Schuldgefühlen, die man als *allozentrisch* be-

19 Ebd., 61.
20 Ebd., 62.
21 Lotter, Scham, Schuld, Verantwortung, 2016.

zeichnen könnte, weil sie sich auf Verletzungen von anderen Personen und von Normen richten."[22]

Das Entstehen von Schuld in der gelebten Praxis wird von Lotter als komplexer Vorgang beschrieben, wobei die Frage der Schuld im Moment der Verletzung einer intersubjektiv geteilten moralischen Norm relevant wird, die der Handelnde als Norm seines Selbstverständnisses anerkannt hat. Es stellt sich die Frage, ob die handelnde Person relevante Entschuldigungsgründe anführen kann, aufgrund derer sie zwar kausale Verantwortung, aber keine Schuld für ihr Handeln trägt.[23] Liegen keine relevanten Entschuldigungsgründe vor, hat der Handelnde Schuld auf sich geladen. Schuldgefühle stellen sich folglich dann ein, wenn eine Person eine intersubjektiv geteilte Norm verletzt hat, die Teil ihres normativen Selbstverständnisses ist, ohne adäquate Entschuldigungsgründe für die Verletzung derselben angeben zu können.

Indem Lotter die Verletzung des normativen Selbstverständnisses handelnder Personen als Quelle von Schuld und Schuldgefühlen hervorhebt, ähnelt ihr Ansatz demjenigen von Illies. Die explizite Betonung des intersubjektiven Momentes verletzter Normen[24] deutet allerdings eher auf eine Kompatibilität von Lotters Theorie mit Bubers und Taylors Ansatz als mit Illies' Modell hin.

Friedrich Nietzsche entwirft in der *Genealogie der Moral* eine vollkommen andere Auffassung in Bezug auf die Genese von Schuld und Schuldgefühlen. Nietzsche rekonstruiert Schuld mit Rekurs auf das Vertragsverhältnis zwischen Gläubiger und Schuldner.[25] Schuld entsteht im Zuge eines Vertragsbruchs auf Seiten eines Schuldners gegenüber seinem Gläubiger. Wie Buber, Taylor und Illies beschreibt auch Nietzsche eine Praxis der Tilgung von Schuld. Da der Gläubiger durch den Vertragsbruch des Schuldners einen Schaden erlitten hat, bedarf es in Nietzsches Augen eines Ausgleiches zwischen den Vertragspartnern, eines Äquivalents.[26] Nach Nietzsche besteht der Ausgleich darin, dass der Gläubiger das Recht erhält, den Schuldner durch die Zufügung von Grausamkeit zu strafen, um das das aus dem Lot geratene Gleichgewicht zwischen den Vertragspartnern wiederherzustellen:

---

22 Ebd., 105.
23 Vgl. ebd.,132ff.
24 Vgl. ebd., 131.
25 Vgl. Nietzsche, Zur Genealogie der Moral, 2011, 298 und 305f.
26 Vgl. ebd., 298.

> Die Äquivalenz ist damit gegeben, dass an Stelle eines gegen den Schaden direkt aufkommenden Vortheils (also an Stelle eines Ausgleichs in Geld, Land, Besitz irgend welcher Art) dem Gläubiger eine Art W o h l g e f ü h l als Rückzahlung und Ausgleich zugestanden wird, – das Wohlgefühl, seine Macht an einem Machtlosen unbedenklich auslassen zu dürfen [...]. [...] Der Ausgleich besteht also in einem Anweis und Anrecht auf Grausamkeit.[27]

Nietzsche rechtfertigt Grausamkeit als legitimes Mittel zur Herstellung von Äquivalenz mit dem Verweis darauf, dass Lust an der Zufügung von Grausamkeit eine anthropologische Konstante wäre.[28] Indem der Gläubiger dem Schuldner Schaden zufügen dürfe, würden sowohl der Schaden des Gläubigers als auch die Schuld des Schuldners getilgt werden.

Die Sklavenmoral, die sich dem Projekt der „Zähmung"[29] des Menschen verschrieben hat, verwehrt dem Menschen das Ausleben seiner triebbedingten, tierlichen Lüste. In der Folge ist es auch nicht mehr zulässig, dass sich der Gläubiger mittels der Zufügung von Grausamkeit der Tilgung der Schuld des Schuldners annimmt. Diese Funktion wird im modernen Rechtsstaat von staatlichen Institutionen übernommen. In der Folge richtet sich das triebbedingte Verlangen des Gläubigers nach der Tilgung der Schuld gegen den Gläubiger selbst und entlädt sich in Form der Empfindung des schlechten Gewissen: „Die Feindschaft, die Grausamkeit, die Lust an der Verfolgung, am Überfall, am Wechsel, an der Zerstörung – Alles das gegen die Inhaber solcher Instinkte sich wendend: d a s ist der Ursprung des »schlechten Gewissens«."[30]

Hat nun Ethik eine wesentliche Funktion darin, uns davor zu bewahren, Schuld zu generieren und ist damit ihre zentrale Aufgabe bestimmt? Ist eine Moral ohne Schuld denkbar? Oder sollte uns Ethik dabei helfen, Phänomene der Schuld besser zu verstehen und ist eine Moral ohne Schuld vielleicht sogar eine problematisch irrige Vorstellung?

In den Beiträgen dieses Bandes reflektieren Wissenschaftler aus unterschiedlichen Disziplinen das Verhältnis von Moral und Schuld in Ethikdebatten. Sämtliche Beiträge standen auf einer öffentlichen Tagung zur Diskussion, zu der das Institut Technik-Theologie-Naturwissenschaften gemeinsam mit der Evangelischen Akademie Tutzing sowie der Abteilung Ethik der Mensch-Tier-Beziehung des Messerli-Forschungsinstituts der Ve-

27 Ebd., 299f.
28 Vgl. ebd., 302.
29 Ebd., 332.
30 Ebd., 323.

terinärmedizinischen Universität Wien und dem Institut für Medienwissenschaft der Ruhr-Universität Bochum vom 13. bis 14. November 2017 nach Tutzing eingeladen hatten. Unter dem Titel „Moral ohne Schuld?" gingen die Teilnehmer der Tagung ging der Frage nach, welche Narrative der Schuldthematisierung und Schuldabtragung in pluralistischen Gesellschaften Gültigkeit haben. Wie werden solche Narrationen internalisiert und praktiziert? Zur Diskussion stand die These, dass Ethikdebatten auf Orte und Strategien der Exkulpation angewiesen sind, an denen Ent-Schuldung möglich ist, wenn Moral nicht nur das gute Gewissen, sondern auch das gute Handeln zum Ziel hat.

Den Anfang macht der Philosoph GARRY STEINER, der sich mit dem veganen Imperativ als Narrativ der Schuldvermeidung befasst. Gegenüber postmodernen Argumentationen postuliert er diesen Imperativ als universale moralische Verpflichtung der Menschen. Nach Steiner impliziert er die Annahme einer moralischen Gleichwertigkeit von Mensch und Tier. Die für die Ethik notwendige Unparteilichkeit sieht er wie die Kontraktualisten im Prinzip der Gleichheit und Reziprozität fundiert. Aber anders als anthropozentrische Denker begrenzt Steiner diese Gleichheit nicht auf bewusstseinsfähige Wesen, sondern versteht sie mit Heidegger als „existenzielle Gleichheit, die alle empfindungsfähigen Lebewesen aufgrund ihrer Sterblichkeit teilen." Steiner fordert dazu auf, die Grenzen der moralischen Gemeinschaft so zu erweitern, dass alle empfindungsfähigen Lebewesen als Inhaber moralischer Rechte gelten können. Sonst würde es dem Menschen nicht gelingen, die ihm angeborene Tendenz zur Eigennützigkeit zu überwinden und tatsächlich als *ethisches* Wesen zu existieren.

Auch für ROBERT PFALLER ist die so genannte Postmoderne Ursache und Grund der Krise des aktuellen Moraldiskurses. Dessen Hysterisierung im Gewand der bloßen Empörung mache auf eine höchst destruktive Weise deutlich, was geschieht, wenn Moral als Moralisierung „Amok läuft". Was als Kampfansage gegen die sogenannten „großen Erzählungen" begann, setzt sich in der westlichen Kultur nun fort als große Stunde der kleinen Erzählungen, die mit größtem moralischem Pathos vorgetragen werden. Der Relativismus, der nichts Großes anerkennen wollte, zeigt sich nun unfähig, auch nur irgendetwas zu relativieren. Der Psychoanalytiker diagnostiziert anhand prägnanter Beispiele das Auftreten von Moral als „Enthemmungssystem", das Menschen erst in die Lage versetzt, andere zum Feind zu machen und sie als Unpersonen bis zur Vernichtung zu bekämpfen. Und es ist die „gefühlte" Moral selbst, die zur Außerkraftsetzung aller Errungenschaften und Prinzipien, selbst der moralischen, drängt. Als Türöffner für die Tendenz der Moral zur Maßlosigkeit und zum Widerspruch ihrer eigenen Prinzipen macht Pfaller eine Verinnerlichung von sozialer Kontrolle verantwortlich, die im „Opfersein" ihren durch nichts zu kritisierenden Höhepunkt erfährt: Man beurteilt nicht mehr Handlungen oder Absichten, sondern nur noch die jeweilige Person, die durch ihr Tätersein als solche ins Unrecht gestellt ist. Demgegenüber plädiert Pfaller für eine moralische Praxis, die die Achtung in den Mittelpunkt stellt, was freilich nur dem möglich ist, der die eigene Schwäche nicht als Unwerturteil gegenüber anderen in Stellung bringen muss.

Die Philosophin MARIA-SIBYLLA LOTTER widmet sich ebenfalls der inflationär ansteigenden Kultur des schlechten Gewissens, wie sie durch die Forderung nach *political correctness* Einzug gehalten hat. Angesichts offensichtlicher Ungerechtigkeiten geht es hier nicht um Handlungsaufforderung zur Rücksichtnahme oder Fairness gegenüber Benachteiligten, sondern um Schuldzuschreibungen jenseits von Ursachenzusammenhängen, weil Gruppen „schuld" sind, weil sie sind, wie sie sind. Lotter zeichnet in ihrem Beitrag vielfältige Transformationen der Vorstellungen von Schuld von der Antike bis heute nach, um vor diesem Hintergrund auf die Frage nach dem Sinn und Unsinn von Kollektivschuldzuschreibungen im Kontext der gegenwärtigen Besessenheit mit Schuld zurückzukommen. Dabei kommt sie zu dem Schluss, dass die gegenwärtig zu beobachtende Reduktion von Schuld auf moralische Vorwerfbarkeit zur Konsequenz hat, dass sich auch als Umgang mit Schuld letztlich nur moralische Kritik oder Selbstkritik anbietet. Der existentialistische Versuch, an den auch die Denkweisen der *Critical Whiteness Studies* anknüpfen, Schuld nicht nur als moralische Täterschuld zu denken, sondern auf die eigene Identität und Mitgliedschaft in Kollektiven zurückzuführen, bleibt insofern dem modernen Schema verpflichtet und steigert es noch.

Dass Schuld als „Sünde" mehr und anderes ist als moralische Vorwerfbarkeit, wird seit jeher von der Theologie zum Thema gemacht. Gleichwohl hat die christlich-religiöse Rede von Schuld und Sünde erheblich an Akzeptanz eingebüßt steht. Der evangelische Theologe MARKUS BUNTFUSS befasst sich in seinem Beitrag mit der Bedeutung der reformatorischen Sündenlehre, deren Thema primär das Verhältnis des Menschen zu Gott ist. Daraus erwachsen für die Frage nach der Verantwortung des Einzelnen spezifische Aporien, auf die die neuere protestantische Theologie mit einer umfassenden Ethisierung des Glaubens- und Christentumsverständnisses reagiert hat. An den aktuellen Debatten um die politische Ausrichtung einer „Öffentlichen Theologie" bzw. eines „Öffentlichen Protestantismus" macht Buntfuss deutlich, dass die in der Geschichte des Protestantismus zu Tage tretenden Alternativen einer theologischen Exkulpation ohne Moralisierung oder einer theologischen Ethisierung ohne Entschuldigung nach wie vor präsent sind.

Auch der katholische Theologe MARTIN DÜRNBERGER analysiert die gegenwärtig zu beobachtende Moralisierung öffentlicher Diskurse im Rückgriff auf das traditionelle Verständnis des *peccatum originale* in der theologischen Tradition. In einem zweiten Schritt widmet er sich dann den Bearbeitungsformen für Sünde, wie diese in den überlieferten Formen des Sündenspiegels, diverser Bußpraktiken und Techniken des Selbst gegeben waren. Eine moderne Form ist die Berufung auf Authentizität als moralischem Ideal, das im Falle des Scheiterns seine eigene Vergebung gewissermaßen in sich trägt. Dabei ist nach Dürnberger unter neuzeitlichen Bedingungen durchaus der Trend zu einer fortschreitenden Ethisierung der Sünde zu beobachten, die eine Moralisierung der Heilsfrage zu ihrer Kehrseite hatte. Gegenwärtig zeitigt sich mit der Soteriologisierung der Moral ein Gegentrend ab. Heute werden moralische Fragen mit heiligem Ernst betrieben, deren Unerbittlichkeit nicht zuletzt daher rührt, dass für die heilsame Differenz von Täter und Tat, Identität und Moralität kein Platz mehr zu sein scheint.

„Die Dinge sind dem Menschen entglitten, liegen nicht mehr in seiner Hand und führen ein Eigenleben" konstatiert STEFAN RIEGER in seinem Beitrag, in dem er danach fragt, wie angesichts des prekären Zusammenwirkens von Mensch und Maschine Zuschreibungen bzw. Schuld zum Thema wird. In einer medientheoretischen Perspektive widmet er sich der Frage, inwiefern in den Weisen des Umgangs mit, des Verhaltens zu und des Redens über Technik eine „Anthropophilie" erkennbar wird, die dahin tendiert, die Unterscheidung zwischen Mensch und Maschine auf „menschliche" Weise einzuziehen. Rieger beschreibt, wie Maschinen durch Zuschreibung und Design mit anthropologischen Aspekten versehen und so dem Menschen angenähert werden. Das geht im Falle der Gleichbehandlung von fürsorgebedürftigen Pflegerobotern mit ihren menschlichen Schutzbefohlenen so weit, dass Möglichkeiten der Schuldübernahme denkbar werden, was eine der besonders drastischen Irritationen des posthumanen Appells zur affektiven Vergemeinschaftung mit dem Techno-Anderen darstellt.

„Kann Moral ohne Schuld gedacht werden?" ist auch die Ausgangsfrage von LAURA MÜNKLER, die diskutiert, ob die Einbeziehung moralischer Diskussionen bei einer rechtlichen Entscheidungsfindung zwangsläufig dazu führt, dass dabei rechtliche Diskurse und Schuldfragen „vermengt" werden? Die Rechtwissenschaftlerin schildert zunächst unterschiedliche Strategien der Verrechtlichung von Moral und der Ethisierung des Rechts und widmet sich dann der Einrichtung von Ethikgremien, die als Versuch verstanden werden können, das vertrackte Verhältnisses zwischen Recht und Moral so zu gestalten, dass Konfliktbearbeitungspotenziale erkennbar werden, ohne hierbei Kategorien der Schuld aufzurufen. Die bestehenden Unklarheiten, ob Ethikgremien eine ethische oder rechtliche Beurteilung der gesetzlichen Kriterien durchzuführen haben, ob sie lediglich dem Gesetz nach eingeräumte Entscheidungsspielräume durch ethische Würdigungen füllen sollen oder ein genuin ethischer Diskurs neben dem rechtlichen Programm intendiert ist, können im Hinblick auf den öffentlichen politischen Diskurs durchaus produktiv beschrieben werden. Insofern Ethikgremien nicht als Politikersatz fungieren, sind sie in der Lage, den verbleibenden Dissens in ethischen Fragen anerkennungsfähig zu machen, was nicht zuletzt dem Kompromisscharakter des Politischen zugutekommen kann.

Literaturverzeichnis:

Buber, Martin (1957), Schuld und Schuldgefühle. In ders.: Werkausgabe Band 10, Schriften zur Psychologie und Psychotherapie, herausgegeben, eingeleitet und kommentiert von J.B. Agassi, München, ²2017, 127-152.

European Commission, Directive 2010/63/EU of the European Parliament and of the Council of 22 September 2010 on the protection of animals used for scientific purposes, in: Official Journal of the European Union 28, 2010, 82–128.

Illies, Christian, Schuld, Subjekt und Sittengesetz – eine philosophische Annäherung. In: U. Lüke & G. Souvignier (Hrsg.): Schuld – überholte Kategorie oder menschliches Existential? Interdisziplinäre Annährungen, Freiburg im Breisgau, 2015, 32-62.

Lotter, Maria-Sibylla, Scham, Schuld, Verantwortung. Über die kulturellen Grundlagen der Moral, ²2016, Berlin.

McMahan, Jeff, The Meat Eaters, in: The Stone, (2010), https://opinionator.blogs.nytimes.com/2010/09/19/the-meat-eaters/ (abgerufen am 5.11.2018).

Nietzsche, Friedrich (1887), Zur Genealogie der Moral. Eine Streitschrift. Stuttgart, 2011.

Taylor, Gabriele (1985), Pride, Shame, and Guilt. Emotions of self-assessment. Reprint, Oxford, 2002.

Žižek, Slavoj, Weniger als nichts. Hegel und der Schatten des dialektischen Materialismus, Berlin 2014.

Schuldlos essen: Der vegane Imperativ als Narrativ der Schuldvermeidung

Gary Steiner

Mein guter Freund Gary Francione, Juraprofessor und weltberühmter Tierrechtstheoretiker, pflegt zu sagen: Erkenne man an, dass das Zufügen von Schmerzen oder Leiden gerechtfertigt sein muss, so müsse man als logische Konsequenz auch anerkennen, dass Veganismus eine moralische Verpflichtung des Menschen sei. Francione begreift den Veganismus als die logische Konsequenz des Prinzips der Gewaltlosigkeit oder – wie es im Hinduismus und Buddhismus heißt – „Ahimsa" und beklagt die enorme und zum großen Teil leicht vermeidbare Gewalt, die wir Tieren antun. Vielleicht sollten wir ihm zustimmen, denn laut der Welternährungs- und Landwirtschaftsorganisation der UNO werden weltweit jedes Jahr mehr als sechzig Milliarden Landtiere für den menschlichen Konsum getötet und wir wissen, dass viele dieser Tiere unter grausamen Umständen gezüchtet und geschlachtet werden – ganz zu schweigen von den Milliarden Fischen und Meerestieren, die jedes Jahr für den menschlichen Konsum getötet werden. Doch andererseits behaupten sehr viele Leute, einschließlich der überwiegenden Mehrheit der Philosophen, dass die Geisteszustände der nichtmenschlichen Tiere im Vergleich zu denjenigen der Menschen wesentlich begrenzter seien und dass Tieren Leiden zuzufügen deshalb verhältnismäßig leicht (oder zumindest leichter) zu rechtfertigen sei. Gemäß dieser Argumentation ist die Hauptfrage nicht, *ob* wir den nichtmenschlichen Tieren Gewalt zufügen, sondern bloß *wieviel.* Beide Argumente beziehen sich auf Fragen der Schuld und Verantwortung, und letztlich auf die Fragen, ob, wie und inwiefern die Behandlung der nichtmenschlichen Tiere als Ressourcen zu rechtfertigen ist.

Meiner Ansicht nach läuft die Nutzung von nichtmenschlichen Tieren als Nahrungsquellen, Versuchsobjekte usw. auf nicht zu rechtfertigende Ausbeutung hinaus, zumindest bei Menschen wie uns, deren Gesundheit und Wohlergehen die Nutzung von Tieren keineswegs erfordern. Selbstverständlich bleibt zu fragen, wie es mit Menschen steht, deren Leben von der Tiernutzung tatsächlich abhängig ist. Zwar stimmt es, dass diese zwei Fälle nicht genau gleich sind. Doch ich glaube, dass so etwas wie das, was ich den veganen Imperativ nenne, für beide gilt. In den folgenden Bemerkungen möchte ich erklären, wie ich den veganen Imperativ begreife und wie er auf eine strenge universale moralische Verpflichtung der Menschen hinausläuft.

Der vegane Imperativ ist, wie erwähnt, ein Korrelat des Prinzips der Gewaltlosigkeit. Erkennen wir an, dass Gewalt gegen unsere Mitmenschen zu rechtfertigen ist, so setzt diese Anerkennung zumindest implizit voraus, dass Gewalt gegen empfindungsfähige Lebewesen im Allgemeinen zu rechtfertigen ist. Nur wenn wir einen wesentlichen moralischen Unterschied zwischen vernunftbegabten und angeblich nicht vernunftbegabten Lebewesen voraussetzen, können wir behaupten, dass Gewalt gegen nichtmenschliche Tiere gar nicht zu rechtfertigen sei. Natürlich kann man behaupten, was die überwiegende Mehrheit der Menschen glaubt, und zwar, dass die Vernunftbegabung bzw. das Sprachvermögen ein größeres Leid bei Menschen ermöglicht, d.h., dass der angebliche Mangel (oder das angebliche Defizit) an Vernunft oder Sprache bei nichtmenschlichen Tieren auf eine geringere Fähigkeit, Schmerz zu empfinden, verweist. Doch es bleibt zu fragen: Nach genau welchem Maß vergleichen wir die menschlichen und nichtmenschlichen Schmerzen? Wissen wir wirklich, wie und inwiefern nichtmenschliche Tiere Schmerzen erfahren? Und angesichts der Tatsache, dass wir Menschen von der Tiernutzung deutlich profitieren, können wir letztlich sicher sein, dass wir solche Messungen und Vergleiche unparteiisch anstellen?

Es lohnt sich, über diese letzte Frage nachzudenken, denn sehr viele nichtmenschliche Tiere sind, wie Tom Regan beobachtet hat, „Subjekte eines Lebens“, d.h., sie haben Überzeugungen und Wünsche, sie sind empfindungsfähig und verfügen über Erinnerungsvermögen, Zukunftsbewusstsein und ein emotionales Leben, sowie über gewisse auf ihr eigenes Wohlbefinden bezogene Interessen.[1] Daneben gibt es viele Tiere, die zwar das etwas anspruchsvolle Kriterium des Subjekts eines Lebens nicht erfüllen, aber nichtsdestoweniger gewisse Lebensinteressen haben. Wie Gary Francione feststellt, haben alle empfindungsfähigen Lebewesen ein Interesse an der Fortsetzung ihres Lebens.[2] Ich würde hinzufügen, dass solche Lebewesen außerdem ein gewisses Interesse daran haben, ein sinnvolles und erfülltes Leben zu führen, auch wenn sie nicht dazu fähig sind, ihr Leben und ihre Lebensinteressen begrifflich zu fassen. Um das Leben solcher Lebewesen zu beenden oder uns in ihre Leben einzumischen, brauchen wir eine Rechtfertigung. Laut Francione ist die typische „Rechtfertigung“ da-

---

1 Regan, The Case for Animal Rights, 1983, 243.
2 Francione, Introduction to Animal Rights, 2000, 137-42.

für eine Ausrede, und zwar, dass die Nutzung und das Töten der Tiere für das Überleben oder die Gesundheit der Menschen „notwendig" sei, wohingegen der wirkliche Grund dafür das Vergnügen oder die Bequemlichkeit der Menschen ist. Genau das Gleiche gilt für das Zufügen von Schaden gegenüber Tieren. Dass wir diesen tieferen Grund für die Tiernutzung nicht anerkennen und jegliche Anerkennung davon aktiv meiden, ist mit zwei Tatsachen zu erklären, und zwar, dass wir seit Jahrtausenden daran gewöhnt sind, nichtmenschliche Tiere als Ressourcen zu begreifen, und dass wir, sogar mehr in unserem Umgang mit Tieren als in unserem Umgang mit unseren Mitmenschen, stark geneigt sind, uns selbstsüchtig zu verhalten.

Der vegane Imperativ stellt die Anstrengung dar, diese fest verwurzelte Tendenz unseres Denkens und unserer Selbstwertschätzung zu bekämpfen. Der Ausgangspunkt dieses Imperativs ist die Annahme einer moralischen Gleichwertigkeit von Mensch und Tier, oder genauer: von menschlichen und nichtmenschlichen Tieren, denn wir Menschen sind natürlich auch Tiere, so sehr wir diese Tatsache auch gern vergessen möchten. Dieses Postulat der moralischen Gleichheit gilt, genau wie in unserem Umgang mit unseren Mitmenschen, als eine widerlegbare Vermutung: Bedroht jemand unberechtigt mein Leben, so habe ich das Recht, mein Leben zu verteidigen. In einem solchen Fall habe ich das Recht, tödliche Gewalt auszuüben, allerdings nur insofern die Gewalt gegen mich lebensbedrohlich ist. Nun gesetzt den Fall, dass die überwiegende Mehrheit der Tiere gar keine tödliche Bedrohung uns gegenüber darstellt, müssen wir uns fragen, inwiefern wir das Recht haben, sechzig Milliarden Landtiere und zahllose Fische und Meerestiere (der Ethologe Jonathan Balcombe schätzt mehr als eine *Billion*)[3] jedes Jahr für den menschlichen Konsum zu töten. Dies bedeutet auch, dass wir Milliarden wehrlose Nutztiere jedes Jahr züchten und schlachten. Gemäß dem veganen Imperativ ist solches Verhalten gar nicht zu rechtfertigen, da er besagt, dass wir tatsächlich gar kein Recht haben, Tiere als bloße Ressourcen zu behandeln.

Aber wie steht es mit Menschen, die nichtmenschliche Tiere unbedingt konsumieren müssen, um zu leben? In diesem Zusammenhang ist einiges zu beachten. Zum einen gilt, dass relativ wenige Leute wirklich unter solchen Umständen leben. Man hört z.B. von den Inuit, die in der Arktis wohnen und unbedingt Rentierfell tragen müssen, oder von nomadischen Hirten in Tibet, die Mitglieder ihrer Herde gelegentlich töten und essen müssen. Vielleicht stellen solche Beispiele die Forderung infrage, dass Ve-

3 Balcombe, What a Fish Knows, 2016, 7 (unter Hinweis auf Alison Mood).

ganismus ein universelles Ziel sein sollte. Doch vielleicht auch nicht: Vielleicht stellen solche Fälle eine andere Art der Herausforderung dar, und zwar diejenige, Menschen in solchen Umständen dazu zu verhelfen, als Veganer leben zu können. Man mag wohl einwenden, wir hätten kein Recht, uns in die Angelegenheiten anderer Kulturen einzumischen. Das ist natürlich bis zu einem gewissen Grade richtig. Aber wenn es um universale Rechte geht, wie z.B. universale Menschenrechte, wird die Frage etwas heikler. Glaubt man, dass es so etwas wie universale Rechte überhaupt gibt, so ist die Behauptung, es gehe uns nichts an, was in anderen Kulturen los ist, nicht selbstverständlich. Die Analogie zu Menschenrechten ist aufschlussreich, denn sie erinnert uns an die Tatsache, dass das Leben und Wohlergehen empfindungsfähiger Lebewesen auf dem Spiel stehen, nicht nur die Praktiken dieser oder jener Kultur. Gemäß dem veganen Imperativ gilt, was für Menschen allgemein gilt, auch für andere empfindungsfähige Lebewesen.

Zweitens ist anzumerken, dass sehr viele Menschen von der Tiernutzung gerade nicht abhängig sind bzw. wir uns davon abhängig gemacht haben und deshalb auch in der Lage sind, uns diese Abhängigkeit abzugewöhnen. Für die überwiegende Mehrheit der Menschen ist dies nur eine Frage des Willens. Man hört häufig, dass es einfach zu schwer wäre, uns von der Tiernutzung unabhängig zu machen oder dass der Verzicht auf Tiernutzung das Aussterben der Nutztiere mit sich bringen würde. Keine von diesen Behauptungen ist letztlich überzeugend. Denn was die Schwierigkeiten betrifft, so müssen wir uns nur daran erinnern, dass wir vor fast fünfzig Jahren eine Voyager Raumsonde entworfen haben, die unser Sonnensystem verlassen konnte. Mit anderen Worten, wir besitzen enorme technologische Fähigkeiten, um dieser Herausforderung zu begegnen. Was die Frage des Aussterbens der Nutztiere betrifft, so muss man mit dem britischen Philosophen Richard Sorabji die Frage stellen, ob das Leben eines Lebewesens wirklich lebenswert sei, wenn dieses unvermeidlich wie das eines Sklaven geführt werden muss.[4] Denn ganz gleich wie „gut" wir Nutztiere behandeln, wir behandeln sie letztlich wie Sklaven.

Selbstverständlich werden sehr viele Menschen dieses Urteil bestreiten. Das sind Menschen, die glauben, dass es bessere und schlechtere Weisen gibt, Tiere zu behandeln oder – genauer: – zu nutzen. Solche Menschen gelten als „Welfaristen", die nichts gegen die Tiernutzung haben, solange wir für das Wohlergehen der Tiere sorgen. Andererseits gibt es „Abolitionisten", d.h. Menschen, die an das absolute Recht der empfindungsfähigen

4 Sorabji, Animal Minds and Human Morals, 1993, 216.

Lebewesen glauben, nicht Objekte der Gewalt und Ausbeutung zu sein. Für strenge Abolitionisten heißt das, dass die gute oder legitime Behandlung von Nutztieren eine *contradictio in terminis* ist und dass jegliche Behandlung nichtmenschlicher Tiere als Ressourcen eine Verletzung der Tierrechte ist. Selbstverständlich ist die überwiegende Mehrheit der Menschen Welfaristen – vorausgesetzt, dass sie sich überhaupt um die Rechte der Tiere kümmern. Doch angesichts des enormen menschlichen Interesses an Tiernutzung ist das leicht zu verstehen.

Es ist ein Ziel des veganen Imperativs, anthropozentrische Scheinbegründungen von legitimen Gründen und Argumentationsweisen zu unterscheiden und als eigennützige Ausreden zu entlarven. Schon Kant hat vor der irreführenden Kraft der eigennützigen Neigung gewarnt, und er hatte völlig Recht.[5] Leider hat Kant seinen eigenen Rat nicht ganz befolgt, denn er hat den moralischen Status von Haustieren mit dem von Gewächsen (er gibt das Beispiel von Kartoffeln) gleichgesetzt.[6] Tom Regan hat Kants Einstellung zur Moral dadurch revidiert, dass er den Begriff des moralisch handelnden Wesens (*„moral agent"*) um den des moralisch behandelten Wesens (*„moral patient"*) ergänzt.[7] Der Begriff des moralisch Behandelten erinnert uns daran, dass die Moral sich nicht bloß mit den Beziehungen zwischen moralisch Handelnden beschäftigt, wie die Tradition von Epikur bis Kant die Moral begriffen hat, sondern mit gefährdeten, empfindungsfähigen Lebewesen im Allgemeinen. Bei letzteren hat die Tradition in erster Linie an gefährdete Menschen wie Kleinkinder und geistesbehinderte Erwachsene gedacht. Regans Überlegungen heben hervor, dass dies eine anthropozentrische Beschränkung darstellt. Das zugrundeliegende moralische Prinzip betrifft alle gefährdeten, empfindungsfähigen Lebewesen, nicht nur die menschlichen.

Eine besondere Schwierigkeit dieser Denkweise ist, dass sie unsere allertiefsten Vorurteile in Frage stellt. So geraten wir in die Defensive, und unsere erste Reaktion ist wohl, die ganze Argumentationsweise des veganen Imperativ zurückzuweisen, ohne ihre innere Logik offen und unparteiisch zu bewerten. Das bringt uns zum anspruchsvollsten Aspekt des veganen Imperativs, und zwar der großen Herausforderung, nicht egoistisch oder anthropozentrisch zu denken. Genau das versuche ich in meinen eigenen Forschungen zu tun. Deswegen habe ich z.B. Dominique Lestels Buch *Apologie du carnivore* kürzlich ins Englische übersetzt, obwohl Lestels zen-

5 Kant, Grundlegung zur Metaphysik der Sitten, 1974, 22f.

6 Kant, Die Metaphysik der Sitten, 1977, 468 (§ 55).

7 Regan, The Case for Animal Rights, 152.

trale These dem veganen Imperativ letztlich entgegengesetzt ist. Lestel bekennt „unendliche Achtung vor den Tieren“ und beklagt invasive Methoden in Tierversuchen sowie Massentierhaltung, doch plädiert er letztlich für „beschränkten rituellen Konsum“ tierischen Fleisches.[8] Lestel behauptet, dass „das Tier ein komplexes Subjekt ist, oft ein Individuum und manchmal eine Person“ und dass wir „eine unendliche Schuld gegenüber den Tieren“ haben *[„les raisons de défendre les animaux proviennent d'une dette infinie à leur égard“].*[9] Gleichwohl besteht er darauf, dass seine „unendliche Achtung vor dem Tier“ nicht nur mit dem Konsum tierischen Fleisches vereinbar ist, sondern einem angeblichen „karnivoren Imperativ“ zugrunde liege.[10] Gemäß diesem Imperativ *müsse* man ein bisschen tierischen Fleisches konsumieren, um unserer Achtung vor den Tieren gerecht zu werden. Dieser Konsum soll, wie erwähnt, beschränkt und rituell vorgenommen werden, denn das Hauptanliegen des karnivoren Imperativs ist es nicht, den beliebigen Konsum an tierischem Fleisch zu rechtfertigen, sondern uns Menschen daran zu erinnern, dass wir mit dem ewigen Kreislauf des Lebens und Todes untrennbar verknüpft sind. Wer den Konsum an Tieren scheue, strebe danach, unseren natürlichen Zustand zu überwinden, was selbstverständlich unmöglich sei. So behauptet Lestel, es sei eigentlich der ethische Vegetarismus oder Veganismus, der eine Art menschlichen Exzeptionalismus behaupte. Um unsere Verbindung mit allen sterblichen Lebewesen zu bestätigen, müssen wir angeblich ein bisschen tierisches Fleisch bewusst und ehrfürchtig essen.

Das ist mit meinem Ideal des veganen Imperativs selbstverständlich unvereinbar. Lestel und ich gehen zum großen Teil von den gleichen Grundlagen aus, doch kommen wir zu ganz verschiedenen Ergebnissen. So mag man erwarten, dass ich kein Interesse an Lestels Denkweise hätte und nie auf die Idee käme, eines seiner Bücher ins Englische zu übersetzen. Doch wie gesagt glaube ich, dass man für Kritik an seiner eigenen tiefsten Überzeugung offen sein muss. Deswegen habe ich Lestels *Apologie du carnivore* übersetzt. Im Vorwort des Übersetzers habe ich geschrieben, "um die eigenen Überzeugungen am besten zu prüfen, soll man den Herausforderungen seiner extremsten Kritiker oder Gegner gegenüber offenstehen, d.h. Zweifel bezüglich der eigenen Auffassungen nicht zerstreuen, sondern he-

8 Lestel, Apologie du carnivore, 2011, 84, 15, 124; siehe auch Steiner, Animals and the Limits of Postmodernism, 2013, 218.

9 Lestel, L'animal est l'avenir 2010, 8-9.

10 Lestel, Apologie du carnivore, 2011, 15.

gen."[11] Dabei steht zweierlei auf dem Spiel: eigene Argumente und Voraussetzungen infrage zu stellen und damit die Möglichkeit zu akzeptieren, dass man sein Leben ändern sollte. Es handelt sich nicht um die Zuweisung von Schuld, sondern einzig um die Frage: wie soll ich leben?

Lestels Ansatz stellt eine gewisse Herausforderung für den veganen Imperativ dar. Eine Herausforderung anderer Art kommt vom Postmodernismus, der in den letzten Jahren in den US-amerikanischen Human-Animal-Studies besonders einflussreich gewesen ist. In meinem Buch *Animals and the Limits of Postmodernism* habe ich versucht, die theoretischen Grundlagen des Postmodernismus zu betrachten sowie ihre problematischen Implikationen hervorzuheben. Dort habe ich darauf hingewiesen, dass der Postmodernismus die Undeterminiertheit oder Unentscheidbarkeit der Bedeutung als die Basis aller Überlegungen über Fragen der Wahrheit und Ethik voraussetzt und dass postmoderne Denker demzufolge dazu gezwungen sind, alle Aussagen und ethischen Ansprüche als bloß kontingent anzuerkennen.[12] Die Vertreter dieses postmodernen Ansatzes sind von Nietzsches Perspektivismus stark beeinflusst und sind deswegen nicht imstande, allgemeine Prinzipien oder Imperative zu befürworten. In der Tat lehnen sie so etwas wie Prinzipien oder kategorische Imperative völlig ab. Gleichwohl äußern viele dieser Denker aber echte Sorge über nichtmenschliche Tiere. Aber wie ist solche Sorge theoretisch zu begründen? Setzt man die nicht reduzierbare Einzigartigkeit aller Ereignisse oder Phänomene voraus, so scheint ein kontexttranszendenter Standpunkt unerreichbar. So ein Standpunkt ist jedoch die unbedingte Grundlage und Voraussetzung jeglicher Prinzipien und Imperative. Eine Behauptung wie z.B. „es ist ethisch falsch, Tiere grausam zu behandeln“, setzt genau einen solchen Standpunkt voraus.

Diejenigen postmodernen Denker, die dieses Problem anerkennen, bieten verschiedene Lösungen dazu. Judith Butler z.B. versichert uns, dass wir Universalbegriffe einfach zu überdenken hätten, obwohl dieses Überdenken letztlich ein endloser Prozess sein könnte.[13] Elisabeth de Fontenay ihrerseits befürwortet einen „dezisionistischen Humanismus [...], aber nicht

11 Lestel, Eat This Book: A Carnivore's Manifesto, übersetzt von Gary Steiner, 2016, XV.

12 Steiner, Animals and the Limits of Postmodernism, 2013, siehe besonders Kapitel 1 u. 2.

13 Butler, For a Careful Reading, in Benhabib et. al. (Hrsg): Feminist Contentions 1995, 130.

im Sinne Carl Schmitts."[14] Butler gibt uns jedoch keinen Hinweis darauf, wie wir Universalbegriffe in einem nicht traditionellen Sinne überdenken sollen, und Fontenay erklärt nicht, wie es einen Dezisionismus in einem anderen Sinne als dem Schmitts überhaupt geben könnte. Was dieses letztere Problem betrifft, ist zu überlegen, dass jegliche Form des Dezisionismus auf der Kontingenz und nicht reduzierbaren Partikularität einzelner Tatbestände beruht, genau wie Carl Schmitt dies begriffen hat. Schmitt hat es so formuliert: „Die Entscheidung ist, normativ betrachtet, aus einem Nichts geboren."[15] In seiner Analyse des Dezisionismusbegriffs bei Schmitt beobachtet Karl Löwith, dass die souveräne Entscheidung auf einem „nihilistischen Grund" beruht, dass „Schmitts Entscheidung für das Politische [...] nichts anderes als eine *Entscheidung für die Entschiedenheit* – ganz gleich wofür – ist."[16] Was für einen spezifisch politischen Dezisionismus gilt, gilt gleichermaßen für jeden Dezisionismus. Mangels einer dauerhaften Grundlage für Entscheidungen muss jede Entscheidung letztlich willkürlich sein. Das erscheint mir als eine unzureichende und äußerst gefährliche Herangehensweise an die Lösung ethischer Fragen.

Aus diesem Grund lehne ich postmoderne Ansätze allgemein ab und befürworte den veganen Imperativ. Doch ich muss gestehen, dass er gewisse Probleme aufwirft. In erster Linie gibt es die Frage, wie Universalprinzipien angesichts des Todes Gottes zu rechtfertigen sind. Heidegger u.a. haben darauf hingewiesen, dass „das Wort ‚Gott ist tot' nicht nur die Ohnmacht des Christengottes, sondern die Ohnmacht alles Übersinnlichen besagt, dem der Mensch sich unterstellen soll und möchte."[17] Diese Auffassung bringt, laut Heidegger und Nietzsche, eine sogenannte totale Kritik an der Vernunft mit sich. Gemäß einer totalen Kritik besitze die Vernunft keine eigenständige Autorität, sondern sei höchstens ein Mittel unter anderen im menschlichen Streben. So hat Nietzsche z.B. die „kleine Vernunft" des Geistes von der „großen Vernunft" des Leibes unterschieden und erstere dem „Trieb der Arterhaltung" völlig untergeordnet.[18] Demnach sei die Vernunft nicht mehr als ein verhältnismäßig schwaches Instrument des Willens zur Macht. So eine Kritik beraubt die Vernunft ihrer Kraft, un-

---

14 de Fontenay, Pourquoi les animaux n'auraient-ils pas droit à un droit des animaux?, in: Le Debat, 2000, 51.

15 Schmitt, Politische Theologie, 1922, 31.

16 Löwith, Der okkasionelle Dezisionismus von Carl Schmitt, in: Ders.: Heidegger. Denker in dürftiger Zeit, 1984, 44.

17 Heidegger, Nietzsche, 1961, 38.

18 Nietzsche, Also sprach Zarathustra, 39; Nietzsche, Die fröhliche Wissenschaft, 1980, 371 (siehe auch Steiner, Animals and the Limits of Postmodernism, 26f).

parteiisch zu urteilen, oder genauer: Befürworter einer totalen Kritik bestreiten die Möglichkeit unparteiischer Beurteilung überhaupt und behaupten, dass alle Entscheidungen letztlich Perspektiven der Macht dienen. So finden wir uns wieder beim Dezisionismus.

Das ist von einer immanenten Kritik an der Vernunft unbedingt zu unterscheiden, so wie man sie bei Kant oder einer Reihe gegenwärtiger Denker wie z.B. John Rawls oder Rainer Forst findet. Solche Denker halten am traditionellen Ideal der Vernunft fest, wonach die Vernunft strenge Kritik an sich selbst zu üben hat und dadurch eine maßgebliche Basis für Universalprinzipien und Imperative bieten kann. In diesem Zusammenhang schreibt Rainer Forst: „[D]ie Theorie ist *kritisch* zu nennen, die auf dem *Grundsatz der Kritik selbst beruht*. Ihr Medium ist die rechtfertigende Vernunft als eine kritische, öffentliche Vernunft. Dieser Grundsatz kann ebenso ein transzendentaler wie ein sozial immanenter und historischer genannt werden."[19] Immanente Kritik ist die absolute Bedingung für eine Ethik, die mehr als bloß perspektivisch und dezisionistisch ist. So eine Ethik erfordert einen Grundsatz, der zumindest teilweise transzendental ist. Denker wie Forst bestehen darauf, dass die Vernunft fähig sei, so einen Grundsatz zu schaffen. Das möchte ich glauben, doch niemand hat bisher ausführlich und definitiv erklärt, wie genau die Vernunft dazu fähig ist und genau welche rationalen Grundlagen so etwas wie einen veganen (geschweige denn irgendeinen moralischen) Imperativ ermöglichen. Gewisse Hinweise sind allerdings in der Tradition zu finden. Kant z.B. hat sich auf gewisse „regulative Prinzipien" berufen, die „praktische Kraft haben, und der Möglichkeit der Vollkommenheit gewisser Handlungen zum Grunde liegen."[20] Diese regulativen Prinzipien sind bei Kant „moralische Begriffe", insbesondere Gott, Freiheit und Unsterblichkeit.[21] Bei Kant weisen diese drei Begriffe implizit auf ein allumfassendes Ideal des menschlichen Lebens, ein Ideal der Achtung für „Personen", d.h. vernunftbegabte Wesen.

Das gleiche gilt für Denker wie Rawls, Habermas und Forst. Forst z.B. betont die Praxis der Rechtfertigung und gründet diese Praxis auf den Respekt der „moralisch autonomen Wesen."[22] Er beruft sich auf einen „Raum der geprüften Rechtfertigungen", dem der „praxistranszendierende" Charakter der Rechtfertigung letztlich zugrunde liege.[23] Dabei erkennt Forst auch die historische und kulturelle Dimension der Rechtfertigung an.

---

19 Forst, Normativität und Macht, 2015, 33; vgl. 14, 39.

20 Kant, Kritik der reinen Vernunft, 1981, S. 513 (A569/B597).

21 Ebd., 513 (A569/B597) und 338 (A337/B395).

22 Forst, Normativität und Macht, 53.

23 Ebd., 52.

Doch genau wie Rawls und Habermas ist Forst stark vom Kant'schen Ansatz beeinflusst. Alle drei bestehen auf Grundlagen für die Ethik, die zumindest teilweise transzendental sind, was besagt, dass diese Denker die Ethik für mehr als historisch-kulturell kontingent halten. So bestreiten diese Denker implizit die grundlegenden Annahmen der Postmoderne. Es bleibt nur die Frage, auf genau welchen Grundlagen eine solche Ethik beruhen könnte.

Wie erwähnt bietet die Tradition gewisse Hinweise nicht nur für die Ethik im Allgemeinen, sondern auch für die Begründung einer nicht anthropozentrischen Ethik und eines veganen Imperativs. Dabei sind verschiedene Ansätze zu berücksichtigen. Es gibt z.B. ethische Realisten, die behaupten, dass Moralprinzipien und moralische Wahrheiten "bewusstseinsunabhängig" sind.[24] Der ethische Realismus stellt die Bestrebung dar, einem übergeordneten Ideal des Mitlebens gerecht zu werden und die Gefahr ethischen Relativismus zu vermeiden. Eine Variante des ethischen Realismus ist der ethische Intuitionismus, dessen Befürworter behaupten, dass es objektive ethische Prinzipien und evaluative Tatsachen gebe, wie dass Leiden schlecht sei und dass Mord, Folter und Diebstahl moralisch falsch seien.[25] Nach ethischen Realisten und Intuitionisten sind das ethische Prinzipien und Wahrheiten, die von persönlichen (geschweige denn, kulturellen) Meinungen und Perspektiven völlig unabhängig sind.

Die These, dass Leiden im Allgemeinen schlecht ist, bietet eventuell einen fruchtbaren Ausgangspunkt für eine nicht anthropozentrische Ethik, die dem veganen Imperativ zugrunde liegen könnte. Doch es bleibt die Frage, wie genau der Grundsatz einer solchen Ethik zu begreifen ist. Viele ethische Realisten konzentrieren sich intensiv auf menschliche Fähigkeiten und Beziehungen und extrem anthropozentrische Vorurteile beeinflussen ihre Argumente. So hält Matthew Kramer es für selbstverständlich, dass nichtmenschliche Tiere, objektiv betrachtet, nicht als ethische Rechtsträger gelten.[26] Nach Kramer muss ein Wesen „ausreichend entwickelte mentale Fähigkeiten besitzen", um als Rechtsinhaber zu gelten.[27] So wiederholt Kramer das alte Vorurteil der Tradition, dass nur diejenigen Wesen, die dazu fähig sind, Verantwortung zu übernehmen, als Rechtsinhaber gelten können. Doch wie eine lange Reihe anthropozentrischer Denker gewährt Kramer Menschen wie Säuglingen und Geistesbehinderten Rechte, ob-

24 Kramer, Moral Realism as a Moral Doctrine, 2009, 85, 288; Russ Shafer-Landau, 2009, 15.

25 Huemer, Ethical Intuitionism, 2005, xxiv, 6, 231, 252.

26 Kramer, Moral Realism as a Moral Doctrine, 76.

27 Ebd., 78.

wohl sie nicht imstande sind, Verantwortung zu übernehmen.[28] Diesen offenkundigen Widerspruch versuchen weder Kramer noch traditionelle Denker wie Kant aufzulösen, es sei denn, sie nehmen Rückgriff auf Prinzipien der Tugendethik. Dies zeigt, dass die angeblichen ethischen Wahrheiten, die Folgen des ethischen Realismus sein sollen, nicht unbedingt unmittelbar erkennbar und deshalb unbestreitbar sind. In diesem Zusammenhang gesteht Shafer-Landau offen: „[V]iele moralische Prinzipien sind nicht selbstevident, noch sind es, soweit ich weiß, jegliche unserer moralischen Überzeugungen über Einzelfälle."[29]

Shafer-Landaus Aussage erinnert uns an die schon erwähnte große Herausforderung, klare und unparteiische Prinzipien oder Grundsätze für die Ethik zu artikulieren. Auch sehr intelligente Theoretiker der Metaethik stoßen auf Schwierigkeiten, denn abgesehen von gelegentlichen ungenauen Bemerkungen über Leiden oder Handlungen wie Mord sind in ihren Schriften sehr wenige klare Äußerungen über einzelne Verpflichtungen zu finden. Natürlich wird man erwidern, dass es gar nicht die Aufgabe der Metatheoretiker sei, einzelne moralische Verpflichtungen genau zu bezeichnen. Obwohl das stimmen mag, möchte ich gleichwohl behaupten, dass es eine innere Beziehung zwischen der Artikulierung ethischer Grundlagen und der Äußerung einzelner moralischer Wahrheiten gibt und dass darüber hinaus metatheoretische Denker gewisse Überzeugungen und Voraussetzungen teilen, die auf einem übergeordneten Ideal des Mitlebens beruhen.

So ein Ideal ist im Denken aller Moraltheoretiker zumindest implizit zu sehen, sei es bei Aristoteles, Kant oder etwa Nietzsche. Selbstverständlich begreifen diese Denker das Ideal auf unterschiedliche Art und Weise, doch es gibt Grundelemente, die unweigerlich zum Ausdruck kommen. In ihrer traditionellen Form beziehen sich alle diese Elemente auf das Streben nach Verbesserung des menschlichen Zustands, sowohl für die Gesellschaft (manchmal für die Spezies) als auch für das Individuum. Der traditionelle Wortschatz dieses Ideals schließt Begriffe wie Achtung, Verantwortlichkeit, Tugend, Recht, Pflicht, Reziprozität und vor allen Dingen menschlichen Wert ein. In traditioneller Sicht ist der zuletzt erwähnte Begriff, der des menschlichen Wertes, für die anderen bestimmend. Je nachdem, wie man diesen Wert begreift, wird man unterschiedliche Konsequenzen ziehen. Setzt man z.B. voraus, dass der Mensch der Herr des Seins oder der Natur ist, wie viele Philosophen und religiöse Denker behauptet haben, wird

---

28 Ebd., 77.

29 Shafer-Landau, Moral Realism, 265.

man zu gewissen allzu bekannten Schlussfolgerungen über den relativen moralischen Wert menschlicher und nichtmenschlicher Lebewesen kommen. Vielleicht ist so eine Auffassung endgültig zu verteidigen, vielleicht nicht. Was mich in diesem Zusammenhang besonders interessiert ist die Tatsache, dass viele gegenwärtige Denker das Bild des Menschen als Herr der Natur ablehnen, aber dennoch zu ganz traditionellen Schlussfolgerungen über den relativen moralischen Wert von Mensch und Tier kommen.

Das erinnert nicht nur an die entscheidende Rolle des zugrundeliegenden Ideals im ethischen Leben, sondern auch an die Anstrengung, das Ideal ausführlich zu untersuchen und es auf unparteiische Weise umzudenken. In diesem Zusammenhang ist darauf hinzuweisen, dass auch die Anstrengung, unsere Grundwerte auf unparteiische Weise umzudenken, ein gewisses Ideal des Lebens voraussetzt. Denn warum sollten wir danach streben, unparteiisch zu sein? Das halte ich für einen unentbehrlichen Grundsatz des ethischen Lebens, trotz der Tatsache, dass er im alltäglichen Leben meist sehr selektiv befolgt wird, und trotz der Tatsache, dass Nietzsche ihn ausdrücklich und postmoderne Denker zumindest implizit (und gelegentlich auch unwissentlich) ablehnen.

Man kann die Unparteilichkeit als ein Prinzip der Gleichheit und Reziprozität begreifen, wie kontraktualistische Denker von Epikur bis Rawls dies tun. Solche Denker behaupten, dass z.B. die moralische Bewertung der Frauen als den Männern kategorisch moralisch unterlegen eine Verletzung des Gleichheitsgrundsatzes ist. Die gleiche Argumentation gilt selbstverständlich für die moralische Bewertung derjenigen Menschen als kategorisch unterlegen, die man als fremde „Andere“ sieht: die kategorische Unterordnung solcher „Anderen“ verstoßt gegen das Prinzip der Gleicheit und Reziprozität. Natürlich stimmt das, doch ich glaube, dass die letzte Grundlage dieser Argumentationsweise, wenn auch nicht ausdrücklich anerkannt, tatsächlich *Respekt für gefährdete empfindungsfähige Lebewesen* ist. Respekt für andere gleichberechtigte, moralisch-politisch handelnde Wesen sehe ich als einen Sonderfall dieses Ideals, nicht als den kompletten Ausdruck des Ideals selbst.

D.h., Ansätze wie der Kontraktualismus setzen eine tiefere Grundlage voraus, zu der sich traditionelle anthropozentrische Denker nicht bekennen. Meines Erachtens ist eine gewisse Idee der Gleichheit, wenn auch meist unausgesprochen, für diese Grundlage entscheidend. Diejenigen Denker, die die Verletzbarkeit ins Zentrum der Diskussion stellen, berufen sich implizit und oft gegen ihre eigene Absicht auf diese Idee der Gleichheit als einen grundlegenden Wert. Das gilt z.B. für Denker wie Judith Butler und Simone Weil.[30] Unsere Fürsorge für gefährdete Andere gründet sich letztlich auf einen Sinn für die wesentliche *Gleichheit* zwischen uns und diesen anderen – nicht bloß die politische Gleichheit oder jegliche Gleichheit der Geisteskapazitäten, sondern die existentielle Gleichheit, die alle empfindungsfähigen Lebewesen auf Grund ihrer Sterblichkeit teilen. Natürlich kann man erwidern, auch Pflanzen seien sterblich. Dazu möchte ich hier nur nebenbei erwähnen, dass ich einen wesentlichen Unterschied zwischen empfindungsfähigen und nicht empfindungsfähigen Lebewesen sehe, und zwar, dass letztere unfähig zu leiden zu sein scheinen, da ihnen ein Zentralnervensystem fehlt. So glaube ich, dass das, was Heidegger über Menschen im Vergleich zu Tieren gemeint hat, tatsächlich für empfindungsfähige im Vergleich zu nicht empfindungsfähigen Lebewesen gilt, und zwar, dass erstere sterben, wohingegen letztere bloß „verenden."[31] Will man die Idee der ethischen Verpflichtung gegenüber nicht empfindungsfähigen Lebewesen einleuchtend machen, so wird man ein anderes Vokabular als das der Sterblichkeit und Verwundbarkeit entwickeln müssen.

Im Mittelpunkt des von mir befürworteten grundlegenden Ideals stehen gleichzeitig Sorge und Respekt für alle leidensfähigen Lebewesen, d.h., dieses Ideal hat sowohl eine affektive als auch eine kognitive Dimension. Verschiedene Denker haben auf unterschiedliche Art und Weise versucht, diesem Ideal des Lebens und Strebens gerecht zu werden. Der Schriftsteller Milan Kundera z.B. hat geschrieben: „[D]ie wahre menschliche Güte kann sich in ihrer absoluten Reinheit und Freiheit nur denen gegenüber äußern, die keine Kraft darstellen."[32] In ähnlicher Weise hat Jacques Derrida die Ethik als Sorge für den „Allerunähnlichsten" oder „Unerkennbaren" (*le plus dissemblable, le méconnaissable*) begriffen.[33] Dabei berufen sich beide Denker auf ein Bild der Ethik als ein Ideal des Zusammenlebens, das über das Menschliche hinausreicht und Fürsorge und Respekt für alle kraftlosen und gefährdeten Lebewesen ausdrückt.

So ein Ideal stellt eine grundlegende Lebensweise dar, die an Heideggers Interpretation des Begriffs *ethos* erinnert. In seinem „Brief über den ‚Humanismus'" erläutert Heidegger das Ideal einer „ursprünglichen Ethik" in seinen Gedanken über das griechische Wort *ethos*. Heidegger schreibt: „ήφος bedeutet Aufenthalt, Ort des Wohnens. Das Wort nennt den offenen

30 Siehe meine Bemerkungen zu diesen Denkern in Animals and the Limits of Postmodernism, 158, 161ff, 205.

31 Heidegger, Das Ding, in: Ders. Vorträge und Aufsätze, 171; siehe auch Steiner, Animals and the Limits of Postmodernism, 103-12.

32 Kundera, Die unerträgliche Leichtigkeit des Seins.

33 Derrida, Séminaire. La bête et le souverain, 2008, 155.

Bezirk, worin der Mensch wohnt. Das Offene seines Aufenthaltes lässt das erscheinen, was auf das Wesen des Menschen zukommt und also ankommend in seiner Nähe sich aufhält." Heideggers Erwägungen führen ihn zu dem Schluss, dass „der Mensch, insofern er Mensch ist, in der Nähe Gottes wohnt."[34] D.h., eigentliches menschliches Wohnen oder Leben findet im Lichte des Heiligen statt und bleibt immer dafür offen. Doch was kann Offensein für das Heilige besagen, wenn Gott angeblich tot ist? Was meint Heidegger, wenn er z.B. behauptet, „der Dichter nennt das Heilige"?[35] Das kann sowohl eine relativ säkulare als auch eine rein traditionelle ontotheologische Bedeutung haben. Heidegger seinerseits versucht, einen Mittelpunkt zwischen diesen zwei Polen zu finden, und kommt dabei letztlich zu einem anthropozentrischen Schluss. In Heideggers Aussage zum Heiligen suche ich eher eine rein irdische Bedeutung, die im Lichte von Heideggers Begriff des „Seinlassens des Seienden" zu verstehen ist.[36] Nach Heidegger ist solches Seinlassen oder Offensein die Bedingung für die „Nähe zur Wahrheit des Seins", eine Nähe, die der ursprünglichen Ethik zugrunde liegt und die der herkömmliche Begriff der Wahrheit verfehlt.[37] In meiner Sicht hat all das eine nicht anthropozentrische Bedeutung, die wir Menschen noch nicht völlig anerkannt haben.

Das größte Hindernis, das der Anerkennung eines nicht anthropozentrischen Ideals des fürsorgenden und respektvollen Mitlebens im Wege steht, ist die angeborene Präferenz der Menschen für unsere Mitmenschen. Dieser Präferenz entspricht die noch tiefere Präferenz für diejenigen Wesen, die uns am ähnlichsten sind. Gewisse Denker berufen sich auf diese angeblich ‚natürliche' Präferenz als ein ethisches Grundprinzip. So behauptet der amerikanische Rechtswissenschaftler Richard Posner, die menschliche Präferenz für Menschen sei nicht rational zu begründen, sondern „eine Tatsache, die in unserem gegenwärtigen Denken und Gefühl verwurzelt" sei. Diese angebliche Tatsache entspreche „einem hartnäckigen moralischen Trieb", der gegen jede Argumentation völlig immun sei. Es sei ganz natürlich, Seinesgleichen den Vorzug zu geben, so „gäben wir Katzen den Vorrang, wären wir Katzen." [38]

Meiner Ansicht nach beschreibt Posner das größte Hindernis des ethischen Lebens, und zwar die starke angeborene Tendenz, eigennützig und

34 Heidegger, Brief über den 'Humanismus, 1978, 351, 353.

35 Heidegger, Nachwort zu: 'Was ist Metaphysik?', 1978, 309.

36 Heidegger, Vom Wesen der Wahrheit, 1978, 189.

37 Ebd., 199.

38 Posner, Animal Rights: Legal, Philosophical, and Pragmatic Perspectives, in: Sunstein/Nussbaum, Animal Rights, 2004, 67.

parteiisch zu handeln. Nicht nur zeigt Posner diese Tendenz, sondern er versucht, eine theoretische Rechtfertigung dafür zu liefern. Doch ‚natürlich' ist keineswegs gleichbedeutend mit ‚ethisch'. Es gibt allerlei ‚natürliche' Tendenzen und Handlungen, die gerade unmoralisch sind, insbesondere die Tendenz zur hemmungslosen Gewalt. Denker wie Posner setzen den Schwerpunkt dieses Problems auf Gewalt gegen Menschen und betrachten Gewalt gegen Tiere als ein Nebenproblem. Dabei ist daran zu erinnern, dass die Ethik sich letztlich mit schwachen, gefährdeten Anderen beschäftigt, nicht bloß mit Menschen, von denen wir etwas zu gewinnen haben. Ich habe absolut nichts gegen Katzen, in der Tat bin ich Katzenliebhaber, doch ich glaube, dass es einen wesentlichen Unterschied zwischen Menschen und Katzen gibt, und zwar, dass Menschen zu abstraktem Denken und damit zur Selbstkritik und der Formulierung abstrakter allgemeiner Ideen und Prinzipien fähig sind. Diese Fähigkeiten ermöglichen die Überwindung begrenzter Perspektiven und die Einnahme kritischer Distanz zu den eigenen selbstsüchtigen und parteiischen Trieben. Dabei sind selbstverständlich nicht alle solche Triebe und Tendenzen aufzugeben. Viele werden den Rawls'schen Test des „reflektierten Gleichgewichts" bestehen. Doch gleichwohl werden sich viele als Ergebnis verzerrter Perspektiven erweisen. Um ethisch denken und handeln zu können, muss ein Wesen zu abstraktem Denken fähig sein, das begrenzte Perspektiven transzendiert und der Formulierung moralischer Prinzipien zugrunde liegt.

Die Tradition hat völlig Recht gehabt, diese Fähigkeit ausschließlich bei Menschen anzuerkennen. Das erklärt einen wesentlichen Unterschied zwischen Menschen und Tieren wie Katzen: nur Menschen sind dazu fähig, Verantwortung zu übernehmen. Doch aus dieser Tatsache hat die Tradition gewisse unzutreffende (und eigennützige) Schlussfolgerungen gezogen, insbesondere, dass nur Menschen Rechte haben. Entgegen dem kontraktualistischen Ansatz sollten wir offen gestehen, dass es empfindungsfähige Lebewesen gibt, die Rechte verdienen, obwohl sie zur Verantwortung gerade nicht fähig sind. Dass wir die Rechte der sogenannten „menschlichen Grenzfälle" anerkennen, während wir die Rechte der Tiere leugnen, ist eine eigennützige und nicht zu verteidigende Inkonsistenz. Eine weitere unzutreffende Schlussfolgerung der Tradition ist die Behauptung der Welfaristen, dass, solange wir Tiere freundlich behandeln, das Züchten und Töten der Tiere moralisch vertretbar sei. Ich halte die Idee der „freundlichen" oder „humanen Tötung" von Tieren für eine *contradictio in terminis*, es sei denn, das betreffende Tier (das auch ein menschliches sein könnte) ist z.B. unheilbar krank. Aber das hat nichts mit der Nutzung und dem Konsum von Tieren zu tun, sondern mit Mitleid und Respekt. In einer Welt, in der der Konsum von Tieren für die überwiegende Mehrheit der

Menschen gar nicht erforderlich, sondern bloß eine Frage der Bequemlichkeit, des Vergnügens und der Gewohnheit ist, sind solche Widersprüche besonders beunruhigend.

Diese Überlegungen zu den letzten Grundlagen der Ethik und zur Anstrengung, unsere angeborene Tendenz zur Eigennützigkeit zu überwinden, stellen uns vor eine dringende Aufgabe. Wir müssen den herkömmlichen Begriff der eigentlichen moralischen Subjekte und Objekte radikal umdenken. Wir müssen die Grenzen der moralischen Gemeinschaft so erweitern, dass alle empfindungsfähigen Lebewesen als Inhaber moralischer Rechte gelten und anerkannt werden. Angesichts unseres uralten Bildes von der Mensch-Tier-Beziehung ist es keine Überraschung, dass diese Aufgabe von uns als bedrohlich empfunden wird. Eine lange Reihe berühmter Denker wie Aristoteles, Augustin, Thomas von Aquin, Descartes und Kant haben uns versichert, dass wir Menschen nicht nur den Tieren letztlich überlegen seien, sondern auch, dass nichtmenschliche Tiere bloße Mittel zur Befriedigung menschlicher Bedürfnisse und Wünsche seien. Gegenwärtige Denker wie Peter Singer, Tom Regan und Martha Nussbaum haben diese letzte Voraussetzung in Frage gestellt, doch trotzdem bestehen sie weiterhin auf der wesentlichen Überlegenheit des Menschen. Alle drei berufen sich zumindest implizit auf das Sprachvermögen und die Vernunftbegabung als Kriterien der angeblichen Überlegenheit des Menschen, genau wie die Tradition vor ihnen. Die Bereitschaft solcher Denker, die man mit einer aufgeklärteren Auffassung von Tieren verbindet, das alte Vorurteil zu wiederholen, verdeutlicht uns das Ausmaß der Herausforderung, vor der wir stehen. Irgendwann müssen wir lernen, den Standpunkt eines nichtmenschlichen Anderen einzunehmen.

Literaturverzeichnis

Balcombe, Jonathan, What a Fish Knows: The Inner Lives of Our Underwater Cousins, New York 2016.

Butler, Judith, For a Careful Reading, in: Seyla Benhabib et al. (Hrsg.): Feminist Contentions: A Philosophical Exchange, New York/London 1995, 127-143.

Derrida, Jacques, Séminaire. La bête et le souverain, Volume 1 (2001-2002), Paris 2008.

de Fontenay, Elisabeth, Pourquoi les animaux n'auraient-ils pas droit à un droit des animaux?, in: Le Debat 2 (n° 109), 2000, 138-155.

Forst, Rainer, Normativität und Macht. Zur Analyse sozialer Rechtfertigungsordnungen, Frankfurt a.M. 2015.

Francione, Gary L., Introduction to Animal Rights: Your Child or the Dog?, Philadelphia 2000.

Heidegger, Martin, Nietzsche, Bd. 2, Pfullingen 3. Aufl 1961.

–, Das Ding, Vorträge und Aufsätze, Pfullingen 4. Aufl, 1978.

–, Brief über den ‚Humanismus', Wegmarken, Frankfurt a. M. 2. Aufl.1978.

–, Nachwort zu: 'Was ist Metaphysik?', Wegmarken, Frankfurt a. M. 2. Aufl.1978.

–, Vom Wesen der Wahrheit, Wegmarken, Frankfurt a. M. 2. Aufl.1978.

Huemer, Michael, Ethical Intuitionism, New York 2005.

Kant, Immanuel, Grundlegung zur Metaphysik der Sitten, hrsg. Wilhelm Weischedel, Frankfurt a. M. 1974.

–, Die Metaphysik der Sitten, hrsg. Wilhelm Weischedel, Frankfurt a. M. 1977.

–, Kritik der reinen Vernunft, Bd. 2, hrsg. Wilhelm Weischedel, Frankfurt a. M. 1981.

Kramer, Matthew H., Moral Realism as a Moral Doctrine, Oxford 2009.

Lestel, Dominique, L'animal est l'avenir de l'homme. Munitions pour ceux qui veulent (toujours) défendre les animaux, Paris 2010.

–, Apologie du carnivore, Paris 2011.

–, Eat This Book: A Carnivore's Manifesto, translated by. Gary Steiner, New York 2016.

Löwith, Karl, Der okkasionelle Dezisionismus von Carl Schmitt, in: Ders., Heidegger. Denker in dürftiger Zeit, Sämtliche Schriften 8, Stuttgart, 1984, 30-71.

Nietzsche, Friedrich, Also sprach Zarathustra, Kritische Studienausgabe, Bd. 4, Berlin 1980.

–, Die fröhliche Wissenschaft, Kritische Studienausgabe, Bd. 3, Berlin 1980.

Posner, Richard A., Animal Rights: Legal, Philosophical, and Pragmatic Perspectives, in: Cass R. Sunstein/ Martha C. Nussbaum (Ed.), Animal Rights: Current Debates and New Directions, Oxford, 2004, 51-77.

Regan, Tom, The Case for Animal Rights, Berkeley 1983.

Schmitt, Carl, Politische Theologie. Vier Kapitel zur Lehre der Souveränität, Berlin 1922.

Shafer-Landau, Russ, Moral Realism: A Defence, Oxford, 2009.

Sorabji, Richard, Animal Minds and Human Morals. The Origins of the Western Debate, Ithaca, New York 1993.

Steiner, Gary, Animals and the Limits of Postmodernism, New York 2013.

Moralisieren ohne Moral

Robert Pfaller

Selbst einem flüchtigen Blick auf die aktuellen Verhältnisse fällt vermutlich eine Vielzahl moralischer Appelle sowie die gehäufte Präsenz moralischer Wertungen und Verurteilungen auf. Immer mehr Menschen in westlichen Gesellschaften tendieren dazu, immer mehr Situationen ihres Alltagslebens – zum Beispiel bei der Ernährung, in der Arbeit, im persönlichen Umgang, beim Gebrauch von Verkehrsmitteln, beim Sprechen oder in der Sexualität – unter der Perspektive von Gut und Böse zu betrachten.[1]

Man kann sich darum wohl nur schwer des Eindrucks erwehren, dass das Moralisieren in der Epoche, in der wir leben, Hochkonjunktur hat. Unsere Epoche, die Postmoderne, scheint sozusagen besonders günstige Bedingungen für die Geschäftsbetätigung der Moral, das Moralisieren, bereitzuhalten. Dabei zeigt sich meist schnell eine Besonderheit. Bei vielen der gegenwärtigen Erscheinungsformen stellt sich nämlich die Frage, in welchem Verhältnis das Moralisieren hier eigentlich zu seiner eigenen Voraussetzung, der Moral, steht – das heißt: ob dieses Moralisieren sich nicht im Widerspruch zu ihr befindet; ob es nicht gegen jegliche Moral stattfindet. Gerade an der Postmoderne lässt sich darum die Fragestellung dieses Bandes gut untersuchen. Die Frage: *„Gibt es eine Moral ohne Schuld?“* kann nämlich übersetzt werden in die Frage: *„Gibt es eine Moral, die nicht moralisiert – das heißt: die darauf verzichtet, andere zu beschuldigen?“*

In der Folge möchte ich einige aktuelle Beispiele des Auftretens von Moral in der Kultur der Postmoderne präsentieren und an ihnen die Frage untersuchen, ob das derzeit so beliebte und verbreitete Moralisieren als ein Zerrbild eines eigentlichen Wesens der Moral betrachtet werden muss; oder aber ob die Moral selbst vielleicht in ihrem eigentlichsten Wesen bereits so etwas wie ein Zerrbild ist.

---

1 Dies gilt nicht nur für Fragen des individuellen Lebens. So bemerkt Chantal Mouffe, dass gegenwärtig Politik zunehmend „im moralischen Register ausgetragen“ wird. (Mouffe, Über das Politische, 2007, 11). Auch die „Ethisierung“ kommerzieller Bereiche, wie sie sich in der Produktion z. B. von *ethical fashion*, in der Herstellung „ethischer Finanzprodukte“ oder im *self-branding* von Unternehmen und Banken durch *codes of coduct* äußert, kann hier als Beleg dienen, vgl. dazu Sprenger, Ohne Moral geht es nicht, 2018.

1. Erscheinungsformen von Moralverkehrung

1.1 Erstes Beispiel: Die documenta 14: die Kunst als barmherzige Schwester

Die Kasseler Kunstausstellung *documenta* des Jahres 2017 (documenta 14, in der Folge auch als *d 14* bezeichnet), kuratiert von Adam Szymczyk, wurde von vielen Seiten heftig kritisiert. Der gemeinsame Tenor der meisten Kritiken lautete, diese Ausstellung sei „krachend gescheitert".[2] Sie habe „die Chance vertan, neuen Werkbegriffen eine große Öffentlichkeit zu geben"[3] beziehungsweise „ästhetische Standards zu definieren";[4] ja sie habe gar „keine Vorstellung von Kunst im engeren Sinne".[5] Denn sie praktiziere eine massive „Bevorzugung sozialer Belange gegenüber genuin künstlerischen Setzungen";[6] die *d 14* würde der Kunst Funktionen auferlegen, „die in zurückliegenden Epochen [...] Sache der Kirchen waren" wie Fürsorge und soziales Engagement. Stellenweise präsentiere sich die *d 14*, so bemerkt Michael Hübl im Kunstforum pointiert, „als karitative Einrichtung" und mache sich „Aufgaben zueigen, derer sich sonst etwa barmherzige Schwestern oder die Bahnhofsmission befleißigen."[7]

Diese Kritiken waren erwartbar. Erstaunlich ist eigentlich nur, dass sie nicht schon viel früher kamen. Denn genau dasselbe wie der nun gescholtene Kurator Adam Szymczyk haben die meisten documenta-Kuratorinnen und Kuratoren seit mindestens 20 Jahren praktiziert. Die strukturelle Dominanz der Kuratoren über die Künstler bei der documenta führt seit zwei Jahrzehnten regelmäßig dazu, dass auf dieser internationalen Großausstellung nahezu keinerlei international relevante Gegenwartskunst mehr zu sehen ist – freilich immer mit einigen wenigen Ausnahmen, die entweder unbemerkt durch das engmaschige Auswahlnetz der Kuratierung schlüpfen konnten oder aber bewusst als Alibigeber zur Abwehr gegen diesen Vorwurf hereingeholt wurden. Jede dieser Ausstellungen hatte ein hochtrabendes politisches Programm (wie zum Beispiel: Inklusion von Minderheiten, Postkolonialismus, New Materialism, Dekolonisierung), dem sie die Kunstschaffenden und deren Arbeiten – bei oft massiver Einflussnahme durch die Kuratoren – gnadenlos unterwarf.

---

2 Rauterberg, Warum die Documenta in Kassel krachend scheitert, 2017.
3 Schneider, Szymczyk-Kenner 2017.
4 Rauterberg 2017.
5 Schiff, Kaum eine begehbare Brücke, 2017, 74.
6 Ebd., 69.
7 Hübl, Kopfüber im flachen Wasser, 2017, 81f.

Die erste kritische Frage, die man nicht nur an die letzte documenta, sondern ebenso sehr an viele der vorangegangenen stellen kann, lautet darum: *Wie viele der ausgestellten Arbeiten muss man eigentlich vor Ort gesehen haben, um sie adäquat zu rezipieren? Wie viele von ihnen vermögen es überhaupt, ästhetisch irgendeine Erfahrung auszulösen, die sich nicht einer simplen, medial leicht vermittelbaren verbalen Botschaft erschöpfend zusammenfassen oder über das Zeitschriftenfoto ebenso adäquat erleben lässt?*

Nun könnte man diese plakative Plattheit der typischen documenta-Kunst immerhin abwägen gegen einen möglichen Vorzug: ihre politische Brisanz. Das Argument ist zwar per se fragwürdig, da in der Geschichte de facto immer nur jene Kunst politisch wirksam war, die auch künstlerisch überzeugte (wie zum Beispiel bei John Heartfield, Christoph Schlingensief, Valie Export oder Marina Abramovic). Aber selbst wenn man wenigstens hypothetisch zugesteht, dass die künstlerische Armut bei der documenta der Unterordnung unter ein wichtiges politisches Ziel geschuldet sein könnte, muss man sich eine zweite kritische Frage stellen. Sie lautet: *Welches politische Anliegen hat die documenta-Kunst denn jemals verfolgt, über das sich einhundert Prozent der Ausstellungsbesucher nicht ohnehin einig waren? Welche documenta-Besucher wurden denn in ihrer bisherigen Meinung – zum Beispiel über Bücherverbrennungen und -verbote beziehungsweise über das Ertrinken von Geflüchteten, oder auch in ihrem Bild, das sie von führenden Nazis hatten – wirklich erschüttert und zu einem Umdenken veranlasst?*

Darin besteht das doppelte Paradoxon des documenta-Scheiterns: Es gibt keine interessante Kunst, weil man sie dem politischen Inhalt unterwirft; aber eine relevante Politik gibt es ebenso wenig.[8] Und das kommt daher, dass die documenta-Kunst etwas Drittes macht: Sie moralisiert. Sie bietet ihren Betrachtern meist den Anblick von irgendwelchem Leid irgendwo auf der Welt und gibt ihnen im Tausch für diese kurze Unlust das länger anhaltende Gefühl, gute, mitfühlende Menschen zu sein.

Der Wissenschaftshistoriker Gaston Bachelard hat in seinen Studien gezeigt, dass es ein Imaginäres des wissenschaftlichen Arbeitens gibt, welches zu einem Erkenntnishindernis werden kann.[9] In demselben Sinn kann man sagen, dass das Moralisieren als etwas Imaginäres in der Kunst ein Hindernis bildet – und zwar ein Doppeltes: Es behindert einerseits die künstlerische Gestaltung; und andererseits behindert es jede ernstzunehmende Politisierung der Kunst.

8 Rauterberg trifft diesen Sachverhalt gut, wenn er feststellt, die documenta sei „auf politisierende Weise apolitisch" (Rauterberg 2017).

9 Siehe Bachelard, Die Bildung des wissenschaftlichen Geistes 1978.

Aber widerspricht diese Übergriffigkeit der Moral nicht ihrem Wesen? Sind diese „Kollateralschäden“ der Moral überhaupt noch moralisch zu rechtfertigen? Müsste Moral denn nicht darin bestehen, die Autonomie dieser anderen Felder zu respektieren? Geschieht dieses Moralisieren somit etwa ausschließlich unter Absehung von jedweder ernstzunehmenden Moral? Müsste man nicht gerade dann, wenn man noch so etwas wie einen Funken Anstand besitzt, eben dieses Moralisieren unterlassen?

Vielleicht rührt diese erste Aporie der Moral daher, dass die Moral sich hier auf ungewohnten und für sie wenig geeigneten Terrains betätigt. Sie richtet in anderen Feldern Schaden an, und das ist moralisch kaum vertretbar. Würde sie jedoch wie der Schuster bei ihrem Leisten bleiben, dann könnte sie vielleicht etwas Brauchbares leisten und würde sich nicht dilettierend wie der laienhafte Kunstkritiker aus der antiken Anekdote über den Maler Apelles bei Fragen der Optik und der Perspektive blamieren.

Freilich wirft dies die Frage auf, ob die Moral so wie der Schuster überhaupt sozusagen einen eigenen Leisten besitzt, bei dem sie bleiben könnte.[10] Die soeben gemachten Beobachtungen über die Moral auf dem ihr fremden Terrain der Kunst könnten demgegenüber nämlich einen ganz anderen Hinweis liefern – eine interessante Schlussfolgerung über das Wesen der Moral: die Moral erweist sich hier nämlich als das, was auftaucht, wenn die Prinzipien anderer Praktiken zu erodieren scheinen. Wenn es nicht mehr richtig um Kunst geht und auch nicht mehr richtig um Politik, dann wird moralisiert.[11]

---

10 Die eigentümliche Zwischenstellung der Moral zwischen Ethik einerseits und Recht beziehungsweise Politik andererseits gibt Grund zum Verdacht, dass die Moral kein abgrenzbares, eigenes Terrain besitzt, sondern vielmehr immer im Übergriff auf einen oder mehrere der genannten Bereiche agieren muss.

11 Diese Rolle der Moral als Zerfallsprodukt anderer Praktiken zeigt sich an verschiedenen Wendungen im alltäglichen Sprachgebrauch: Wer „moralisch im Recht“ ist, ist niemals wirklich im Recht; und der „moralische Sieger“ ist – im Gegensatz zum Beispiel zum „sentimentalen Favoriten“ – niemals der wirkliche Sieger. In diesen Fällen besitzt die Moral (anders als selbst noch das Sentiment) offensichtlich keine Eigenständigkeit. Sie bleibt ihrem Anderen verhaftet. Sonst müsste es ja möglich sein, dass zufällig einmal der Sieger nach (eigenständigen) moralischen Kriterien auch der nach sportlichen wäre. Die Moral kann demnach mit Louis Althusser begriffen werden als „Subjekt-Effekt“ bestimmter gesellschaftlicher Formatierungen (siehe Althusser, Ideologie und ideologische Staatsapparate, 1969). Dieser Effekt kennzeichnet sich, wie Althusser ausführt, immer durch eine imaginäre Verkehrung von Ursache und Wirkung. Das, was in Wahrheit eine Wirkung gesellschaftlicher Formatierungen ist, nimmt sich selbst in der Folge imaginär als die vorangegangene Ursache dieser Formatierungen wahr. So

Das Moralisieren zeigt sich hier weniger als die Aktualisierung von Moral; es ist vielmehr und vor allem die Wirkung des postmodernen Zerfalls anderer Bereiche und ihrer Prinzipien. Die im Moralisieren sich betätigende Moral hätte somit gar nicht so etwas wie einen eigenen Leisten oder ein eigenes Terrain; sie wäre ihrem Wesen nach vielmehr der Übergriff auf fremde Terrains und Metiers, verbunden mit deren Zerstörung. Auch dies wirft freilich kein gutes Licht auf das Moralisieren und scheint manchen Schatten auch auf der Moral selbst zu hinterlassen: Schließlich erweist sie sich hier als etwas Ähnliches wie jene Würmer, die auftauchen, sobald verstorbene größere Lebewesen zerfallen.

1.2 Zweites Beispiel: Moralisieren unter Queers. "Beißreflexe"

Vielleicht muss man sich jedoch, um diesem Verdacht nachzugehen, einem Bereich zuwenden, der eher als der eigene Bereich der Moral angesehen werden kann. Ein Blick auf den Queer-Aktivismus mag hier weiterhelfen. Der Aktivismus der sogenannten *Queers* kämpft gegen die gesellschaftliche Ausgrenzung und Abwertung marginaler sexueller Identitäten und Orientierungen und versucht Räume zu schaffen, in denen sich Angehörige dieser Gruppen angstfrei und anerkennend begegnen können. Dies führt zur Entstehung einer Reihe von normativen Prinzipien und Regeln im Umgang miteinander; mithin zu einer genuinen Moral sowie einer entsprechenden Praxis des Moralisierens. Wie aber sieht hier das Verhältnis zwischen Moral und Moralisieren aus?

Fallstudien und präzise Analysen dazu liefert eine bemerkenswerte Studie, die vor kurzem von einer Reihe jüngerer Aktivistinnen und Theoretiker aus dem Bereich der *Queer-Studies* vorgelegt wurde: das Buch "Beißreflexe" herausgegeben von Patsy L'Amour laLove. Dort finden sich Fallbeschreibungen wie die folgende:

> Ein Blick zurück ins Jahr 2013: In einem alternativen Berliner Szenetreffpunkt schneiden sich mehrere junge Leute die Zöpfe ab – unter traurigen, schuldbewussten Mienen trennen sie sich von ihren Dreadlocks. Die Anführerin verspricht derweil Erlösung. Andere entledigen sich ihrer Tunnelohrringe. Nur wenige, aber es gibt sie doch, verweigern sich dem Irrsinn und kommen nie wieder. Es folgen Bußen in Form von Entschuldigungen derer, die sich ihrer schändlichen Insigni-

---

meint jeder zum Beispiel, seine Weltanschauung selbst (d. h. auf der Grundlage seiner bereits vorhandenen Weltanschauung) gewählt zu haben.

> en entledigt haben, nach einem bestimmten Protokoll: Selbstpositionierung/Bekenntnis („ich bin weiß, weiblich, lesbisch"), Sünde/Tatbestand („ich trage Dreadlocks und bin weiß"), Gelübde („nur Betroffene dürfen urteilen und sprechen, ich darf nicht sprechen und alles, was ich sagte, war folglich nicht nur falsch, sondern auch extrem verletzend"). Dieser Vorgang wird ins Unendliche zu ziehen versucht, indem keine Buße, keine Entschuldigung jemals für ausreichend befriedigend formuliert befunden wird. Nicht die Zusammenkunft einer apokalyptischen Sekte, sondern das Plenum eines queeren Großevents im Jahr 2013 wurde hier geschildert.
>
> Das Ritual war Teil der Reaktionen auf ‚antirassistische' Interventionen innerhalb der queerfeministischen Szene Berlins der letzten Jahre, die sich ab dem Frühjahr 2013 besonders zuspitzten.[12]

Die Verfasserin sieht hier innerhalb der queeren Szenen Mechanismen auftauchen, die das ursprüngliche Vorhaben der Queer-Bewegung, dass sexuell Andere „ohne Angst verschieden können sein" sollten (16), in eine autoritäre, moralisierende Praxis von Anprangern und Ausschluss verwandeln. Was als Versuch begonnen hatte, lustvoll bunt, schrill, divers, vielleicht pervers und jedenfalls tolerant wie toleriert anders zu sein, scheint, wenigstens an manchen Orten, und sogar an den prominentesten, umgeschlagen zu sein in eine kleinliche, nur noch nach innen gerichtete Praxis, in der jeder den anderen argwöhnisch begutachtet, um ihn an Verletzlichkeit zu überbieten und ihm unter Berufung auf diese Verletzlichkeit bei der erstbesten Gelegenheit dessen Frisur oder auch den Mund zu verbieten.

Man beschuldigt Leute, die sicherlich fremde Kulturen nicht verachten, der Verfehlung der sogenannten „kulturellen Aneignung" (zum Beispiel wenn sie Dreadlocks tragen ohne aus der Karibik zu stammen, vgl. 25). Wegen falscher Worte oder sogar wegen fehlender Distanzierung von einem Nachnamen wie „Mohr" attackiert man Angehörige der eigenen Bewegung oder Gruppe und erklärt sie zu „Rassisten" – was, wie Patsy l'Amour laLove anmerkt, nicht selten zum „Verlust großer Teile ihres sozialen Umfeldes" führt (23) und andererseits die wirklichen Feinde sowie die Sache, um die es eigentlich gehen sollte, unberührt lässt. „Was eigentlich angegangen werden soll, gerät aus dem Blick: Diskriminierung, Rassismus, Verfolgung, Islamismus und die erstarkende Rechte", schreibt Patsy l'Amour laLove (37).

---

12 l'Amour laLove, Beißreflexe 2017, 20. Die folgenden Zahlen im Text beziehen sich auf die Seiten dieser Schrift.

Generell versucht man Leuten ein schlechtes Gewissen dafür einzupflanzen, wer sie sind (27). „Daß jemand ‚ein weißer, alter Typ' ist, gilt schon als Argument gegen ihn." (35). Die Autorin bemerkt angesichts dieser Entwicklungen:

> Die Frage drängt sich auf, wie es gerade bei jenen, die sich so radikal und antiautoritär geben, zu dem Wunsch kommt, sich solch sinnlosen, irrationalen und aggressiv autoritär formulierten Geboten unbedingt zu unterwerfen. (24f.)

Dieses zweite Beispiel macht etwas Neues sichtbar. War die Moral bei der documenta 14 nur insofern fragwürdig erschienen, als sie einen unzulässigen Übergriff auf andere Bereiche wie Kunst und Politik unternahm, so zeigt sie sich hier fragwürdig auf ihrem eigenen Terrain. Das Beispiel der „Beißreflexe" verdeutlicht ein eigenes, charakteristisches Laster des Moralisierens – seine zur Maßlosigkeit tendierende Verbissenheit, die sogar bis zum Widerspruch gegen die eigenen Prinzipien geht: Wollte man zunächst antiautoritär sein, so unterwirft man sich nun den autoritärsten Regelungen; und war man zunächst gegen jegliche Exklusion angetreten, so betreibt man nun gnadenlose Exklusion gegen diejenigen, die auch nur die geringsten Verletzungen gegen die Regelungen begangen haben könnten.

Man möchte sagen, dass diese verbissenen Fanatiker *auf unmoralische Weise* moralisch sind. Das Moralisieren stellt auch hier einen Übergriff dar; aber diesmal auf die Moral selbst. Und von wem soll dieser Übergriff denn ausgehen, wenn nicht von der Moral selbst? Sie wäre dann, um im Bild zu bleiben, jene Versammlung von Würmern, die beim Zerfall sogar ihrer eigenen moralischen Prinzipien in Erscheinung treten und sich von ihm ernähren. Die Moral ginge somit ihrem Wesen nach buchstäblich über ihre eigene Leiche.

1.3 Unmoralische Moral: gnadenlos gegen andere; kritiklos gegen die Mittel

Ist diese bis zum Selbstwiderspruch reichende Maßlosigkeit nicht ein charakteristischer Effekt von Moral? Sehen wir denn nicht überall dort, wo gegenwärtig Moral ins Feld geführt wird – und keineswegs nur unter den vielleicht noch sehr jugendlichen Fanatikern vermeintlicher queerer **Orthodoxie** – immer wieder gleichsam die Visiere herunterklappen und die Bereitschaft zur Vernichtung des Anderen ins Grenzenlose wachsen? So ist es doch zum Beispiel charakteristisch, dass man in jenen Kriegen und militärischen Aktionen, die im Namen moralischer Ideale wie der Menschenrechte beziehungsweise des sogenannten *humanitarian warfare* durchgeführt werden, enorme Zahlen ziviler Opfer in Kauf nimmt und als sogenannte *collateral damage* verbucht: Die Angriffe durch militärische Drohnen zum Beispiel töten Unbeteiligte offenbar im Verhältnis 9 zu 1 gegenüber den feindlichen Zielpersonen.[13] Wenn der Krieg nicht gegen Feinde, sondern, wie es heißt, „gegen den Terror" oder gegen eine sogenannte „Achse des Bösen" geführt wird, erachtet man auch die Außerkraftsetzung der Menschenrechte und die Anwendung von Folter wie im Lager Guantanamo für legitim. Wenn es um das Gute geht, oder wenn Opfer geschützt werden müssen, die als besonders hilflos und unschuldig gelten, sind schnell alle Mittel recht, und alle neuen Opfer verschmerzbar.

Dies gilt auch für das zivile Leben. So hat die feministische Medientheoretikerin Laura Kipnis in ihrem neuen Buch *Unwanted Advances* gezeigt,[14] dass an den US-amerikanischen Universitäten zum Schutz der als eigentümlich hilflos betrachteten weiblichen Studierenden Behörden entstanden sind, die männliche wie weibliche Lehrende und Studierende in einer Weise verfolgen, bei der jegliche elementare Rechtsstandards außer Kraft gesetzt werden: die Unschuldsvermutung, die Bekanntgabe der Beschuldigung gegenüber den Beschuldigten, das Recht auf Rechtsbeistand, die Trennung von Kläger und Richter, von erster Instanz und Berufungsinstanz etc.

In der Alltagskultur westlicher Länder und innerhalb privilegierter Gesellschaftsklassen ist ein fanatischer moralisierender *emotivism* entstanden: Das moralische Gefühl alleine scheint alles zu rechtfertigen.[15] Ausgehend von meist äußerst vagen und verschwommenen subjektiven Empfindungen – nach dem Motto „es fühlt sich soundso an",[16] „I feel offended"[17], „#aufschrei" oder „#me too" – werden äußerst weitreichende politische Konsequenzen geschlussfolgert und Maßnahmen gefordert; wiederum unter Vernachlässigung und Umgehung von Verfahrensregeln wie Anhörung von Beschuldigten, Begründung, Beweis; oder auch von Tatbeständen wie

13 Siehe dazu Kramer/Meier, Der ungleiche Kampf, 2013. Eine noch weitaus höhere Rate ziviler Opfer nennt der Artikel von Klingst, Obamas unerklärter Krieg, 2014.

14 Kipnis, Sexual Paranoia Strikes Academe, 2017.

15 Zum Begriff des *emotivism* siehe MacIntyre, After Virtue, 2011, 7ff.

16 Siehe dazu Klute, Ist das politisch sauber, oder muss das weg?, 2017: „In der neuen Affektgesellschaft [...] muss man nicht mehr groß reden. Es reicht völlig aus, ein schwiemeliges Unbehagen geltend zu machen – was früher das Argument war, ist heute das Es-fühlt-sich-falsch-an-Sentiment: Irgendwas stimmt nicht mit einem Text, einer Meinung, einer Weltsicht – schon ist das Ding im Staubsauger der ethischen Raumpfleger verschwunden.".

17 Siehe dazu Furedi, What's Happened to the University?, 2016: 28f., der dies unter dem treffenden Titel „the weaponisation of emotion" abhandelt.

zum Beispiel Verjährung. Selbst diffus und nur geringfügig Beschuldigte sind oft schon in ihrem Ansehen komplett und irreparabel ruiniert, ehe auch nur irgendeine Beweiswürdigung unternommen wurde.[18]

Diese Struktur lässt sich somit wie folgt zusammenfassen: Wenn ein gesellschaftlicher Konflikt eine moralische Form annimmt und es mithin plötzlich um eine Frage von Gut und Böse zu gehen scheint, dann gelten bereits subjektiv gefühlte Ausgangslagen als hinreichende Gründe, um den als böse empfundenen Akteuren unbegrenzten Schaden zuzufügen – wobei alle Mittel recht und alle Standards, sowohl von Persönlichkeitsrechten wie auch von Objektivierung, vernachlässigenswert erscheinen.

Weil die Moral im Namen der Schwächsten zu sprechen meint, fordert sie darüber hinaus – vor allem unter neoliberalen Bedingungen – nicht selten die Zurichtung des öffentlichen Raumes auf das Niveau der vermeintlich Schwächsten. Nicht nur nichts Verletzendes, sondern auch sonst nichts Irritierendes wie etwa divergierende Interessenslagen (z. B. bezüglich der Frage, ob im Zeltlager auch nachts laut Techno gespielt werden soll[19]), wie Kritik oder Meinungsverschiedenheiten sollen dort vorkommen dürfen.[20] Man fordert von öffentlichen Räumen wie Universitätsseminaren ein, dass sie als „Schutzräume" funktionieren – einem Konzept, das der sozialen Arbeit und der psychologischen Hilfe entstammt.[21] Auffällig ist, dass eine entscheidende emanzipatorische Errungenschaft des öffentlichen Raumes – der den Beteiligten zugebilligte Standard mündiger Erwachsenheit – hier gerade im Namen der Emanzipation (wenn auch ohne Argumente) demontiert wird. Hayner bemerkt dazu erstaunt: „Wie kommen erwachsene Menschen auf die Idee, sich selbst einen Reizschutz zu diagnostizieren, der unterhalb dem jedes Kindes liegt?"[22]

Wer nichts als Opfer ist, von dem darf auch nichts erwartet werden – vor allem nicht die für erwachsene Menschen typische Fähigkeit, ein gewisses Maß an kleineren Unannehmlichkeiten des Lebens zu ertragen und eigene Empfindungen und Befindlichkeiten ein Stück weit hinter sich zu lassen. So, wie die Psychoanalyse vom „Krankheitsgewinn" spricht, könnte man

---

18 Siehe dazu http://www.zeit.de/2015/21/columbia-university-sexueller-missbrauch-prozess/komplettansicht (Zugriff: 2017-01-04.).

19 Siehe Anonyma. Inquisition auf dem e*camp, in: L'Amour laLove 2017.

20 Siehe l'Amour laLove 2017, 32.

21 Siehe Hayner Bringt euch in Sicherheit! in L'Amour laLove, 2017, 61-64, 62.

22 Hayner 2017, 63. Vgl. dazu Kipnis, Sexual Paranoia Strikes Academe, 2015, die schreibt: "Among the problems with treating students like children is that they become increasingly childlike in response." In Bezug auf den Fall einer Studentin bemerkt sie: "She seems to regard herself as a helpless child in a woman's body.".

dies als eine „Opferprämie" bezeichnen. Allerdings scheint dieser Zugewinn, diese Lizenz zur uneingeschränkten Befindlichkeit und Entbindung von Verpflichtungen gegenüber dem öffentlichen Raum, bei Licht besehen doch ein ziemlich schlechter Tausch zu sein – verglichen mit jenem Respekt und jenen Rechten, die mit mündiger Erwachsenheit einhergehen. Gerade im fanatisch verfochtenen Namen des Guten opfert die Moral regelmäßig das eine oder andere Gut – seien es nun Rechtsstandards oder andere emanzipatorische Errungenschaften.

1.4 Moral als Enthemmungssystem

Entgegen der manchmal geäußerten Vermutung, die Moral wäre notwendig, weil die Menschen ohne sie in einen Zustand ungehemmten Mordens und Totschlagens verfallen würden,[23] lehren diese Beispiele, dass es sich offenbar genau umgekehrt verhält: die Moral muss wohl zu den großen *Enthemmungssystemen* gezählt werden, welche die Menschheit ersonnen hat. Peter Sloterdijk hat bekanntlich auf die Existenz und soziale Funktion solcher Enthemmungssysteme hingewiesen.[24] Das, was Menschen erst in die Lage versetzt, andere zum Feind zu machen und sie bis zur Vernichtung zu bekämpfen, ist die Moral. Und es ist die Moral selbst, die zur Außerkraftsetzung aller Errungenschaften und Prinzipien, selbst der moralischen, drängt.[25]

---

23 Zu dieser Vermutung siehe zum Beispiel Erlinger, Moral, 2012, 9.

24 Zum Motiv der Enthemmungssysteme siehe Sloterdijk, Kritik der zynischen Vernunft, 1983, 12; Sloterdijk, Im Weltinnenraum des Kapitals, 2005, 36, 93; vgl. dazu Pfaller, Das schmutzige Heilige, 2008, 137-161.

25 Wie Sprenger richtig bemerkt, kommt es hierbei auch zu einer intellektuellen Enthemmung beziehungsweise Regression. Nicht einmal die elementarsten Schritte zwischen Absicht und Verwirklichung dürfen mehr überdacht werden: „Dass Moral sich in Unmoral, Recht in Unrecht wandeln kann, dass gute Absichten schlechte Folgen haben, egoistisches Verhalten umgekehrt sozialen Nutzen erzeugen kann – diese Gedankenwege beschreiten sie [die Moralisierer] nicht." (Sprenger 2018) Genau solches Kalkulieren erscheint nämlich innerhalb einer bestimmten Auffassung von Moral bereits selbst als unmoralisch bzw. zynisch. Ein bezeichnendes Beispiel hierfür ist das massive Befremden, das Bernard de Mandevilles „Bienenfabel" nicht nur bei ihren Zeitgenossen, sondern auch heute wieder auszulösen vermag (s. Mandeville [1705]). Was übrigens nicht verhindert, dass andere, wie Joseph Vogl hellsichtig bemerkt, gerade diesen deskriptiven Text heute normativ, zur Legitimierung rücksichtslosesten Verhaltens gebrauchen (Vgl. Vogl, Das Gespenst des Kapitals, 2011, 34ff.).

Die Moral wirft ein Licht auf die Welt, welches es zu ermöglichen scheint, in der Welt scharfe Kontraste von Gut und Böse wahrzunehmen.[26] Das hat zur Folge, dass man meint, bestimmte Akteure als die Bösen dingfest machen zu können. Das diesbezüglich in dem Band „Beißreflexe" gezeichnete Bild extremen Moralisierens macht hier etwas deutlich, was perspektivisch wohl jeglichem Moralisieren als Tendenz innewohnt: *die Produktion von Unpersonen*. Die einmal als Böse Identifizierten oder auch nur einer kleinen Verfehlung Beschuldigten sind sofort und für immer und ewig das Letzte, buchstäblich das Allerletzte. Wer als „Rassist", „Sexist", „Islamophobiker", „Faschist", „Ableist", „Transphober" oder etwas Ähnliches einmal etikettiert wurde, hat jedes Rederecht und jedes Existenzrecht verloren: „Einmal zur persona non grata gestempelt, gibt es keine Möglichkeit mehr, sich zu rechtfertigen, zu sprechen und sich zu den Vorwürfen zu äußern."[27]

In dem Moment, in dem Schwäche oder Verletztheit als das moralisch Gute betrachtet wird, gerät der Kontrahent oder Gegner zum absolut bösen Feind.[28] Gleichzeitig wendet sich die Bewegung nach innen. Denn äußere Gegner kann man ja nur schwer von der moralischen Überlegenheit der Schwäche überzeugen. Darum kämpft man nicht mehr gegen äußere Gegner, sondern wendet die Wucht der moralisch gestützten Aggression gegen Leute der eigenen Gruppe. Ein Wettbewerb um das moralische Privileg der größten Verletztheit oder der feinsten Sensibilität entbrennt. Wer mehrfache, sogenannte „intersektionale" Benachteiligung (z. B. als Schwarze und als Transsexuelle) für sich beanspruchen kann, hat bei diesem Distinktionskampf die Nase vorn.

Gerade Genossen werden nun zu Gegnern gemacht, und diese Gegner gleich zu absoluten Feinden. Oder, wie die Politologin Chantal Mouffe mit einer sehr brauchbaren Unterscheidung feststellt: An die Stelle eines ausfechtbaren *Agonismus* tritt der unversöhnliche *Antagonismus*, der letztlich nur die Vernichtung des anderen kennt.[29]

Auf einer bekannten Fotografie aus dem ersten Weltkrieg ist zu sehen, wie ein deutscher Soldat einem (vermutlich kriegsgefangenen) britischen

---

26 Vgl. dazu l'Amour laLove 2017, 31.

27 Ebd., 24.

28 Psychoanalytisch, in der Terminologie Jacques Lacans, könnte man diese Operation auch als „Sublimierung" bezeichnen: einem „Objekt" (dem Gegner) wird die „Dignität des Dings" verliehen. Siehe dazu Lacan, Das Seminar, 1996, 138; Zupancic, The Shortest Shadow, 2003, 165.

29 Siehe Mouffe, Über das Politische, 2007, 10.

Soldaten Feuer für die Zigarette gibt.[30] Dieses schöne Bild einer punktuellen Versöhnung lässt sich wohl nur durch einen zugrundeliegenden Gedanken erklären: Die Beteiligten müssen in der Lage gewesen sein zu denken: „Auch wenn wir auf verschiedenen Seiten stehen – du stehst für deine Sache doch genau so, wie ich für meine".

Dieser Kalkül ist im Antagonismus nicht mehr denkbar. Psychoanalytisch gesprochen ist an die Stelle des symbolischen Verhältnisses der Proportion, das strukturell gleiche Plätze in verschiedenen Ordnungen kennt („du bist dort das, was ich hier bin"), das imaginäre Verhältnis getreten, das nur einen Platz in einer einzigen Ordnung kennt und das darum immer auf das narzisstische „Du oder ich" hinausläuft.

Mit solchen Feinden kann man sich klarerweise nie wieder versöhnen. Der Feind soll immer Feind, Täter und Schuldiger bleiben. Es ist aber bezeichnend – und ein weiterer Beleg für den Verstoß der Moral gegen ihre eigenen Prinzipien –, dass man den Feind unter diesen Vorzeichen auch nicht gut bekämpfen kann. Seine wirklichen Motive, seine Ziele und Mittel und damit die Grenzen seiner vermeintlichen Bösartigkeit sowie die Grenzen seines Engagements und seiner Kraft werden dadurch nicht erkennbar. Der totale Feind ist naturgemäß ein ewiger Feind. Wer ihn produziert, will ihn nicht überwinden, sondern ihn ewig als sein Anderes bei sich haben. Die Moral ist ein Unternehmen, das von seinem eigenen Scheitern gut lebt.[31]

Diese strukturellen, gleichsam „ewigen" Züge der Moral treten in der Postmoderne, als einer privilegierten Epoche moralisierender Ideologien, besonders auffällig und deutlich zutage. Dies hängt mit der Funktion der Postmoderne als Ideologie des Neoliberalismus zusammen. Ließ sich die Moderne der ersten drei Nachkriegsjahrzehnte in der westlichen Welt mit Thomas Piketty als eine Epoche nicht nur rasch anwachsenden Wohlstands, sondern auch allmählich wachsender gesellschaftlicher Gleichheit beschreiben,[32] so charakterisiert sich die Epoche etwa ab dem Ende der 1970er Jahre durch die Zerstörung der angleichenden Mechanismen und durch neoliberale Produktion zunehmender Ungleichheit. Hatte die Moderne darum mit zunehmender sozialer Gleichheit auch eine massive Standardisierung betrieben, so zeichnet sich die Postmoderne, wie Andreas

30 Siehe https://www.sueddeutsche.de/politik/zeitgeschichte-die-schuld-der-anderen-1.3902203 (Zugriff: 2018-08-08.).

31 Dieses Leben beziehungsweise Profitieren von den eigenen Fehlern habe ich als eine typische Strategie postmoderner, neoliberaler Institutionen und Individuen kenntlich zu machen versucht; siehe Pfaller, Das schmutzige Heilige, 2017, 35ff.

32 Siehe Piketty, Capital in the Twenty-First Century, 2014.

Reckwitz dargestellt hat, durch Schaffung von Besonderheit („Singularität") und verschärfter Distinktion aus.[33] Jede Benachteiligung kann nun – freilich immer nur innerhalb von gesellschaftlichen Eliten – als Startvorteil beziehungsweise als „Humankapital" nutzbar gemacht werden.[34] Wie jedes Kapital fungiert auch dieses als jener Wettbewerbsvorteil, der einem den Wettbewerb erspart. Wer in einem privilegierten Kontext einen Opferstatus geltend macht, kann sich damit Aufmerksamkeit und Zustimmung verschaffen, ohne in den Wettbewerb um das bessere Argument eintreten zu müssen. Weil die Postmoderne Besonderheiten schafft, bleibt sie diesbezüglich moralisch und ersetzt Politik durch Moral. Die Opfer – oder wenigstens einige ausgesuchte Vertreter – sollen es (freilich immer nur für kurze Zeit) gut haben. Das ist das moralische Prinzip. Politik hingegen hätte darin bestanden, dafür zu sorgen, dass niemand ein Opfer ist. Dasselbe ist auch auf der Seite der Täter – gegenwärtig in der Regel Banken und Konzerne – zu beobachten. Anstatt auf politischer Ebene, etwa durch Gesetze und Regulierungen der Finanzmärkte zu verhindern, dass das Großkapital Millionen von Menschen schädigt, lässt man Moral auftreten. Man erklärt, die Bankiers sollten nicht gierig sein, und Konzerne wie Banken verschaffen sich Aufmerksamkeit durch selbstauferlegte *codes of conduct* und Herstellung sogenannter „ethischer Waren" oder „ethischer Finanzprodukte". Auch hier zeigt sich Moral als Verfallserscheinung von Politik:[35] An der Stelle von gesetzlicher Gleichheit entsteht moralische Besonderheit, und an der Stelle politischer Lösung die moralisierende Verstetigung der Probleme.

2. *Zur Theorie der Moralverkehrung*

An diesem Parcours durch einige aktuelle Erscheinungsformen von Moral haben sich mehrere Züge gezeigt, die den Verdacht zu bestätigen scheinen, dass nicht nur das Moralisieren (auf moralfremden Terrains) eine Verzerrung an der Moral verursacht, sondern dass die Moral selbst in ihrem Wesen als eine solche Verzerrung begriffen werden muss; dass es also so etwas wie einen fundamentalen Konstruktionsfehler der Moral gibt, der eine „Moral ohne Schuld", das heißt: ohne Beschuldigung anderer, unmöglich

33 Siehe Reckwitz, Die Gesellschaft der Singularitäten, 2017.
34 Siehe Biebricher, Neoliberalismus, 2015, 172.
35 Siehe dazu Pfaller, Das schmutzige Heilige, 2018.

macht.[36] Es handelte sich demnach nicht um Exzesse von Moralität, sondern vielmehr wäre die Moral selbst bereits ein solcher Exzess.

Die Moral würde somit ihrem eigenen Wesen nach dazu tendieren, unmoralisch zu werden. Sie würde mit Notwendigkeit ihre Verfechter dazu anstacheln, *auf unmoralische Weise moralisch zu sein*. Eine solche „Dialektik" – das heißt die Verkehrung eines Prinzips in sein eigenes Gegenteil aufgrund seiner scheinbar ureigensten Logik – war uns erst vor kurzem im Fall der postmodernen Vernunft begegnet. Aus Vernunftgründen verzichten postmoderne Menschen bekanntlich gern auf vieles: auf angenehmes Leben zugunsten von Gesundheit und Fitness; auf Bürgerrechte und respektvolles Behandeltwerden zugunsten von Sicherheit; auf Leichtigkeit im zwischenmenschlichen Umgang zugunsten von politischer Korrektheit etc. Nun lässt sich aber zeigen, dass man, wenn man einem Vernunftprinzip alles andere opfert, immer auch noch gerade dasjenige opfert, in dessen Namen die Vernunft sich geltend gemacht hatte: Wenn man zum Beispiel alles der Gesundheit opfert, verliert man nicht nur viele Annehmlichkeiten, sondern eben auch die Gesundheit selbst – wie das Beispiel des neuen Krankheitsbildes der „Orthorexie" zeigt: einer Mangelerscheinung, die durch übertriebene gesunde Ernährung entsteht. Dasselbe gilt für die anderen Beispiele: Durch verstärkte Sicherheitsvorkehrungen entsteht Macht ohne demokratische Kontrolle sowie verstärkte Angst in der Bevölkerung, die zu neuen Gefahren führt; und sexuelle Übergriffe vermehren sich gerade dort, wo man, um ihnen zu begegnen, jeglichen erotischen Umgangston aus dem Alltagsleben eliminiert hat.[37] Hier verkehrt sich die Vernunft also gerade durch konsequente Durchsetzung in ihr eigenes Gegenteil. Die postmodernen Vernunftapostel sind *auf unvernünftige Weise vernünftig*. Gegen diese „Dialektik der Vernunft" hatten wir eine Waffe gefunden. Um die Vernunft vor ihrem Exzess und mithin der Verkehrung in ihr Gegenteil

36 Freilich lässt sich die Formulierung „Moral ohne Schuld" noch in einem anderen, wohl fundamentaleren Sinn verstehen: nämlich als Frage danach, ob es eine Moral ohne Schuldgefühl geben könnte. Ob man die Menschen jemals vom Schuldgefühl befreien kann, ist eine schwierige Frage, zumal ja, wie Freud gezeigt hat, das (unbewusste) Schuldgefühl sogar noch den Verfehlungen und Verbrechen als deren Ursache vorangeht (Freud, Einige Charaktertypen aus der psychoanalytischen Arbeit, 1997, 252f.). Das in der weiteren Folge dieses Textes kurz vorgestellte Beispiel der „Schamkulturen" im Sinn Ruth Benedicts (Benedict, Chrysantheme und Schwert, 2006) könnte allerdings ein Hinweis darauf sein, dass Schuld eine historische und kulturspezifische „Affektwährung" darstellt und somit keine ewige, anthropologische Ausstattung ist.

37 Siehe dazu Kipnis, die bemerkt: „the new campus codes aren't preventing nonconsensual sex; the're producing it" (Kipnis, Sexual Paranoia, 2017, 202).

zu bewahren, hatten wir die Forderung aufgestellt, immer *auf vernünftige Weise vernünftig zu sein*. Diese Operation der Verdoppelung der Vernunft, ihrer Selbstanwendung, bewirkte jene Selbstbeschränkung der Vernunft, die sie vor ihrer Verwandlung in Irrationalität bewahren konnte.[38] So stellt sich die Frage, aufgrund welcher Momente die Moral ihrer eigenen Logik gemäß zur Verkehrung in ihr Gegenteil tendiert; und ob sie, ähnlich wie die Vernunft, Ressourcen der Verdoppelung und Selbstanwendung besitzt, die sie davor bewahren könnten.

2.1 Die Verkehrungsmomente: Das Muster der Verinnerlichung

Die hier angetroffenen und in loser Folge dargestellten Züge – *Maßlosigkeit und Verbissenheit der Moral; Darstellung der Gegner als „Böse", d. h. Produktion von Unpersonen; Verabsolutierung von Gefühltem (Emotivismus); Enthemmung; Gnadenlosigkeit gegen Gegner und Kritiklosigkeit gegen die Mittel; notorisches Scheitern und Verweigerung gegen jegliche Problemlösung* – bilden ein Muster. Dieses Muster, und der Zusammenhang zwischen seinen Zügen, lässt sich erklären ausgehend von einem grundlegenden Konstruktionsmerkmal der Moral – ihrer Natur als einer *Verinnerlichung*. Die Frage lautet dann freilich: als Verinnerlichung wovon?

In einem ersten Schritt lässt sich diese Frage psychoanalytisch beantworten, und die Moral als Verinnerlichung im Sinn einer Abkoppelung von *Realitätsbedingungen* beschreiben. Wenn Konflikte zu Antagonismen werden, und Gegner zu absoluten Feinden, dann setzt dies die Abkoppelung vom Realitätsprinzip voraus. An die Stelle des Bezugs auf die äußere Wirklichkeit tritt dann ein innerpsychischer Gegensatz, der dem Entwicklungsstadium des Narzissmus entstammt. „Gut" und „Böse" sind ja absolute Wertungen, denen keine Erfahrungswerte aus der Außenwelt entsprechen können. Sie sind vielmehr aus der Psyche selbst gewonnen. Für das Gute in seiner Absolutheit hat das kostbare Ich des Narzissmus das Vorbild geliefert. Und alles, was diesem Ich unlustvoll erscheint, will es ausspucken und jenseits von sich selbst verorten, in einem – freilich immanenten – Außen das nun das absolute Böse darstellt.[39] Dieses Böse bildet allerdings nun ein vom Guten des Ich untrennbares „alter ego". Die schöne Zeile Theodor

---

38 Diese hier knapp zusammengefasste Überlegung bildet die zentrale These meines Buches „Wofür es sich zu leben lohnt. Elemente materialistischer Philosophie" (Pfaller 2011).

39 Zum Motiv des narzisstischen "Lust-Ich" siehe Freud, Die Verneinung, 1989, 374.

Däublers, „Der Feind ist unsre eigne Frage als Gestalt", bringt diesen Zusammenhang sehr gut auf den Punkt.[40]

Charakteristisch für den Narzissmus, der die Welt in Gut und Böse aufspalten möchte, ist seine Feindseligkeit gegen alle innerweltlichen Vermittlungen – wie Kontingenzen, Wahrheitsbedingungen, Forderungen logischer Kohärenz, Verfahrensregeln, Gesetze, Institutionen, Gewaltenteilungen etc. Sie würden ja den lustvollen, harten Schwarzweißkontrast in Frage stellen und das Realitätsprinzip wieder in Kraft setzen. Bela Grunberger und Pierre Dessuant haben diese vermittlungsfeindliche Tendenz in ihrer großen Studie über Narzissmus, Christentum und Antisemitismus an vielen symptomatischen Beispielen analysiert.[41] Ausgehend von dieser narzisstischen Prägung lassen sich somit einige der charakteristischen Züge der Moral erklären: die Aufteilung der Welt in Gut und Böse, die Maßlosigkeit und gnadenlose Verbissenheit, die Verabsolutierung von Gefühltem, die Kritiklosigkeit gegen die Mittel, die Neigung zum kurzen Prozess und das Verhaftetbleiben am ungelösten Problem. Auch das Leidenschaftliche der Moral wird aus deren narzisstischer Natur begreiflich: Da dasjenige, was die Menschen in Aufregung versetzt, immer die Einbildungen sind, und niemals die Tatsachen;[42] und da die Einbildungen, wie Spinoza lehrte, gemäß ihrer Zugehörigkeit zur ersten Erkenntnisgattung, immer narzisstisch sind, ist es das Narzisstische der Moral, was zu der für sie typischen leidenschaftlichen Aufregung führt.

In einem zweiten Schritt kann man die Moral aber auch philosophisch als Verinnerlichung gegenüber einem *anderen System von Sittlichkeit* beschreiben. Dies hat Friedrich Nietzsche in seiner „Genealogie der Moral" unternommen. Nietzsche rekonstruiert dort, wie die aristokratische, antike Unterscheidung „gut/schlecht" ersetzt wurde durch die jüdisch-christliche Wertung „böse/gut". An die Stelle einer „Herrenmoral" trat eine „Sklavenmoral". Nun wurden die früheren Starken, Edlen und insofern „Guten" zu den „Bösen" erklärt; und die bislang Schwachen, als ihre Gegenteile, begannen, sich selbst als die „Guten" zu betrachten und zu bewerten. Charakteristisch für diese „Umwertung" ist, wie Nietzsche betont, die Umkehrung der Perspektive: Während die Herren von sich aus urteilten, sich selbst als wohlgeraten empfanden, und danach die übrigen als weniger gelungen, machten es die Sklaven umgekehrt. Sie beschrieben zuerst die Her-

---

40 Däubler, Hymne an Italien, 1916; vgl. zu diesem Motiv auch die Bemerkungen Louis Althussers über die Rollenverteilung im klassischen Melodrama (Althusser, Das ‚Piccolo Teatro, in ders.: Für Marx, 1962, 184).

41 Grunberger/Dessuant, Narzismus, Christentum, Antisemitismus, 2000.

42 Siehe dazu Epiktet, Handbüchlein der Moral, 2004, 11.

ren als „böse" Übeltäter und schlossen erst dann, im zweiten Schritt, auf sich als deren Opfer – die demnach nun die „Guten" zu sein schienen.

Dabei entstand etwas für die Moral Entscheidendes. Die „Guten" und „Schlechten" der Herrenmoral waren nämlich hinsichtlich ihrer jeweiligen Qualität nicht auf einander angewiesen gewesen. Niemand brauchte „schlecht" zu sein, damit jemand anderer „gut" sein konnte. Es ging lediglich um die Entsprechung zu bestimmten Tugendidealen. Diese war immer graduell – man konnte den Idealen mehr oder weniger entsprechen oder auch mittelmäßig sein. Und es wäre durchaus vorstellbar, zum Beispiel in einer klassenlosen Gesellschaft, dass alle ihrer Mitglieder „gut" im Sinn dieser Moral wären[43] (und ebenso vielleicht, zum Beispiel in einer faschistischen Schurkengesellschaft, dass alle „schlecht" wären).

Das ist beim Gegensatz „böse/gut" anders. „Gut" und „Böse" sind auf einander angewiesene Bestimmungen („Reflexionsbestimmungen" im Sinn Hegels). „Gute" gibt es nur dann, wenn es auch „Böse" gibt, und umgekehrt. Jeder Gute braucht einen Bösen. Hierin manifestiert sich die narzisstische Verhaftetheit des Sklavenmoralisten an sein Gegenüber. Es gibt hier auch keine graduellen Abstufungen. „Gut" heißt immer „vollkommen gut", und „böse" immer „vollkommen böse".[44] Hier zeigt sich das für den Narzissmus typische Schwarzweißbild der „Welt", die eine Innenwelt ist und die dementsprechend kein Drittes, keine irgendwie gearteten Zwischenstufen oder neutralen beziehungsweise moralisch indifferenten Mittelpositionen (wie sie für die kontingente Realwelt typisch sind) zulässt. In der Folge dieser gegenseitigen Angewiesenheit und des jedes Dritte ausschließenden, kontradiktorischen Gegensatzes von Gut und Böse wird die Interaktion der beiden Widersacher zu einem Nullsummenspiel: Der eine

---

43 Nietzsche äußert sich oft verächtlich über das demokratische Bestreben nach Gleichheit. Denn er geht nur von der Frage aus: *Wer will die Gleichheit?* Und darum erscheint sie ihm als ein Sklavenwunsch. Wenn man aber von der Frage ausgeht: *Wer erträgt die Gleichheit?*, dann zeigt sich ein anderes Bild. Ohne Neid auf andere können nur diejenigen leben, die ausgehend von sich selbst urteilen. Nur so kommt es in einer Gesellschaft mit dramatisch verringerten sozialen Unterschieden nicht zu einer Explosion des Ressentiments (vgl. dazu Žižek, Some Politically Incorrect Reflections, 2005). Eine Gesellschaft der Gleichheit setzt darum eine „Herrenmoral" voraus. Epikurs hedonistische Einübungen in die Zufriedenheit könnten als Beispiel einer solchen neid- und ressentimentfreien Haltung betrachtet werden.

44 Daraus erklärt sich das oben erwähnte, von Hayner wie Kipnis bemerkte Paradoxon, dass erwachsene Aktivisten sich selbst die Empfindlichkeit von Kleinkindern attestieren: weil der Schwache der Gute, und der Gute eben vollkommen gut ist, ist er auch vollkommen schwach.

nimmt dem anderen etwas weg und lädt damit „Schuld“ auf sich – weil er es nun dem anderen schuldet. Was der eine hat, das fehlt dem anderen; und es fehlt ihm genau deshalb, weil es der andere hat. Es besteht keine Möglichkeit, dass zum Beispiel beide etwas gewinnen oder dass beiden gleichermaßen etwas abhandenkommt – indem es zum Beispiel kaputtgeht oder in irgendeinen Spalt zwischen ihnen beiden fällt. (Daher rührt die für Neid und Eifersucht so charakteristische, lächerliche Befriedigung, sobald dem anderen ein Schaden oder ein Verlust widerfährt. Es ist, als ob man nun selbst etwas bekommen würde, nur weil es der andere eben nicht mehr hat.) Der nach der Logik des Narzissmus strukturierte „Raum“ von Gut und Böse kennt keinen solchen dritten Ort, und keine solche dritte Möglichkeit.

Nur innerhalb der Sklavenmoral gibt es also Schuld (gegenüber anderen).[45] Erst die „Sklavenmoral“ ist somit eine „Moral“ in Nietzsches eigenem, präzisem theoretischen Sinn. Nach der von Gilles Deleuze vorgeschlagenen Terminologie könnte man den Gegensatz von „Herrenmoral“ und „Sklavenmoral“ darum auch als den zwischen einer „Ethik“ und einer „Moral“ bestimmen.[46] Das ist möglicherweise insofern hilfreich, als es erlaubt, die von Soziologen wie Anthropologen unterschiedenen Systeme von Sittlichkeit (beziehungsweise sozialer Kontrolle) in einem Gesamtbild zunehmender Verinnerlichung beziehungsweise „Moralisierung“ zu lokalisieren.

2.2 *Ehre, Würde und Opfersein*

Die Soziologen Campbell und Manning haben in ihrem vielbeachteten Aufsatz *Microaggression and Moral Cultures* eine dreiteilige Klassifizierung von Systemen sozialer Kontrolle vorgelegt, die die für die Postmoderne charakteristischen Formen von Moral in ihrer Besonderheit zu erkennen ermöglicht. Campbell und Manning unterscheiden drei Systeme: Ehre (Honor), Würde (Dignity) und Opfersein (Victimhood).[47]

---

45 Ein anderer Typ von Schuld ist jener, der durch mangelnde Erfüllung eines Tugendideals entsteht. Im Rahmen einer moralischen Autonomie im Sinn Kants können Schuldgefühle gegenüber dem eigenen, selbstgewählten Sollen entstehen. Solche „Schuld“ aber schuldet man nur sich selbst, und nicht irgendwelchen anderen.

46 Siehe Deleuze, Spinoza, 1988, 27-42.

47 Vgl. Campbell/Manning, Microaggression, 2014. Peter Berger hatte 1970 bereits unterschieden zwischen aristokratischen Kulturen der Ehre und der bürgerlichen

In den Kulturen der *Ehre* ist der eigene Ruf der zentrale Gegenstand der Sorge. Er beruht, wie die Autoren meinen, auf der Einschätzung durch andere[48] und muss gegen alle Verletzungen weitgehend eigenhändig verteidigt werden, meist mit physischer Gewalt.[49] Dies gilt sogar für den Fall scheinbar geringfügiger Insultierungen. Und den um ihre Ehre Besorgten erscheint die Notwendigkeit, Rache zu nehmen, wie eine ihnen von außen auferlegte, nicht abmilderbare Pflicht. Dieser Zug mag an Freuds Analyse der Tabugesellschaften erinnern und an das für diese charakteristische Prinzip des Augenscheins.[50]

Die *Würde* hingegen ist ein „innerer Wert".[51] Während das Prinzip der Ehre hochsensibel bei kleinen Beleidigungen nach umgehender Satisfaktion schreit, ist für das Prinzip Würde die entscheidende Tugend eine „dicke Haut". Da man von seiner eigenen inneren Beurteilung und nicht von der anderer abhängt, lässt man sich durch Kleinigkeiten und durch das, was andere darüber denken könnten, nicht aus der Ruhe bringen. Sind die Verletzungen größer, so darf ebenfalls nicht zurückgeschlagen werden. Dies verbietet eine Ethik der Selbstbeherrschung.[52] Dann muss an Dritte appelliert werden: an Vermittler, Gerichte oder an die Polizei.

Die für die Postmoderne charakteristische Kultur des *Opferseins*, wie sie sich zum Beispiel in den modischen Beschwerden über „Mikroaggressionen" manifestiert, ist dem gegenüber ein neues System sozialer Kontrolle. Es trägt einige Züge, die es sowohl von der Kultur der Ehre als auch jener der Würde absetzen. Die Kultur der Ehre zeigt sich zwar ähnlich verletzbar, auch gegen unbeabsichtigte Insultierungen; jedoch würde sie es ablehnen, an Dritte zu appellieren oder auch die eigene Verletztheit aufzubauschen und eigenen Bedarf an Mitgefühl öffentlich zu machen.[53] Vertreter einer

---

Kultur der Würde (Berger, On the Obsolence oft he Concept of Honour, in: Hauerwas et al. (eds.): Revisions, 1970, 172-81). Zu weiteren Quellen siehe Campbell/Manning 2014, 711f.

48 Diese Bestimmung entspricht einer langen, offenbar von David Riesman begründeten Tradition, außengeleitete Kulturen mit fremdbestimmten („other-directed") Kulturen gleichzusetzen (siehe Riesman, Traditioneller, innengelenkter und außengelenkter Sozialcharakter, in Keup (Hg.): Der Mensch als soziales Wesen,1998, 209-223). Dieser Gleichsetzung möchte ich in der Folge widersprechen.

49 Siehe Campbell/Manning, Microaggression 2014, 712.

50 Siehe dazu Pfaller, Erwachsenensprache, 2017, 119-121.

51 Siehe Campbell/Manning, Microaggression, 2014, 713.

52 Campbell/Manning verweisen in diesem Zusammenhang (ähnlich wie vor ihnen Berger 1970) auf die Thesen von Norbert Elias über den Prozess der Zivilisation, vgl. ebd., 713.

53 Siehe Campbell/Manning Microaggression, 2014 714.

Kultur der Würde hingegen hätten keine schamhaften Bedenken, Dritte einzubeziehen; sie würden es aber ablehnen, dies im Fall geringfügiger oder lediglich verbaler Beleidigungen zu tun. Stattdessen würden sie entweder den Beleidiger verbal zu stellen versuchen und ihn zur Diskussion herausfordern oder aber das Ganze nobel ignorieren.[54] In Kulturen des Opferseins jedoch wird versucht, gerade kleinste Verletzungen wahrzunehmen und sie einer möglichst großen Öffentlichkeit zur Kenntnis zu bringen – um dadurch nicht nur für Sympathie zu werben, sondern zugleich auch dafür, dass Sympathie gerade solchen Opfern zu gebühren scheint.

Das Verhältnis dieser drei Systeme kann einerseits als historische Abfolge begriffen werden; andererseits lässt es sich aber auch in ihrer Koexistenz in aktuellen westlichen Gesellschaften beschreiben: In den proletarischen Vorstädten, wo man Stärke zeigen muss und einander gelegentlich provokant mit „Du Opfer" anredet, herrscht offenkundig das System Ehre. In den bürgerlichen Bezirken mit ihrem noblen Understatement lässt sich das System Würde beobachten. Und unter akademischen Eliten, die sich gern in sozialen Netzwerken betätigen, herrscht das System Opfersein.

Psychoanalytisch lässt sich die von Campbell und Manning getroffene Klassifizierung als ein Schema zunehmender Verinnerlichung begreifen. Westliche Gesellschaften tendieren seit mehreren Jahrzehnten verstärkt dazu, „innen-geleitete" Gesellschaften zu werden. Dies hat bereits Richard Sennett, im Widerspruch gegen die Theorie Riesmans, richtig erkannt.[55] Allerdings ist es zum Verständnis dieser These entscheidend, zu klären, was hier jeweils nach innen verlagert wird. Bei jedem dieser Systeme lassen sich nämlich drei Parameter unterscheiden: erstens die urteilende Beobachtungsinstanz. Sie ist dann außen, wenn das Urteil anderen Personen obliegt; innen hingegen ist sie, wenn sie eine innerpsychische Beobachtungsinstanz wie zum Beispiel das Freudsche „Über-Ich" ist. Den zweiten Parameter bildet der Gegenstand der Beurteilung: Dies können entweder äußerliche, überprüfbare Handlungen und Haltungen sein oder aber weniger überprüfbare, innerliche Tatbestände wie Absichten, handlungsleitende Maximen oder ursächliche, unveräußerliche Charaktereigenschaften einer Person. Den dritten Parameter bildet die Sanktionsweise: Als innen kann diese dann bezeichnet werden, wenn die Verfehlung sich selbststrafend ahndet; als außen, wenn die Bestrafung anderen Personen oder Exekutivbehörden obliegt. Wenn wir, wie Sennett, von einer Tendenz zur Verinnerlichung sprechen, dann betrifft dies ausschließlich den zweiten Para-

54 Ebd., 714f.

55 Siehe Sennett, Verfall und Ende des öffentlichen Lebens, 2001, 18.

meter. Was beurteilt wird, ist derzeit zunehmend Inneres. Die urteilende Instanz und die Sanktionsweise aber verlagern sich im selben Maß nach außen.

Die Ehre ist ein *ethisches,* mithin äußerliches System. Sie beruht, ähnlich wie der Stil, auf den Ansprüchen eines Individuums an sich selbst, nicht an andere. Insofern entspricht die Ehre Nietzsches „Herrenmoral" sowie den von Ruth Benedict charakterisierten „Schamkulturen".[56] Entscheidend zum Verständnis der letzteren ist allerdings eben, dass die beurteilende Instanz keineswegs die anderen Individuen der Gruppe sind, sondern ein inneres Auge, das als „naiver Beobachter" beschrieben werden muss.[57] Dieser Beobachter erkennt nur, wie eine Handlung erscheinen muss, nicht aber, wie sie intendiert war. Gegenstand der Beurteilung sind Handlungen und der durch sie erzeugte Augenschein – insofern handelt es sich um ein System der Äußerlichkeiten. Beurteilt wird also von innen, lediglich das beurteilte Objekt ist vollständig außen. Die Sanktion von Verfehlungen verläuft im System der Ehre, wie beim Tabu, oft „selbststrafend". Wer sich schämt, möchte „im Boden versinken"[58]; manche können vor Scham buchstäblich sterben.[59] Dieselbe Scham verbietet die Einbeziehung Dritter. Die Wiederherstellung der Ehre kann nur über eine Korrektur des Augenscheins bewerkstelligt werden; etwa in Gestalt eines Duells oder einer Rache.

Die Würde stellt dem gegenüber einen ersten Schritt der Verinnerlichung dar. Auch hier sitzt die beurteilende Beobachtungsinstanz innen. Sie trägt manche Züge des Freudschen „Über-Ich". Denn sie beurteilt nicht nur Handlungen und deren Augenschein, sondern viel mehr noch Absichten und Maximen. Nun ist nicht nur die Beobachtung innen, sondern

---

56 Siehe Benedict, Chrysantheme, 2006, 196.

57 Auch Campbell und Manning scheinen gelegentlich in den alten Fehler zu verfallen, Schamkulturen als „other-directed" im Sinn David Riesmans zu begreifen (vgl. Riesman 1998). Bei der Ehre kommt es jedoch nicht auf die eigene Reputation bei anderen oder darauf an, „what others think", sondern vielmehr darauf, was die innerpsychische Beobachtungsinstanz des naiven Beobachters „denkt". Man kann, wie der Philosoph Alain treffend bemerkt hat, eben auch dann unhöflich sein, wenn man alleine ist und sich darüber schämen (siehe Alain, Die Pflicht glücklich zu sein, 1982, 201). Der Grund für den weit verbreiteten und folgenschweren Irrtum sitzt tief. Die Schamkulturen erscheinen deshalb „außen-geleitet" und ihre Angehörigen vom Urteil der anderen abhängig, weil das Prinzip der Scham, im Gegensatz zu dem der Schuld, „ich-dyston" ist. Es erlaubt keine Identifizierung. Man schämt sich, wie Günther Anders hellsichtig bemerkt, gerade dafür, „nichts dagegen tun zu können, daß man nichts dafür kann" (Anders, Die Antiquiertheit des Menschen 1988, 70).

58 Siehe Anders 1988, 95.

59 Siehe dazu Freud, Totem und Tabu, 1993, 314.

auch deren Objekt. Insofern ist die Würde ein *moralisches* System. Sie beinhaltet Ansprüche der Individuen nicht nur gegenüber sich selbst, sondern auch gegenüber anderen.[60] Hinsichtlich der Würde kann man in jemandes anderer Schuld sein. Insofern lässt sich das System der Würde einer „Schuldkultur" zuordnen. Die Sanktion von Verfehlungen verläuft dementsprechend. Man kann sich in milderen Fällen entschuldigen – also die Absicht in Abrede stellen. Bei größeren Verfehlungen, welche die Einbeziehung Dritter erfordern, werden Strafen verhängt. Das System der Würde ist, seiner Natur als Schuldsystem entsprechend, fremdstrafend. Dabei muss – auch das gehört zu den sittlichen und verinnerlichenden Forderungen des Systems Würde – das staatliche Gewaltmonopol beachtet werden.

Ehre und Würde aber besitzen mäßigende Mechanismen, die sie vor dem Exzess einer „Sklavenmoral" bewahren. Die jeweilige Innenbeobachtung fordert von ihrem Subjekt Größe. Diese kann sich einmal als Pflicht zur Rache darstellen; im anderen Fall gerade als Verzicht auf diese.[61] Ein unverzichtbarer Bestandteil dieser Forderung nach Größe ist auch, dass die Beurteilungsinstanz innen verbleibt. Sowohl die Subjekte der Ehre wie auch jene der Würde beurteilen sich selbst und stellen dieses Urteil vor das für sie wenig erhebliche Urteil der anderen. Sie beurteilen auch als erstes sich selbst, ehe sie eventuell andere beurteilen – diese Züge teilen Ehre und Würde mit Nietzsches „Herrenmoral". Schließlich beurteilen Ehre und Würde Tatbestände, die von ihren jeweiligen Akteuren verschieden sind: einmal Handlungen, das andere mal Absichten (beziehungsweise Handlungen samt Absichten). Allerdings ist mit dem Übergang von Handlungen zu Absichten ein Moment gegeben, das der Maßlosigkeit die Tür öffnen kann. Anders als für Handlungen gibt es nämlich für Absichten kein Maß. Wie Sigmund Freud bemerkt, beurteilt das zur Maßlosigkeit tendierende Über-Ich darum böse, aber unverwirklicht gebliebene Absichten noch viel strenger als böse Taten.[62]

---

60 Aus diesem Grund erscheint den Angehörigen der japanischen Schamkultur, wie Benedict hellsichtig bemerkt (Benedict 2006, Chrysantheme, 175), gerade eine Schuldkultur wie die der Chinesen als eine außengeleitete, fremdbestimmte. Es scheint ihnen, als hätten die Chinesen Beschuldigung durch andere nötig, weil ihnen die Fähigkeit abginge, sich selbst zu schämen.

61 Im Sinn Emile Durkheims könnte man sagen: die Ehre fordert „positive Kulte"; die Würde „negative" (siehe Durkheim, Die elementaren Formen des religiösen Lebens, 1994, 405ff.).

62 Siehe Freud, Das Unbehagen in der Kultur, 1993, 252.

Sämtliche der genannten mäßigenden Mechanismen fallen beim System „Opfersein“ weg. Es gibt darin keine ethische oder moralische Forderung nach Größe.[63] Denn gerade Größe ist in den Augen einer Sklavenmoral ja etwas Böses. Darum fällt auch die Innenbeobachtung weg (auch sie wäre ja noch ein Beweis von Autonomie und mithin von verpönter Größe). Niemand kann oder soll sich nun noch selbst beurteilen, ehe er von anderen beurteilt wird. Darum ist auch keine Entschuldigung jemals ausreichend – da sie sich ja wieder Selbstbeurteilung anmaßt (und zwar – *cultural appropriation*! – nach den Kriterien der anderen). Wie Nietzsches Sklavenmoral beginnt auch das Opfersein immer mit dem Beurteilen von anderen und gelangt nur im Umkehrschluss dann zur Selbstwertschätzung. „Shaming“ ist darum im aktuellen US-amerikanischen Sprachgebrauch fast nur noch ein transitives Verb, und kaum mehr ein reflexives. Man beschämt andere, indem man ihnen in der Öffentlichkeit Vorwürfe macht; sich selbst dagegen schämt man (zum Beispiel über eben solches Verhalten) nicht. Die Beurteilungsinstanz sind nun immer die anderen – insofern ist sie zur Gänze äußerlich. Diese anderen aber – und das mag als Paradoxon erscheinen – urteilen ihrerseits nach völlig innerlichen Gesichtspunkten; nicht mehr nach bestimmten, einer objektiven Legitimierungspflicht unterworfenen Kriterien, sondern ausschließlich nach ihrem spontanen, subjektiven Empfinden. Dieser totale „Emotivismus“ ist eine Folge radikalisierter Sklavenmoral: Denn jeder Anspruch auf Objektivierung des eigenen Urteils, oder auch nur auf logische Kohärenz, muss als Anmaßung von Größe und mithin als böse erscheinen. Darum empört man sich auch mit Vorliebe über Kleinigkeiten wie sogenannte „Mikroaggressionen“ – denn die Geringfügigkeit des Anlasses dient als Beweis für die eigene Empfindlichkeit, und diese wiederum ist nicht nur eine postmoderne Marke sozialer Distinktion unter Angehörigen von Eliten, sondern auch ein sklavenmoralischer Beleg für die eigene Schwäche und mithin moralische Güte.

---

63 Dies stellt eine grundlegende Veränderung im Typ der „Anrufung“ dar. Die Systeme Ehre und Würde erwarten von ihren Subjekten, dass sie wachsen können. Dem angerufenen Individuum wird hier immer ein größeres „Idealich“ als ein Sollen vorgehalten, zu dessen Erreichung Anstrengung erforderlich ist. Das ist beim System Opfersein anders. Das angerufene Individuum soll hier auf keinen Fall wachsen, sondern alle Anstrengung darauf richten, zu bleiben, was es ist – nämlich so gut wie nichts. Es gibt auch hier ein Sollen, aber dieses geht nicht über das Sein hinaus. Dies habe ich als „paranoische Anrufung“ charakterisiert (siehe Pfaller, Erwachsenensprache, 2017, 126ff.). Die drei Systeme Ehre, Würde und Opfersein lassen sich ideologietheoretisch als *Aberglaube*, *Bekenntnis* und *Paranoia* begreifen.

Schließlich ist der Gegenstand der Beurteilung vollständig verinnerlicht: Man beurteilt nun nicht mehr Handlungen oder Absichten, sondern nur noch die jeweilige Person.[64] Auch diese Tendenz zur „Essentialisierung" des Bösen, das nun nicht mehr von der ausübenden Person getrennt werden kann, hat Nietzsche an der Sklavenmoral diagnostiziert.[65]Auch daraus ergibt sich, dass die nach dem System Opfersein verurteilte Person – wie die Autoren der „Beißreflexe" gut erkannten[66] – keinen Weg der Wiedergutmachung besitzt: Weder kann sie durch selbststrafende Schamsymptome oder durch Rachehandlungen den Augenschein wiederherstellen; noch kann sie auf dem Weg gerechter Strafe oder durch Leistung von Bußhandlungen rehabilitiert werden. Daraus ergibt sich die für das Opfersein typische Disproportion zwischen Qualität und Tragweite des Urteils: Je schwächer und subjektiver man urteilt, desto totaler kann man den anderen verurteilen. Und man braucht sich nicht der Frage zu stellen, ob solches Verurteilen nicht selbst verurteilenswert ist. Spinozas Erkenntnis, wonach gerade die Kleinmütigsten die Hochmütigsten sind, findet hierin ihre Bestätigung.[67] Aufgrund ihrer eigenen Voraussetzung, der Gleichsetzung von Schwäche mit Güte, ist der Moral jegliche reflexive Möglichkeit der Selbstbeschränkung und Mäßigung abhanden gekommen. Dies ist auch der Grund für die Hochkonjunktur, welche die Moral in der Epoche der Postmoderne erlebt, und für den Umstand, dass sie nun regelmäßig dazu tendiert, Amok zu laufen. Da die Postmoderne als moralisierende Kampfansage gegen die sogenannten „großen Erzählungen" begann, setzt sie sich nun fort als große Stunde der kleinen Erzählungen, die mit größtem Pathos vorgetragen werden. Ihr Relativismus, der nichts Großes anerkennen wollte, zeigt sich nun unfähig, auch nur irgendetwas zu relativieren.[68]

Auf dem Durchgang durch die drei von Campbell und Manning unterschiedenen Systeme sozialer Kontrolle meinen wir gezeigt zu haben, in-

---

64 Siehe dazu l'Amour laLove, Beißreflexe, 2017, 27.

65 Siehe Nietzsche, Zur Genealogie der Moral, 1984, 236: „[W]as Wunder, wenn die [...] Affekte Rache und Haß diesen Glauben für sich ausnutzen [...,] *es stehe dem Starken frei*, schwach, und dem Raubvogel, Lamm zu sein – damit gewinnen sie ja bei sich das Recht, dem Raubvogel *es zuzurechnen*, Raubvogel zu sein [...]."

66 Siehe l'Amour la Love, Beißreflexe, 2017, 30.

67 Siehe Spinoza, Die Ethik, 1976, 237.

68 Ein schönes Gegenbeispiel liefert Richard Sennett in seinem Buch „Respekt" (Sennett 2002, 163). Er beschreibt darin den Rassismus unter Chicagoer Jugendlichen und erklärt, warum dieser in einer Schule, die von katholischen Nonnen geleitet wurde, nicht existierte: Denn für die Nonnen, so Sennett, waren alle Schüler „Sünder". Eine große Moralerzählung zeigt hier ihre Kraft, üble kleinere Erzählungen außer Kraft zu setzen.

wiefern Verinnerlichung als Türöffner für die Tendenz der Moral zur Maßlosigkeit und zum Widerspruch gegen ihre eigenen Prinzipien fungiert.

3. *Gibt es einen moralischen Ausweg aus der Moral?*

Nachdem wir der Moral lange zugesehen haben bei ihrer exzessiven Tendenz, sogar noch ihre eigenen erklärten Prinzipien außer Kraft zu setzen, stellt sich uns die Frage, was zu tun ist: Müssen wir die Moral nun grundsätzlich als eine stets zur Wiederkehr bereite Verfallsstufe sämtlicher normativer Systeme betrachten, oder könnten wir vielleicht diese sich regelmäßig gegen sich selbst richtende Kraft der Moral auch für die Lösung des Problems nützen? Gibt es eine Moral, die so exzessiv ist, dass man sie sogar noch gegen ihre eigenen unmoralischen Exzesse einsetzen könnte?

Hier mag uns die Theologie David Humes für einen Vergleich dienen. Das Problem von Humes philosophischem Theismus besteht nach der Darstellung des Laibacher Philosophen Miran Bozovic in folgendem Dilemma:

> Dieser Gott stellt uns vor eine unmögliche Wahl: Ignorieren wir ihn, sind wir gottlos; verehren wir ihn, schreiben wir ihm einen der niedrigsten menschlichen Affekte zu, das Begehren nach Anbetung und Verehrung, und verdienen daher Strafe.[69]

Humes Lösung dieses Dilemmas sieht, wie Bozovic zeigt, wie folgt aus:

> Humes philosophischer Theist [...] ist jemand, der an Gott glaubt, der weiß, dass es Gott gibt – aber genau aus diesem Grund handelt er so, *als ob es ihn nicht gäbe*; denn jede Art der Verehrung, die über das bloße unbeteiligte und unvoreingenommene Erkennen hinausgeht, kränkt ihn und erregt seine Missgunst, seinen Zorn, seine Verachtung usw.[70]

Genau diesen Trick möchten wir auf das Gebiet der Moral übertragen. Das Dilemma scheint ja zunächst dasselbe zu sein: Ignorieren wir sie, dann sind wir unmoralisch; moralisieren wir aber, dann machen wir aus ihr ein elendes, ihren eigenen Prinzipien widersprechendes Geschäft und entwürdigen sie somit.

Darum müssen wir, so wie der Theist Humes die Prinzipien seines Gottes gegen die menschliche religiöse Betätigung in Stellung brachte, ver-

---

69 Bozovic, ...was du nicht siehst, 2006, 22.
70 Ebd., 22f.

suchen, die Prinzipien der Moral gegen ihre moralisierende Betätigung in Stellung zu bringen. Gerade, weil wir moralisch sind, müssen wir so handeln, als ob es die Moral nicht gäbe. Denn jegliches Moralisieren macht die Moral verächtlich.

Nur auf diesem – freilich seinerseits radikal verinnerlichenden – Weg können wir die Moral vor ihrer unmoralischen, exzessiven Tendenz zu Verinnerlichung und Übergehung von Moralprinzipien bewahren. Wir hätten damit eine Verinnerlichung gefunden, die in der Lage ist, sogar die Verinnerlichungstendenzen der Moral selbst zu verinnerlichen und damit gleichsam zu verschlucken. Die Moral könnte uns auf diesem Weg vor ihrer unmoralischen Betätigung, dem Moralisieren, aber auch vor dem ihm zugrundeliegenden System, der unmoralischen Moral, bewahren.

Freilich aber gehört dieser Ausweg einer Selbstbeschränkung der Moral mithilfe ihrer Selbstanwendung, wie leicht zu sehen ist, noch dem System der Würde an. Er ist abhängig von zwei Prämissen, die im Fall von Humes Theismus selbstverständlich erscheinen, während sie es bei der Moral offenkundig nicht sind. Die hier beschriebene reflexive Selbstbeschränkung der Moral setzt nämlich ein gewisses Maß an Selbstachtung auf Seiten der Moralisten voraus, und ebenso Achtung gegenüber der Moral. Dass man einen achtbaren Begriff von Gott haben muss, erscheint für jeden Theismus wohl unbestreitbar. Dass man Achtung vor der Moral haben muss, ist aber, wie die aktuellen Fälle zeigen, keineswegs unumstritten. Eine kleine Verschiebung im Kräfteverhältnis (beziehungsweise in der Reihenfolge) der moralischen Prämissen genügt bereits, um eine ganz andere, negative Verdoppelung in Gang zu bringen. Die Enthemmungsfunktion der Moral macht dann auch vor der Moral selbst nicht Halt: Wer dank der moralischen Wertschätzung der Schwäche keine Achtung vor sich selbst mehr hat, kann auch nichts anderes mehr achten – auch nicht die Moral. Dies dürfte erklären, weshalb viele Leute gegenwärtig keinerlei Hemmung zeigen, die Moral als ein schmutziges Geschäft zu betreiben.

Literaturverzeichnis:

Alain, Die Pflicht glücklich zu sein (Propos sur le bonheur), Frankfurt/M. 1982.

Althusser, Louis, Das ‚Piccolo Teatro' – Bertolazzi und Brecht. Bemerkungen über ein materialistisches Theater, [1962], in: Ders.: Für Marx, Frankfurt/M. 2011,161-190.

–, Ideologie und ideologische Staatsapparate (Anmerkungen für eine Untersuchung), in: Ders., Ideologie und ideologische Staatsapparate, [1969], Hamburg/ Westberlin 1977, 108-153.

Anders, Günther, Die Antiquiertheit des Menschen. Bd. 1: Über die Seele im Zeitalter der zweiten industriellen Revolution, 7. Aufl. München 1988.

Anonyma, Inquisition auf dem e*camp 2013, in: L'Amour laLove, Patsy (Hg.), Beissreflexe. Kritik an queerem Aktivismus, autoritären Sehnsüchten, Sprechverboten, Berlin 2017, 46-51.

Bachelard, Gaston, Die Bildung des wissenschaftlichen Geistes. Beitrag zu einer Psychoanalyse der objektiven Erkenntnis, Frankfurt/M.1978.

Benedict, Ruth, Chrysantheme und Schwert. Formen der japanischen Kultur. Frankfurt/M. 2006.

Berger, Peter, On the Obsolescence of the Concept of Honour, in: Stanley Hauerwas, Alasdair MacIntyre (eds.), Revisions: Changing Perspectives in Moral Philosophy, Notre Dame (Indiana), [1970] 1983: 172-81.

Biebricher, Thomas, Neoliberalismus. Zur Einführung, 2. Aufl. Hamburg 2015.

Bozovic, Miran,...was du nicht siehst: Blick und Körper 1700 – 1800, Zürich 2006.

Campbell, Bradley/Manning, Jason, Microaggression and Moral Cultures, in: Comparative Sociology, Volume 13, Issue 6, 2014, 692-726.

Däubler, Theodor, Hymne an Italien. München 1916.

Deleuze, Gilles, Spinoza. Praktische Philosophie, Berlin 1988.

Durkheim, Emile, Die elementaren Formen des religiösen Lebens, Frankfurt/M. 1994.

Elias, Norbert, Über den Prozeß der Zivilisation. Soziogenetische und psychogenetische Untersuchungen, 2 Bde., Frankfurt/M. 1998.

Epiktet, Handbüchlein der Moral. Griechisch/Deutsch. Übers. u. hgg. v. Kurt Steinmann, Stuttgart 2004.

Erlinger, Rainer, Moral. Wie man richtig gut lebt, Frankfurt/M. 2012.

Freud, Sigmund, Totem und Tabu, [1912-13], in: Ders., Studienausgabe, Bd. IX, Frankfurt/M. 1993: 287-444.

–, Einige Charaktertypen aus der psychoanalytischen Arbeit, [1916d], in: Ders., Studienausgabe, Bd. X, 11. Aufl. Frankfurt/M. 1997: 229-254.

–, Die Verneinung, [1925], in: Ders., Studienausg., Bd. III, Frankfurt/M. 1989: 371-378.

–, Das Unbehagen in der Kultur, [1930a], in: Ders., Studienausgabe, Bd. IX, Frankfurt/M. 1993, 191-270.

Furedi, Frank, What's Happened to the University? A Sociological Exploration of Its Infantilisation, Milton 2016.

Grunberger, Béla / Dessuant, Pierre, Narzißmus, Christentum, Antisemitismus. Eine psychoanalytische Untersuchung, Stuttgart 2000.

Hayner, Jakob, Bringt euch in Sicherheit! Wenn der Alltag zum Schutzraum wird, in L'Amour laLove, Patsy (Hg.): Beißreflexe. Kritik an queerem Aktivismus, autoritären Sehnsüchten, Sprechverboten, 2017, 61-64.

Hübl, Michael, Kopfüber im flachen Wasser, in: Kunstforum International Bd. 248/249 Aug.-Sept. 2017, 78-89.

Kipnis, Laura, Sexual Paranoia Strikes Academe, in: The Chronicle of Higher Education, Feb. 27, 2015, siehe http://laurakipnis.com/wp-content/uploads/2010/08/Sexual-Paranoia-Strikes-Academe.pdf (Zugriff: 2017-02-07).

–, Unwanted Advances. Sexual Paranoia Comes to Campus, New York 2017.

Klingst, Martin, Obamas unerklärter Krieg, in: Die Zeit, 1. 12. 2014, online unter https://www.zeit.de/ politik/ausland/2014-12/usa-drohnenangriffe-obama (Zugriff: 2018-08-04).

Klute, Hilmar, Ist das politisch sauber, oder muss das weg? In: Süddeutsche Zeitung, 3. 11. 2017, siehe http://www.sueddeutsche.de/kultur/politische-korrektheit-ist-das-politisch-sauber-oder-muss-das-weg-1.3731727-2 (Zugriff: 2017-11-04).

Kramer, Sarah/Meier, Albrecht, Der ungleiche Kampf. US-Drohnenangriffe in Pakistan, in: Der Tagesspiegel, 22. 10. 2013, https://www.tagesspiegel.de/politik/us-drohnenangriffe-in-pakistan-der-ungleiche-kampf/8970772.html (Zugriff: 2018-08-04).

L'Amour laLove, Patsy (Hg.), Beißreflexe. Kritik an queerem Aktivismus, autoritären Sehnsüchten, Sprechverboten, Berlin 2017.

–, Beißreflexe. Kritik an queerem Aktivismus, autoritären Sehnsüchten, Sprechverboten, in: dies. (Hg.) 2017, 16-45.

Lacan, Jacques, Das Seminar, Buch VII – Die Ethik der Psychoanalyse, Weinheim, Berlin 1996.

Mandeville, Bernard, Die Bienenfabel oder Private Laster, öffentliche Vorteile. [The Grumbling Hive or Knaves turn'd Honest.] [1705], Frankfurt/M., 1980.

MacIntyre, Alasdair, After Virtue. A Study in Moral Theory, London, New York 2011.

Mouffe, Chantal, Über das Politische. Wider die kosmopolitische Illusion, Frankfurt/M. 2007.

Nietzsche, Friedrich, Zur Genealogie der Moral, [1887], in: Ders., Werke, Bd. III, hg. v. K. Schlechta, Frankfurt u. a. 1984, 207-346.

Pfaller, Robert, Das schmutzige Heilige und die reine Vernunft. Symptome der Gegenwartskultur. Frankfurt/M. 2008.

–, Wofür es sich zu leben lohnt. Elemente materialistischer Philosophie, Frankfurt/M. 2011.

–, Erwachsenensprache. Über ihr Verschwinden aus Politik und Kultur, Frankfurt/M., 2017.

–, Moralisieren ist immer eine Verfallserscheinung, Interview von Lisa Nimmervoll, in: Der Standard, 16. 4. 2018, online unter https://derstandard.at/2000077974183/Philosoph-Robert-Pfaller-Moralisieren-ist-immer-eine-Verfallserscheinung (Zugriff: 2018-08-03).

Piketty, Thomas, Capital in the Twenty-First Century. Cambridge, MA; London 2014.

Rauterberg, Hanno, Warum die Documenta in Kassel krachend scheitert. Und Münster die bessere Kunst zeigt, in: Die Zeit, 13. Juni 2017, siehe: http://www.zeit.de/2017/25/documenta-kassel-kunst-kapitalismuskritik (Zugriff: 2017-11-04).

Reckwitz, Andreas, Die Gesellschaft der Singularitäten. Zum Strukturwandel der Moderne, Berlin 2017.

Riesman, David, Traditioneller, innengelenkter und außengelenkter Sozialcharakter, in: Keupp, Heiner (Hg.) Der Mensch als soziales Wesen. Sozialpsychologisches Denken im 20. Jahrhundert. 2. Aufl. München, Zürich 1998, 209-223.

Saussure, Ferdinand de, Grundfragen der allgemeinen Sprachwissenschaft, hg. von Ch. Bally u. A. Sechehaye, 2. Aufl. Berlin 1967.

Schiff, Hajo, Kaum eine begehbare Brücke oder Der fehlende Schlüssel, in: Kunstforum International Bd. 248/249 Aug.-Sept. 2017: 66-77.

Schneider, Gregor, Szymczyk-Kenner: "Mit Kunst und Kapital hatte er keine Probleme", in: HNA, 20. 9. 2017, siehe https://www.hna.de/kultur/documenta/documenta-14-professor-aeussert-sich-zu-szymczyk-und-finanzen-8700526.html (Zugriff: 2017-11-04).

Sennett, Richard, Verfall und Ende des öffentlichen Lebens. Die Tyrannei der Intimität, 12. Aufl. Frankfurt/M. 2001.

–, Respekt im Zeitalter der Ungleichheit. Berlin 2002.

Sloterdijk, Peter, Kritik der zynischen Vernunft. 2 Bde., Frankfurt/M. 1983.

–, Im Weltinnenraum des Kapitals. Für eine philosophische Theorie der Globalisierung, Frankfurt/M. 2005.

Spinoza, Benedictus de, Die Ethik. Nach geometrischer Methode dargestellt, Hamburg 1976.

Sprenger, Reinhard K., Ohne Moral geht es nicht. Aber wir moralisieren alles – und das ist falsch, in NZZ, 11. 4. 2018, https://www.nzz.ch/feuilleton/bekenne-du-schlechter-mensch-ld.1375392.

Vogl, Joseph, Das Gespenst des Kapitals. 3. Aufl. Zürich 2011.

Wuketits, Franz M., Wieviel Moral verträgt der Mensch? Eine Provokation, Gütersloh 2010.

Žižek, Slavoj, Some Politically Incorrect Reflections on Violence in France & Related Matters, Part 2: The Terrorist Resentment, 2005, http://www.lacan.com/zizfrance1.htm (accessed: 2018-08-05).

Zupancic, Alenka, The Shortest Shadow. Nietzsche's Philosophy of the Two, Cambridge, MA/ London 2003.

Ich bin schuldig, weil ich bin (weiß, männlich und bürgerlich)[1]. Politik als Läuterungsdiskurs

Maria-Sibylla Lotter

1. Das neue Schuldbewusstsein

In den letzten Jahrzehnten ist eine Moralisierung der politischen Sphäre und als Folge auch eine Verkümmerung der Fähigkeit zur Erfassung politischer Komplexitäten zu beobachten. An die Stelle differenzierter politischer Analysen treten nicht nur abstrakte gesinnungsethische Bekundungen, sondern immer häufiger auch diffuse Schuldzuschreibungen. Nicht dass allein schon die Instrumentalisierung von Schuld oder Scham ein zielorientiertes politisches Denken aushöhlen würde. Durchaus zweckmäßig wird beispielsweise in der *MeToo*-Debatte die öffentliche Beschämung von Männern, die soziale Machtpositionen zur sexuellen Ausbeutung und Demütigung von Frauen ausgenutzt haben, durch ihre Opfer politisch eingesetzt, um eine Verbesserung ihrer beruflichen Situation und mehr Chancengleichheit zu erzwingen – ein zweifellos sinnvolles politisches Ziel. Die Erosion verantwortungsethischen politischen Denkens beginnt erst dort, wo Schuldgefühle den Blick auf die Vergangenheit fixieren, anstatt ihn auf die Zukunft zu richten, und der selbstbezogene Wunsch, sich von der Schuld zu befreien, an die Stelle der Wünsche nach gesellschaftlicher Veränderung treten. So kann man den Eindruck gewinnen, dass Naturschützer oder Flüchtlingshelferinnen in ihrem Engagement mitunter weniger durch die Liebe zur Natur oder durch Mitgefühl und wohlwollende Neugierde gegenüber fremden Menschen motiviert sind, als durch den Wunsch, sich mit Blick auf Umweltprobleme oder die ungerechten globalen Machtverhältnisse und Ressourcenverteilungen weniger schuldig zu fühlen – eine Selbstbezogenheit, die den Vögeln und Bibern vermutlich ‚schnurz' ist, die jedoch einer echten Kommunikation mit fremden Men-

1 Bei diesem Artikel handelt es sich um die Langfassung von Überlegungen, die unter dem Titel „Der Wille zur Schuld" am 20. 8. 2018 in der Wochenzeitschrift Die ZEIT erschienen sind (https://www.zeit.de/2018/34/schuldgefuehl-moral-verantwortung-macht-debatte.).

schen (und ihrer Integration) nicht förderlich sein kann. Solche vermeintlich moralischen, tatsächlich aber auf das Selbstwertgefühl bezogenen Motivationen speisen sich aus der zunehmenden Entgrenzung des Schuldgefühls, das sich nicht mehr primär auf die Verletzungen anderer durch eigenes Tun richtet, sondern diffus auf die Lebensform als solche. Sie entspringen der Moralisierung politischer Diskussionen aktueller gesellschaftlicher Probleme, die zunehmend auf individuelles und kollektives *Fehlverhalten in der Vergangenheit* bezogen werden. Wenn in weitentfernten Regionen der Welt Korruption herrscht oder Massaker stattfinden, wird das oft so formuliert, als seien diese Unsitten und Verbrechen eigentlich nicht den wirklichen Tätern zuzurechnen, sondern gingen auf eher diffuse und allgemeine Weise auf vergangene Taten des eigenen Kollektivs zurück – auf Aktivitäten oder Unterlassungen „des Westens", der Europäer oder welcher Gruppe auch immer man sich zugehörig fühlt. Zugleich werden Verbraucher gezielt mit Informationen mit Blick auf ausbeuterische Arbeitsverhältnisse in der Textilbranche ferner Länder, Umweltschäden und viele andere Übel und Unvollkommenheiten versorgt, die in ihnen Schuldgefühle auslösen, weil sie sich als Mitursache schädlichen ökonomischen Verhaltens fühlen. Wir sind aufgerufen, als Konsumenten nicht mehr unseren Bedürfnissen und Wünschen zu folgen, sondern moralisch zu handeln und Kaufentscheidungen nur im Einklang mit dem Gewissen zu treffen; das aber ist mangels hinreichender Informiertheit in allen Kaufbelangen meist gar nicht möglich, was zu einem diffusen Unbehagen führt. Auch wer sich gar nicht als politische Aktivistin versteht, leidet daher oft unter einem chronisch schlechten Gewissen und einer gewissen Selbstverachtung als Konsumentin, die sich ihre Bedürfnisse durch die Werbung diktieren lässt, anstatt ihre Kaufentscheidungen „selbst" zu bestimmen und damit sozial gerechtere und umweltverträglichere Lebensverhältnisse zu fördern. Gleichwohl führt dies bei den meisten nicht dazu, dass sie die Zumutungen des schlechten Gewissens ablehnen und darauf bestehen, nur für das verantwortlich zu sein, was auch in ihrer Macht liegt. Es ist, als wäre das schlechte Gewissen immer noch die bessere Alternative zu dem verbreiteten Gefühl der Gestaltungsohnmacht auf der politischen Ebene. Längst ist das Schuldgefühl daher selbst zu einem Marktfaktor geworden und wird entsprechend von Unternehmen, die mit angeblich guten Arbeitsverhältnissen und nachhaltiger Produktion werben, auch ausgeschlachtet.[2]

Auch der mündliche und schriftliche Sprachgebrauch wird in Bereichen, die lange als vollkommen harmlos galten, zunehmend einer morali-

---

2 Vgl. Jacquet, Scham, 2015, 14.

schen Prüfung unterzogen und erzeugt ein schlechtes Gewissen. Ausgehend von wissenschaftlichen Untersuchungen, die zeigen, dass der allgemeine Gebrauch des Maskulinums für beide Geschlechter in Wirklichkeit dazu führt, dass das männliche Geschlecht in den Vorstellungen sowohl von Männern als auch Frauen sehr viel präsenter ist als das weibliche, wird gefordert, stets beide Geschlechter zu verwenden oder zu neutralen sprachlichen Formen überzugehen. Nicht erst bei frauenfeindlichen Äußerungen und Beschimpfungen, sondern schon beim Gebrauch des Maskulinums für beide Geschlechter macht „man" sich also der Verletzung der Rechte des weiblichen Geschlechts (auf gleiche Sichtbarkeit) schuldig. Da nicht nur Männer, sondern auch Frauen allein schon aus Gründen der Gewohnheit und Bequemlichkeit, aber vor allem der sprachlichen Prägnanz und Eleganz immer wieder gegen diese an sich durchaus begründete und zweckmäßige Neuerung verstoßen, wird auch der gewöhnliche Sprachgebrauch zunehmend zu einer immer sprudelnden Quelle des schlechten Gewissens für beide Geschlechter.

Die Avantgarde gegenüber dieser massentauglichen Produktion von schlechtem Gewissen stellen Formen der politischen Diskussion dar, die sich auf ständig neue Codes des Verhaltens und insbesondere des Sprechens berufen, die mit *Schuldnarrativen* begründet werden. Während linksliberale Denker vor dreißig Jahren mit Blick auf benachteiligte, unterdrückte, verachtete oder verarmte soziale Gruppen Ideale wie Chancengleichheit, Solidarität und Gerechtigkeit vertraten, was vor allem eine Umgestaltung der wirtschaftlichen Verhältnisse und ihrer rechtlichen Grundbedingungen zu erfordern schien, haben sich Diskussionsformen entwickelt, die sich aus poststrukturalistischer Theorie, Dekonstruktivismus, Anerkennungstheorie und Kulturalismus in Verbindung mit Elementen linker Kolonialismuskritik nähren. An die Stelle der altlinken Kritik an ökonomischer Ausbeutung und mangelnder Chancengleichheit tritt die Kritik an der kulturellen Unterdrückung von Gruppen, die durch gewisse Eigenschaften charakterisiert sind, durch andere, die sozusagen die gesellschaftlichen Codes, Maßstäbe und die Verteilung von sozialem Status bestimmen. Dabei stand in Europa zunächst die Benachteiligung von Frauen, dann die von Homosexuellen im Mittelpunkt der Diskussion, während sich in den USA schon früh die Aufmerksamkeit auf die Rassenunterschiede richtete. In den von puritanischen Denktraditionen geprägten kulturwissenschaftlichen und religionswissenschaftlichen Departments amerikanischen Privatuniversitäten wurde die Analyse gesellschaftlicher Vorurteile zunehmend als eine Kritik von Geisteshaltungen verstanden, die der Selbstprüfung und Selbstkritik zu unterziehen sind. Entsprechend ist „der Hauptfeind [...] nicht mehr das Kapital, sondern eine rassistische bzw. sexistische Geisteshaltung, deren Überwindung zur Voraussetzung für die Herstellung von sozioökonomischer Gleichheit erklärt wird. Der Klassenkampf wird vom Kampf gegen identitätsbasierte Machtasymmetrien abgelöst. Ein Opfer der ökonomischen Interessen von Kapitalisten zu sein, reicht nicht mehr aus, um in den Fürsorgefokus der Identitätslinken zu geraten. Der „Andere" im fürsorgerelevanten Sinn ist nun jemand, der einen durch Rassismus oder Sexismus hervorgebrachten Opferstatus vorweisen kann."[3]

Die hier vorherrschende krude Logik der Anerkennung der einen Gruppe als Opfer erfordert, die Angehörigen der anderen Gruppe als Täter zu betrachten, deren Selbstwertgefühl abgewertet werden muss, um das ihrer Opfer aufwerten zu können. Da die Unterscheidung in Opfer und Täter aber gar nicht gegenwärtiges Fehlverhalten, sondern allein die Zugehörigkeit zu Kollektiven betrifft, hat dies dazu geführt, dass politische Einschätzungen in Gestalt einer Anklage und Selbstanklage formuliert werden, die gegenwärtige Menschen als Träger vergangenen und systemischen Unrechts adressieren – ein imaginäres Gerichtswesen, das zunehmend auch auf die Diskussion in Europa übergreift. Unter Daueranklage steht insbesondere der „weiße" bürgerliche Mann (aber tendenziell jeder und jede, denen gegenüber sich andere als benachteiligt positionieren können). Ihm wird ein mangelndes Problembewusstsein hinsichtlich des Umgangs mit dem anderen Geschlecht, mangelnder Respekt gegenüber der nichtweißen Bevölkerung, mangelnde Rücksicht auf die Empfindlichkeiten benachteiligter Gruppen und überhaupt sein Geisteszustand und seine Existenz vorgeworfen. Was diese Bewegung von den politischen Analysen und Aktivitäten der traditionellen Linken unterscheidet, ist die Vorstellung des Weges, auf dem Gerechtigkeit erreicht werden könnte: Nicht durch politischen Aktivismus oder Durchdringung der sozialen Institutionen, sondern durch moralischen Druck in der aggressiven Form puritanischer moralischer Anklage und Selbstanklage. Anklage und Selbstanklage können beliebige Aspekte der Lebensweise betreffen, die vormals als frei gewählt galten, wie Kleidung und Frisur (kulturelle Aneignung?), aber vor allem falsche Meinungen und falsches Sprachverhalten, die mangelnder Sensibilität gegenüber den Verletzlichkeiten von Gruppen entspringen sollen, die in der Geschichte oder der aktuellen Gesellschaftslage benachteiligt sind oder waren.

---

3 Sandra Kostner, „Identitätslinke Läuterungsagenda und ihre Folgen für Migrationsgesellschaften", in: Kostner (Hg.) Identitätslinke Läuterungsagenda (erscheint 2019).

Da sich dieser Diskurs zu einem beträchtlichen Teil aus einer dekonstruktivistischen Rationalitätskritik speist, beruft er sich nicht direkt auf allgemein geteilte Werte wie Gleichberechtigung, die zwar implizit vorausgesetzt werden, aber zugleich unter Ideologieverdacht stehen. Vielmehr bezieht er seine Legitimation vor allem aus der Intensivierung moralischer Sensibilität, auf der Grundlage der unbestreitbaren Einsicht, dass ungerechte soziale Verhältnisse – insbesondere mit Blick auf die Lebensverhältnisse von „Schwarzen" bzw. „Afro-Amerikanern" in den USA – auch in der Sprache und den Kommunikationsweisen reproduziert werden. Neu an der *Political Correctness* ist nicht die daran anschließende Forderung nach Einschränkung der Freiheit der Rede mit Blick auf die Verletzlichkeiten anderer, die immer schon durch die allgemeinen Regeln der Höflichkeit verlangt wurde. Im Gespräch Rücksicht auf andere zu nehmen, bedeutet gewöhnlich – wie es etwa Adam Smith in seiner *Theorie der moralischen Gefühle* ausbuchstabiert hat –, dass wir uns bemühen, Mitgefühl mit den Empfindlichkeiten anderer zu entwickeln, was auf der Grundlage einer gewissen Selbstdistanz und unparteilichen Betrachtung der Situation durchaus möglich ist. Es ist diese Fähigkeit zur Selbstzurücknahme, die wir im Umgang mit anderen mehr oder weniger kultiviert haben und die wir selbstverständlich auch gleichermaßen von den anderen erwarten. Die Rücksicht auf die Verletzlichkeit anderer darf sich im Diskurs der identitätsorientierten *Political Correctness* jedoch gerade nicht auf diese wechselseitige Erwartung von Selbstdistanz und (mehr oder weniger) unparteilicher Urteilskraft stützen. Sie beruht auf einer Subjektivierung dieser Verletzlichkeit, durch die anderen die Berechtigung abgesprochen wird, ihre Angemessenheit zu hinterfragen; damit wird sie tabuisiert und sakralisiert. Auf Verletzlichkeit Rücksicht zu nehmen, erfordert nach dem Code dieser Avantgarde Ungleichbehandlung, denn sie ist nur noch bei Angehörigen von „Opfer"-Gruppen, nicht etwa bei (nachfolgenden Generationen von) „Tätern" erforderlich; und dann muss diese Rücksicht nicht auf eine Weise begründet werden, die andere nachvollziehen können, sondern nur durch ein Schuldnarrativ, das seinerseits den Opferstatus begründet. Es sind allerdings so gut wie nie die „Opfer", sondern selbsternannte Opfervertreter, die sich die Befugnis zuschreiben, anderen aufgrund ihrer Identität das Recht auf freie Meinungsäußerung zu bestimmten Themen zuzusprechen oder zu verweigern. Charakteristisch für diese Entwicklung ist die ständige Erneuerung der Codes angemessener Rücksicht, der Achtsamkeit und des korrekten Sprechens im Lichte neuer Schuldnarrative, was den Beteiligten ein hohes Maß an Aufmerksamkeit und Bereitschaft zur Selbstkritik mit Blick auf das eigene Denken und Sprechen abverlangt. Da die Sprache stets ein unvollkommenes Gebilde ist, dessen begriffliche Neuerungen die Lasten früherer Assoziationen nie ganz abwerfen können und daher immer wieder erneuert werden müssen, bedeutet das letztlich eine dauernde Kultur- und Sprachrevolution, die auf der Bereitschaft beruht, die Maßstäbe des eigenen Sprechens und sozialen Verhaltens unaufhörlich zu überprüfen und zu revidieren.

Da das Individuum in diesen Diskursen vor allem über seine Gruppenzugehörigkeit definiert wird, hat es ganz den Anschein, als kehrten in der identitätskritischen Attitüde Figuren kollektiver Schuldzuschreibung wieder, die im Lichte des modernen Individualismus lange obsolet schienen. Besonders auffällig wird diese Entwicklung im Blick auf die bis heute nicht überwundene ungleiche Behandlung – Misshandlung und Missachtung – großer Teile der „schwarzen" Bevölkerung in den USA. Die Tabuisierung und Sakralisierung der „Opfer" führt dazu, dass man sich nicht mehr direkt mit den realen Ursachen der schlechten Lebensumstände vieler Nachkommen der ursprünglich aus Afrika verschleppten Menschen befassen darf, sondern den Blick allein auf die moralische Verfassung der Täter richten muss. Konsequenterweise hat die Auseinandersetzung mit Rassismus neuerdings die Form von „Critical Whiteness Studies" angenommen. „Weißsein" kritisch zu betrachten verlangt, die eigene Hautfarbe nicht als kontingente physische Gegebenheit, sondern als relative soziale Eigenschaft im Verhältnis zu einer im sozialen Code minderwertigeren dunklen Hautfarbe zu begreifen, die mit einer Reihe von ererbten Privilegien verbunden ist, an denen Hellhäutige teilhaben und die sie reproduzieren, auch wenn er oder sie weder rassistisch denkt noch handelt. Aus dieser Verschuldung durch unbewusste Teilhabe am „Weißsein" leiten sich eine Reihe von Einstellungen her, die „Weiße" zur Kompensation moralisch zu hegen verpflichtet sein sollen, auch wenn sie im Lichte einer egalitären Moral ungerecht und widersinnig erscheinen: „Always remember that it is never a question of if violence, but whose violence are you going to defend."[4] So schlägt die Rassismuskritik, die ursprünglich von einer Kritik sozialer Stereotypen und Ungleichheit ausging, aufgrund ihrer Täter-Opfer-Logik selbst in eine kulturelle Identifikation von Individuen mit ihrer Hautfarbe, ethnischen Zugehörigkeit oder ihrem Geschlecht um, die Ungleichbehandlung legitimiert. In Umkehrung der Einsicht, dass Selbsteinschätzung schwer möglich ist und es daher erforderlich ist, sich aus der

4 Vgl. https://www.campusreform.org/?ID=6537 (aufgerufen am 26.8.2018.).

Distanz, quasi mit anderen Augen, zu betrachten,[5] wird der Schluss gezogen, dass nur betroffene Gruppen, aber auch nur dann, wenn es sich um „Opfer" handelt, sich selbst beurteilen können – für „Täter"-Gruppen, d. h. alte weiße Männer, gilt dies nicht. Auf diese Weise nicht nur neu zu sprechen, sondern auch neu zu denken, im Sinne einer Verpflichtung zur Parteilichkeit, verlangt eine Umerziehung, die „Weiße" dazu bringen soll, sich selbst als zutiefst defizient zu betrachten: als Wesen, deren Gefühlsleben aufgrund der psychologischen Verdrängung der von ihnen ausgehenden „oppression" durch „fear, hatred, indifference, amnesia, anesthesia, denial, loneliness, anger, and hopelessness" bestimmt ist.[6] Je mehr man sich fragt, ob man nicht rassistisch, sexistisch etc. gewesen ist, desto mehr Schuld fördert man zweifellos auch zutage.

Diese avantgardistische Bewegung verwendet nicht zufällig religiöse Symbolik wie die zehn Gebote.[7] Ganz in der Tradition der puritanischen Bewegungen scheint sie darauf ausgerichtet zu sein, ein Schuldbewusstsein zu produzieren, das sich in diesem Falle nicht auf das eigene Lotterleben, sondern auf die Zugehörigkeit zu einer Gruppe bezieht, der gesellschaftliche Macht und Privilegien zugeschrieben werden.[8] Vor allem aber wird der Gruppe eine Schuld infolge der kollektiven Vergangenheit zugeschrieben, die abgetragen werden muss. Entsprechend haben sich öffentliche Rituale der Selbstbezichtigung und der Anklage etabliert, die nicht der modernen Logik der Individualschuld folgen, sondern eher an die christlich-theologische Kategorie der Erbsünde erinnern. Berücksichtigt man den Umstand, dass sich diese Entwicklung nicht als religiöse Fanatisierung eines ungebildeten Teils der amerikanischen Bevölkerung, sondern in einer Bildungselite vollzieht, die starke Ausstrahlung auch nach Europa hat, dann steht der in modernen Kategorien individueller Täterschuld denkende Mensch vor einem Rätsel. Für eine Schuld, die als Befleckung, Makel oder Bewusstsein einer aufgrund der Hautfarbe oder anderen Gruppenqualitäten ererbten kollektiven Korrumpiertheit besteht und nach Selbstbezichtigungs- und Reinigungsritualen verlangt, gibt es in säkularen Kontexten keine ideologi-

5 Vgl. die Überlegungen von Adam Smith zur Fiktion des unparteiischen Beobachters als Bedingung der Selbst- und Fremdbeurteilung in seiner klassischen *Theory of Moral Sentiments*.

6 http://www.racialequitytools.org/resourcefiles/anatomy_white_guilt.pdf (zuletzt 9.8.2018.).

7 https://www.campusreform.org/?ID=6537 (zuletzt 9.8.2018.).

8 Vgl. Wilfred M. McClay, „The Strange Persistence of Guilt", in: *The Hedgehog Review*, Vol 19, No 1 (2017), vgl. https://iasc-culture.org/THR/THR_article_2017_Spring_McClay.php (zuletzt 09.08.2018).

sche Grundlage. Die moderne Semantik der Schuld geht von einem Verständnis des Menschen als Einzelnem aus, der frei „ohne Vorbelastung aus reiner Unschuld heraus handelt" und sich seine Schuld selbst zuzuschreiben hat – und nicht etwa von einer Verschuldung, die seiner Existenz vorausliegt und schon mit seiner sozialen Existenz verbunden ist.[9] Sie gründet auf dem modernen Bild des Menschen als eines unabhängigen und selbstverantwortlichen Individuums.

Es spricht einiges dafür, dass die Transformation religiöser Kategorien in politisch-moralische Ideologien nicht nur dem offenkundigen Einfluss postmoderner Theorien geschuldet ist, die das autonome, selbstverantwortliche Subjekt in Zweifel ziehen, sondern auch durch gewisse Unzulänglichkeiten des modernen Schuldbegriffs möglich wird, der mit Blick auf historisches Unrecht und andere Phänomene kollektiver Verschuldung in der Tat unzulänglich und daher auch ideologisch angreifbar scheint. Im Folgenden möchte ich zunächst die Transformation der Vorstellungen von Schuld von der Antike bis heute nachzeichnen, um vor diesem Hintergrund auf die Frage nach dem Sinn und Unsinn von Kollektivschuldzuschreibungen im Kontext der gegenwärtigen Besessenheit mit Schuld zurückzukommen.

2. *Varianten und Sinnelemente von Schuld*

Was Schuldzuschreibungen von jeher schwierig macht und eine gewisse Eigendynamik in Gang setzen kann, ist die Mehrdeutigkeit des Schuldbegriffs, die seinen Verwendern nicht immer bewusst ist. Schuld hat verschiedene Bedeutungen, für die es jeweils andere rationale Kriterien gibt. So bezeichnet der deutsche Begriff Schuld erstens die *Verpflichtung, eine empfangene Gabe zurückzuzahlen* (*debt, dette*), zweitens den Menschen in seiner Eigenschaft eines *Urhebers* eines *Übels* oder *Unrechts* (*author*, *auteur*), und drittens ein *schuldhaftes Fehlverhalten*, das in einem *vorwerfbaren Verstoß* gegen eine moralische Regel besteht (*blame, guilt, faute, culpabilité*).[10] Obgleich diese Bedeutungen in den meisten Sprachen durch unterschiedliche Begriffe ausgedrückt werden, wurden sie in der Kulturgeschichte seit jeher in einen Zusammenhang gebracht, aus dem sich die Dynamik der Schuldzuschreibungen speist: So schwingt etwa mit der Zuschreibung von Schuld

---

9 Vgl. Grätzel. Dasein ohne Schuld, 2004, 26.

10 Vgl. zum folgenden die ausführlichere Darstellung in Lotter: „Verantwortung und Schuld", in: Heidbrink (Hg.), Handbuch Verantwortung, 2016, 251-264.

im kausalen Sinne oder im Sinne von Verpflichtung oft auch ein Vorwurf mit, auch wenn es dafür keine rationale Grundlage gibt.

Kollektive Befleckung

In der Kritik an „white guilt" schwingt die Vorstellung von einer moralischen Befleckung durch die Zugehörigkeit zu einem Kollektiv mit, die nicht auf subjektive Vorwerfbarkeit zurückgeführt werden muss. Das mutet sehr archaisch an: Während die im heutigen Rechtswesen und in den in der breiten Bevölkerung verankerten moralischen Vorstellungen von Schuld, die bis auf Aristoteles zurückgehen, solche kollektiven Zuschreibungen ausschließen, wurden in den griechischen Tragödien wie insbesondere *Ödipus Rex* (Sophokles) Prozesse thematisiert, in denen menschenverursachtes Übel eine weit über die individuelle Verantwortlichkeit hinausgehende Bedeutung hat und die gesamte Gemeinschaft einbezieht. Handlungen wie Inzest, Mutter- und Vatermord stellen als monströse Tabuverletzungen eine von der subjektiven Vorwerfbarkeit der Handlung unabhängige Befleckung dar, die durch subjektive Entschuldigungsgründe nicht getilgt werden kann und sich auf die Täter und ihre Gemeinschaft auswirkt, quasi wie etwas Materielles, das durch unsichtbare Eigenschaften als schädliche Kraft wirkt.[11] Schuldig zu sein, bedeutet mit Blick auf die objektive Befleckung nicht, sich als Urheber der Tat zu wissen; die Urheberschaft von Ödipus` Taten reicht in Sophokles` Tragödien weit hinter Ödipus zurück. Schuldig zu sein, involviert jedoch nach Ricoeur auch in solchen Kontexten, sich den Folgen der eigenen Handlungen zu stellen, „die Buße zu tragen und sich als Subjekt der Buße zu erkennen.[12]

Existenz als Rückzahlungsverpflichtung

Behauptete moralische Verpflichtungen wie die Forderung, dass „Weiße" aufgrund ihrer sozial codierten Hautfarbe „Schwarzen" gegenüber zu einer speziellen Rücksicht verpflichtet seien, beruhen hingegen auf einem weiteren Verständnis von Schuld als Rückzahlungsverpflichtung, die sich aus vergangenem Unrecht speist. Diese Bedeutung von Schuld, die eigentlich nichts mit individueller Täterschaft, geschweige denn Vorwerfbarkeit zu tun hat, entspricht der Logik des Verhältnisses „zwischen Käufer und Verkäufer, Gläubiger und Schuldner", wie Nietzsche in einer berühmten Stelle seiner Genealogie der Moral diagnostiziert hat:

---

11 Ricoeur, Die Symbolik des Bösen, 1988, 34.
12 Ebd., 119.

> Preise machen, Werthe abmessen, Äquivalente ausdenken, tauschen – das hat in einem solchen Maasse das allererste Denken des Menschen präoccupiert, dass es in einem gewissen Sinne *das* Denken ist [...].[13]

Nietzsche nahm offenbar an, dass die moralische Schuld ursprünglich auf eine rein ökonomische zurückgeht, aber vermutlich ist es eher umgekehrt: Die „rein" ökonomische Schuld entspringt einer viel allgemeineren Vorstellung vom Leben als einer Rückzahlungsverpflichtung aufgrund vergangener Leistungen oder Gaben. Schon in den frühen vedischen Schriften wird die menschliche Existenz als ein Zustand des Verschuldetseins verstanden, da das Leben nicht selbst erzeugt, sondern nur geliehen ist; es bleibt so durch eine Rückzahlungsverpflichtung an die Vergangenheit gebunden.[14] Auch in der das Christentum prägenden augustinischen Theologie gründet die menschliche Schuld auf dem Verschuldetsein gegenüber dem Schöpfergott, der uns die Existenz und die Fähigkeit verliehen hat, angemessen auf ihn zu reagieren. Die Begriffe Sünde (*peccatum*) und moralische Schuld (*culpa*) bezeichnen hier Übertretungen der Gesetze Gottes. Vorwerfbar ist diese Verletzung der göttlichen Gesetze nur vor dem Hintergrund der *vorgängigen Verschuldung*, in der das Geschöpf gegenüber dem Schöpfer steht:

> Niemand aber schuldet etwas, das er nicht empfangen hat. Doch wer etwas schuldet, wem schuldet er`s? Doch nur dem, von dem er es empfing, wodurch er Schuldner ward [...]. Nun, so frage, was die sündige Kreatur schuldet, und du wirst finden: Die gute Tat. [...] Zahlt sie nicht durch Erfüllung der Gerechtigkeit, so zahlt sie durch Erleiden des Elends. In beiden Fällen kommt der Schuldbegriff zu seinem Recht [...].[15]

Der Schuldbegriff wird jedoch auch schon in der jüdisch-christlichen Tradition mehrdeutig, da es nicht nur um eine Verpflichtung gegenüber dem Schöpfer, sondern auch schon um eine Defizienz beim Schuldner geht, der hier als Sünder erscheint, der sich seiner Schuld nicht bewusst ist. Das ist keine bloß intellektuelle Fehlleistung. Die Sünde besteht in der mangelnden Ansprechbarkeit als solcher, ob sich der Betreffende nun seiner Taubheit bewusst ist oder nicht. Entsprechend entsteht in den Erzählungen des Alten Testaments ein ständiger Bedarf an Propheten, welche die Aufgabe haben, auch den Mächtigen ihre Situation aufzudecken und in ihnen ein

---

13 Nietzsche, Zur Genealogie der Moral 1999, 306f.

14 Graeber, Debt, 2011, 56.

15 Augustinus, De Libero Arbitrio, 1962, 303.

Schuldbewusstsein zu wecken.[16] An diese prophetische Tradition scheinen auch gegenwärtige selbsternannte Opfervertreter anzuknüpfen, die es zu ihrem Ziel machen, ein noch nicht vorhandenes Unrechtsbewusstsein auch für Unrecht zu wecken, das ihren Zeitgenossen als Schuld nicht bewusst ist, da es sich nicht um bewusstes eigenes Tun handelt.

Für die Wurzel der inneren Verschuldung steht seit dem späten 4. Jh. der Begriff des Willens. Er bezeichnet bei Augustinus ein aktives Vermögen, sich Gott zu- oder abzuwenden, das weder mit der Vernunft noch mit den Leidenschaften zusammenfällt.[17] Menschliches Fehlverhalten geht also auf den mangelnden Willen zurück, trotz besserem Wissen die mit der Gabe des menschlichen Lebens und der menschlichen Natur verbundene Verpflichtung zu ihrem rechten Gebrauch einzulösen. Mit dieser Lehre löst Augustinus das Theodizeeproblem, wie ein guter und gerechter Gott menschliches Leiden zulassen kann. Leiden muss als Strafe verstanden werden, was voraussetzt, dass der Leidende das Falsche gewollt oder getan hat.

Schuld als kollektive Erbsünde

Vor dem Hintergrund der Theodizee ist auch die Erbsündelehre zu verstehen, mit der Augustinus auf das Problem antwortete, dass die Leiden unschuldiger Kleinkinder schwerlich als Strafe für ihren fehlgeleiteten Willen verstanden werden können. Er ging davon aus, dass der Mensch ursprünglich als freies Wesen ohne Unvollkommenheit erschaffen worden ist. Seine aktuelle Verfassung ist als Strafe für die Ursünde (*peccatum originale*) Adams zu verstehen, die sich als Erbschuld auf die Nachkommen erstreckt. So wird in Augustinus' Lehre von der menschlichen Schuld die alte Vorstellung von einer quasi ontologischen, mit der menschlichen Natur als solcher verbundenen Schuld (die Erbschuld) schon mehr oder weniger umgedeutet in den Gedanken einer moralischen, da individuellen Täterschuld (der Ursünde Adams), die dann aber der menschlichen Natur als solcher und nicht dem Individuum zugerechnet wird. Das war schon damals ein in sich widersprüchliches Amalgam von kollektiver Schuld und individueller Vorwerfbarkeit, wie es auch für die gegenwärtige Vorstellung von einer »weißen Schuld« charakteristisch ist.[18]

---

16 Ricœur, Die Symbolik des Bösen, 1988, 118.
17 Augustinus, De Libero Arbitrio, 1962, 101.
18 Augustinus, Schriften gegen die Semipelagianer, 1955, 173.

Schuld als Vorwerfbarkeit

Die erste, auf vorbildliche Weise differenzierte Untersuchung von *Schuld im Sinne je individueller Vorwerfbarkeit*, die in ihren Grundzügen bis heute gültig ist, findet sich schon bei Aristoteles. Schuld im Sinne von Vorwerfbarkeit – das verbindet die aristotelische Konzeption mit der modernen – beruht auf individueller *Urheberschaft und Kontrolle*: Für alle „Handlungen, deren Ursprung und Herr der Mensch ist, [deren] Vollzug oder Nichtvollzug von ihm abhängt, [...] ist er persönlich der Urheber“ und verdient damit auch Lob und Tadel.[19] Wann und in welchem Maße eine Person Urheber und somit ein geeigneter Gegenstand von Lob oder Tadel ist, wird bei Aristoteles sehr fein differenziert. Zum einen unterscheidet er zwischen der Vorwerfbarkeit der Handlung und der Tadelbarkeit der Person. Zum anderen systematisiert er die Entschuldigungsgründe bei Handlungen. Eine Handlung ist zu entschuldigen, wenn sie unfreiwillig geschah, also nicht in der Macht des Individuums lag. Dafür nennt Aristoteles die beiden Kriterien *Zwang* und *Unwissenheit*.[20] Aus der Vorwerfbarkeit von Handlungen, die weder unter Zwang, noch aus Unwissenheit geschahen, folgt aber noch nichts bezüglich der Tadelbarkeit der Person. Im aristotelischen Rahmen können *gute* Menschen *schlechte* Handlungen begehen, etwa wenn die Ungunst der Umstände oder eine Leidenschaft dazu führen, dass jemand freiwillig etwas tut, was nicht seinem Charakter entspricht.[21] Wer sich jedoch überlegt für eine schlechte Handlung entscheidet, ist auf eine nicht nur akzidentelle Weise Urheber der Handlung und bezeugt einen schlechten Charakter.[22]

Schuld vor dem Gerichtshof des Gewissens

Die neuzeitliche Diskussion des Schuldbegriffs fällt in ihrer Differenziertheit mit Blick auf die Unterscheidung zwischen der Vorwerfbarkeit der Handlung und der Tadelbarkeit der Person hinter Aristoteles zurück. Noch bis zum achtzehnten Jahrhundert wurde die Diskussion der Schuld in großen Teilen durch die Lehrinhalte der Erbsünde, Strafe und Sündenvergebung bestimmt. Und als sie im Kontext der reformatorischen Traditionen wieder stärker unter dem Gesichtspunkt der Selbstverantwortung der individuellen Person thematisiert wurde, ging es weniger um die Schuld, die der Einzelne gegenüber anderen aufgrund der von ihm ausgehenden Schä-

19 Aristoteles, Nikomachische Ethik, 2006, 1222a 3-16, S. 30.

20 Ebd., 1110a1.

21 Ebd., 1134a16.

22 Ebd., 1111b7.

digungen und Verletzungen auf sich lädt, als um die wahre moralische Schuld, die in seinen verborgenen inneren Einstellungen liegt und letztlich auf ein nichtweltliches Gericht bezogen ist. Unter diesem Gesichtspunkt verlor die Anbindung an die kollektive Erbschuld an Bedeutung, während die Rechtfertigung des Individuums vor Gott, vertreten durch das eigene Gewissen, zunehmend an Gewicht gewann. John Locke gründete personale Identität auf dem selbstbewussten Mitwissen des eigenen Handelns, das als Sorge um das eigene Seelenheil mehr oder weniger bewusst die Situation des Jüngsten Gerichts antizipiert.[23] Da das eigene Gewissen in diesen Überlegungen zunehmend die Funktion des Richters übernahm, entstand der Gedanke eines Subjekts, das epistemisch und, im Anschluss an Kant, auch moralisch autonom handeln und die relevanten normativen Voraussetzungen seines Handelns vollständig zu erkennen und selbst zu verantworten fähig ist. Die moralische Schuld wird vor dem Gerichtshof des Gewissens verhandelt, wobei der Begriff des freien Willens an die Stelle des negativen Aristotelischen Konzepts der Freiwilligkeit tritt. Auch Hegel grenzt in seiner Rechtsphilosophie den Begriff der Schuld im bloß kausalen Sinne von der „wahrhaften Schuld" ab, die dem Einzelnen rechtlich und moralisch zugerechnet werden kann. Das moderne „Recht des Willens" läge darin, „in seiner Tat nur dies als seine *Handlung* anzuerkennen und nur an dem *schuld* zu haben […] was davon in seinem Vorsatze lag. – Die Tat kann nur als Schuld des Willens zugerechnet werden".[24] So wurde der Mensch von aller Erbschuld freigesprochen, aber zugleich seine Verantwortung gegenüber anderen für nichtbeabsichtigte Nebenfolgen seines Tuns und Lassens in den Hintergrund gerückt.

Metaphysische Schuld und Kollektivschuldzuschreibungen

Vor dem Hintergrund der aristotelischen und modernen Vorstellung, dass der Mensch nur an dem schuld sein kann, was in seiner Macht liegt, erscheint der Gedanke einer aus Adams Ursünde herrührenden Erbschuld inkohärent und widersprüchlich. Wie kann ein Mensch schuld sein an etwas, auf das er keinen Einfluss nehmen konnte? Auf der Grundlage aristotelischer und moderner Vorstellungen von Schuld als moralischer Vorwerfbarkeit, die freie Urheberschaft und Kontrolle voraussetzt, erscheint die christliche Erbsündenlehre, wie Herbert Schnädelbach um die Jahrtausendwende formuliert hat, geradezu „menschenunwürdig".[25] Gleichwohl

23 Lotter, Rechtsprechung im Jenseits, 2006.

24 Hegel, Grundlinien der Philosophie des Rechts, 1970, § 117, 217.

25 Schnädelbach, Der Fluch des Christentums, 2000.

können Diskussionen wie die um die „weiße Schuld" zu Recht darauf verweisen, dass menschliches Tun und Lassen sich auch in der modernen Welt aus einer Vorgeschichte und Zugehörigkeit zu Kollektiven entwickelt, denen wir unsere Weltanschauungen, Wünsche, Gewohnheiten und Einstellungen verdanken. Dazu gehören aber auch unsere Ängste, Hemmungen, Erziehungsmängel, Vorurteile und vieles mehr, wobei diese Kollektive auch Macht über andere ausüben und erleiden; damit sind wir jedoch immer schon irgendwie in Schuldzusammenhänge verstrickt, die sich nicht mit dem modernen Begriff individueller Vorwerfbarkeit fassen lassen und somit der Klärung bedürfen.

Tatsächlich können wir im Ausgang von Hegels „Recht des Willens, in seiner Tat nur dies als seine *Handlung* anzuerkennen und nur an dem *schuld* zu haben [...] was davon in seinem Vorsatze lag" viele Schuldphänomene, die wir in unserer alltäglichen Praxis durchaus anerkennen, gar nicht erfassen. Denn in der Praxis gehen wir davon aus, dass wir durchaus nicht nur an dem „schuld" sind, was wir vorsätzlich oder fahrlässig herbeiführen, sondern auch an vielem mehr; wir erkennen nämlich Verpflichtungen an, die sich hieraus ergeben. Dabei kommt einerseits der *eigenen kausalen Rolle bei der Erzeugung von Leid* eine zentrale Bedeutung zu. Bernard Williams hat in seiner berühmten Studie zum *„moral luck"* moralische Phänomene diskutiert wie das des Lastwagenfahrers, der ein Kind überfährt, das unerwartet auf die Straße springt, und der sich schuldig fühlt, auch wenn ihm keine Fahrlässigkeit vorzuwerfen ist. Hier deckt sich die Perspektive des Handelnden nicht mit der des Beobachters; und sein Schuldbewusstsein – Bernard Williams hat es als *Agent-Regret* bezeichnet – ist nicht notwendig mit dem Glauben verbunden, er verdiene Tadel.[26] Es ist aber auch nicht mit bloßer Traurigkeit oder Entsetzen über den Unfall zu verwechseln, denn es bezieht sich ja auf die eigene kausale Rolle: Der Täter fühlt sich schuld an dem Tod des Kindes, obgleich er ihn weder wollte, noch fahrlässig in Kauf genommen hat. Wie Williams argumentiert, würden wir unserer Alltagsethik schwerlich gerecht werden, wenn wir uns das Phänomen des Agent-Regret als ein „irrtümliches" Schuldgefühl wegerklärten, so als beruhten solche Schuldgefühle auf der falschen Einschätzung, man habe etwas falsch gemacht, obgleich man tatsächlich nichts falsch gemacht hat. Wer einen Tod verursacht, unterliegt keinem Irrtum, wenn er sich schuldig fühlt, ohne fahrlässig gehandelt zu haben. Wir würden es auch als unangebracht empfinden, wenn eine Person, die unter solchen Umständen den Tod einer andern verursacht, jegliche Schuld von

---

26 Williams, Moral Luck, 1981, 28.

sich weisen würde. Was das Schuldverständnis, das sich im *Agent-Regret* ausdrückt, von den Ansprüchen der *Political Correctness* an sprachlichem und gedanklichem Wohlverhalten unterscheidet, ist jedoch die Einsicht, dass diese Schuld nicht von Seiten Dritter vorwerfbar ist, sondern ähnlich wie die Verpflichtung zur Solidarität und andere unvollkommene Pflichten in ihrer Bedeutung und ihren Konsequenzen an die Perspektive der betroffenen Person gebunden ist.

Andererseits spielen neben diesen Formen kausaler Schuld auch Erbschuldvorstellungen seit den Großverbrechen des zwanzigsten Jahrhunderts eine wichtige politische Rolle, die nicht mit einem Schuldbegriff erfasst werden können, der Schuld auf individuelle Täterschaft reduziert. Schuld im Zusammenhang monströser kollektiver Großverbrechen wie des Holocaust kann nicht als Summe individueller Täterschuld verstanden werden; die moralische und juridische Schuld Einzelner, so groß man sie auch immer bemessen mag, steht in keinem Verhältnis zu dem Ausmaß der realen Verpflichtungen und Belastungen, die sich in die Gegenwart sowohl der Generationen, die den Tätern gefolgt sind, als auch der Opfer bzw. ihrer Nachkommen erstrecken. Aus der Diskrepanz zwischen real empfundener Schuld und moralisch zurechenbarer subjektiver Täterschuld ist faktisch eine kollektive Schuld geworden, die sich in der Außen-, aber auch der Selbstwahrnehmung als Erbschuld auf weitere Generationen von Deutschen erstreckt. Im Lichte des modernen individualistischen Schuldbegriffes ist diese Schuld gar nicht zu begreifen.

Freilich folgt aus dem Faktum, dass eine Schuld an dem Holocaust und den deutschen Kriegsverbrechen auf diffuse Weise auch Personen zugeschrieben oder von ihnen selbst empfunden wird, die nicht an Verbrechen beteiligt waren oder nachfolgenden Generationen angehören, noch nicht, dass solche Zuschreibungen auch berechtigt sind. Wenn sie als Schuld*vorwürfe* gegenüber Personen geäußert werden, die weder auf vorwerfbare, noch überhaupt auf irgendeine Weise an Verbrechen beteiligt waren, sind sie zweifellos als Kategorienfehler und unzulässige Erpressungsmanöver zurückzuweisen. Daraus folgt jedoch nicht, dass es angemessen wäre, das Schuldbewusstsein derjenigen, die nicht selbst aktiv an Verbrechen teilgenommen haben, generell für irrational zu erklären und ihnen jegliche Art von Schuld abzusprechen, wie es einer konsequenten Reduktion von Schuld auf moralisch vorwerfbare Täterschuld entsprechen würde. Hier ist zwischen Vorwerfbarkeit und anderen Formen der Verpflichtung zu unterscheiden; zudem besteht ein entscheidender Unterschied zwischen einer Selbstzuschreibung aus der Perspektive der ersten Person und einer Fremdzuschreibung von Schuld aus einer Außenperspektive.

Metaphysische Schuld und White Guilt

Karl Jaspers hat in seiner berühmten Schrift *Die Schuldfrage* 1946 versucht, die den Deutschen pauschal zugeschriebene kollektive Schuld an den Nazigreueln durch die Differenzierung zwischen krimineller, politischer, moralischer und metaphysischer Schuld zu präzisieren. Vorwerfbar im Sinne krimineller und moralischer Schuld sind dem Einzelnen nur eigene vermeidbare Handlungen. Während er keine kriminelle oder moralische Schuld in Bezug auf Verbrechen trägt, die ohne sein Wissen im Namen des Staates begangen wurden, *haftet* er jedoch politisch für die Folgen staatlicher Handlungen.[27] Jaspers befasst sich aber auch mit Schuldgefühlen in Fällen, wo keine moralische oder rechtliche Schuld vorliegt. Dabei bezieht er sich auf den Umstand, dass Menschen Schuldgefühl entwickeln können, wenn sie es versäumt haben, Solidarität zu zeigen, auch wenn dies den Opfern nichts genützt und sie selbst in Lebensgefahr gebracht hätte. Jaspers bezeichnet dies als „metaphysische" Schuld, da es sich nicht um ein moralisch vorwerfbares Versäumnis handelt, aber gleichwohl um eine Belastung, die einem in der Natur des Menschen verankerten Gefühl einer Verpflichtung zur Solidarität zwischen Menschen als Menschen entspringt „welche einen jeden mitverantwortlich macht für alles Unrecht und alle Ungerechtigkeit in der Welt".[28]

Der Begriff der metaphysischen Schuld lässt sich auch auf die Gefühle von Menschen anwenden, die in einer Gesellschaft leben, deren Strukturen sie als ungerecht empfinden. Sie entwickeln oft Gefühle der Mitschuld, Korruption oder moralischen Befleckung, gerade wenn sie den Verhältnissen nicht zustimmen, sondern sie innerlich ablehnen, im Wissen, dass sie gleichwohl von der Ungerechtigkeit, etwa als Mitglied einer privilegierten Schicht, profitieren. Solche Gefühle, die *kein eigenes Tun* voraussetzen und daher nicht mit „Agent-Regret" zu verwechseln sind, versucht die Debatte um „Whiteness" zu verstärken, ohne dass hier jedoch klar zwischen einer nicht vorwerfbaren Schuld im „metaphysischen" Sinne, die auf den eigenen Sinn für Solidarität zurückgeht und einer aufgrund vergangenen Unrechts ererbten Verpflichtung oder einer inneren Sündigkeit, die Umerziehung verlangt, unterschieden würde. Der Begriff der „metaphysischen Schuld" bedingt bei Jaspers im Gegensatz zu den Praktiken im Kontext von „white guilt" keinerlei Recht, von *anderen* Schuldbewusstsein und Selbstkritik einzufordern.

---

27 Jaspers, Die Schuldfrage, 1946, 32.
28 Jaspers, Die Schuldfrage, 1946, 31.

Eher ließe sich der Gedanke der „white guilt“ an die „metaphysische Schuld annähern“, wenn man nicht Jaspers, sondern der Interpretation des amerikanischen Rechtsphilosophen Larry May folgt, der letztlich den Unterschied zwischen metaphysischer und moralischer Schuld wieder verwischt. May geht von dem Phänomen aus, dass die Zugehörigkeit zu Gruppen, die an üblen Aktivitäten teilnehmen, bei den Mitgliedern oft Schuldgefühle hervorruft. Auch May bezieht diese Schuld, die er in expliziter Anlehnung an Jaspers als „metaphysische“ bezeichnet, wie die Vertreter „weißer Schuld“ nicht direkt auf eigene Handlungen oder Unterlassungen, sondern auf die eigene *Identität*.[29] Er interpretiert diese durch die Zugehörigkeit zu einem Kollektiv bedingte Schuld jedoch, anders als Jaspers, moralisch, insofern er sie aus den individuellen Entscheidungen autonomer Wesen herleitet, wenn auch nicht aus Entscheidungen zu eigenen Handlungen. In Anlehnung an den existentialistischen Ansatz Sartres führt May die mit der Identität verbundene Schuld auf Einstellungen gegenüber der Gruppe zurück, die sich die Gruppenmitglieder als freie Entscheidungen selbst zuschreiben müssen: Wer mit anderen gewisse Einstellungen wie Rassismus teilt, sollte sich mitverantwortlich für Gewaltakte fühlen, die von anderen Personen aufgrund dieser Einstellungen begangen werden. Und das ist nach May nicht nur berechtigt, weil man sich leicht vorstellen kann, dass man selbst diese Gewaltakte hätte begehen können, sondern vor allem deswegen, weil man sich die Einstellungen, die bei anderen zur Gewalt geführt haben, selbst zuschreiben muss.[30] Auf diese Weise werden kollektive Schuld und moralische Befleckung auch mit modernen Paradigmen beschreibbar – aber für den Preis, dass man sie letztlich doch auf moralische Vorwerfbarkeit reduziert.

Viele von Menschen erzeugte Übel sind jedoch gar nicht auf vorwerfbares Handeln zurückzuführen. Dies trifft insbesondere auf die systemischen Resultate des unkoordinierten Handelns vieler zu. Aber auch das Verhalten von Menschen, die alles richtig machen wollen, kann üble Folgen haben – entsprechend hatte schon Aristoteles deutlich zwischen im Resultat ungeschickten, aber nicht vorwerfbaren Handlungen, vorwerfbaren Handlungen und der Tadelbarkeit von Personen unterschieden, die vorsätzliches Fehlverhalten voraussetzt. In dem Maße, in dem moderne westliche Menschen dazu neigen, zu jedem Übel einen Schuldigen zu suchen, dem es vorgeworfen werden kann, bietet sich als Reaktion auf Schuldzuschreibungen nur Selbstkritik und der Wunsch nach ständiger Selbstkorrektur an.

---

29 May, Metaphysical Guilt, 1991, 240.
30 Ebd., 1991, S. 241.

Diese Reduktion von Schuld auf moralische Vorwerfbarkeit hat die Konsequenz, dass sich auch als Umgang mit Schuld letztlich nur moralische Kritik oder Selbstkritik anbietet. Auch Larry Mays Deutung kollektiver Schuld und die Denkweisen der *Critical Whiteness Studies*, die Schuld auf die eigene Identität und Mitgliedschaft in Kollektiven zurückführen, bleiben dem modernen Schema verpflichtet und steigern es noch. In dem Maße, in dem die moderne Ethik Schuld nur als moralische Vorwerfbarkeit denken kann, bietet sich als Reaktion auf Schuld nur Selbstkritik und eine Steigerung des Gedankens der eigenen Kontrolle an. Die Möglichkeit einer die verschiedenen Seiten verbindenden Reaktion auf menschenerzeugtes Übel durch Gesten der Trauer, der Vergebung und Versöhnung, die für das antike Schuldverständnis und das christliche prägend waren, bleibt diesem Schuldverständnis verschlossen. Dadurch ist auch die Giftigkeit des Diskurses über „white guilt“ bedingt. Sie teilt mit anderen nihilistischen Bewegungen der Zeit die aggressive Verachtung der nie ganz überwindbaren Unvollkommenheiten alltäglicher Kommunikation und einer nie unschuldigen Sprache – letztlich eine aggressive Verachtung von Weltlichkeit –, die im Lichte eines unrealisierbaren Ideals von Unschuld verurteilt werden.

Literaturverzeichnis

Aristoteles, Die Nikomachische Ethik, Hrsg. u. übers. v. Ursula Wolf, Hamburg 2006.

Augustinus, Schriften gegen die Semipelagianer, Würzburg 1955.

–, De Libero Arbitrio, Buch 3, Theologische Frühschriften vom freien Willen und von der wahren Religion, übers. u. hg. v. Wilhelm Thimme. Zürich/Stuttgart 1962.

Graeber, David, Debt. The First 5.000 Years. New York, NY 2011.

Grätzel, Stefan, Dasein ohne Schuld. Dimensionen menschlicher Schuld aus philosophischer Perspektive. Göttingen 2004.

Hegel, Georg Wilhelm Friedrich, Grundlinien der Philosophie des Rechts oder Naturrecht und Staatswissenschaft im Grundrisse, Werke 7, hrsg. v. Eva Moldenhauer und Karl Markus Michel. Frankfurt a.M. 1970.

Jacquet, Jennifer, Scham. Die politische Kraft eines unterschätzten Gefühls, Berlin 2015.

Jaspers, Karl, Die Schuldfrage. Heidelberg 1946.

Lotter, Maria-Sibylla, Rechtsprechung im Jenseits. Personale Identität und Verantwortung bei Locke, in: Archiv für Rechts- und Sozialphilosophie 2006, 4, 505-533.

–, Scham, Schuld, Verantwortung. Über die kulturellen Grundlagen der Moral. Berlin, 2012.

–, Verantwortung und Schuld, in: Ludger Heidbrink (Hrsg.), Handbuch Verantwortung, Wiesbaden 2015, 251-264.

May, Larry, Metaphysical Guilt and Moral Taint, in: Larry May und Stacey Hoffmann (Ed.), Collective Responsibility. Five Decades of Debates in Theoretical and Applied Ethics, Lanham 1991, 239-254.

Meyer, Susan, Aristotle on Moral Responsibility: Character and Cause. Oxford 1993.

Nietzsche, Friedrich, Zur Genealogie der Moral. In Kritische Studienausgabe, Bd. 5, Hrsg. Giorgio Colli und Mazzino Montinari, München 1999.

Ricœur, Paul, Die Symbolik des Bösen. Freiburg 1988.

Schefczyk, Michael, Verantwortung für historisches Unrecht. Eine philosophische Untersuchung. Göttingen: 2012.

Schnädelbach, Herbert, Der Fluch des Christentums. Die sieben Geburtsfehler einer alt gewordenen Weltreligion. Eine kulturelle Bilanz nach zweitausend Jahren, DIE ZEIT № 20/2000 11. Mai 2000.

Williams, Bernard, Moral Luck, in: Ders., Moral Luck. Cambridge 1981.

Williams, Bernard, Shame and Necessity. London 1993.

Homo peccator et deus salvator. Die ethische Bedeutung der reformatorischen Sündenlehre

Markus Buntfuß

1. Einleitung

Die Sünde des Menschen und seine Rechtfertigung durch Gott allein aus Gnade gelten als Probierstein für die wahre reformatorische Lehre. Martin Luther, der in diesem Zusammenhang als Autorität gelten darf, hat das für ihn schlechthin zentrale Thema reformatorischer Theologie einmal auf die bündige Formel ‚*homo peccator et deus salvator*' gebracht. In seiner Auslegung des 51. Psalms schreibt Luther:

> Das eigentliche Thema der Theologie ist der in Schuld und Sünde verlorene Mensch, und der rechtfertigende Gott, der Retter des sündigen Menschen. Was außerhalb dieses Gegenstandes in der Theologie gesucht oder disputiert wird, ist Irrtum und Gift.[1]

An dem Zitat wird deutlich, worin die reformatorische Auffassung von der Sünde ihre theologische Pointe findet: im Verhältnis des Menschen zu Gott. Sünder ist der Mensch vor Gott. Schuld als Sünde verstanden ist ein christlich-religiöser bzw. theologischer Begriff, was nicht heißt, dass ein religiöses Verständnis von Schuld als Sünde nicht auch in anderen religiösen Kontexten auftritt. Für die beiden anderen monotheistischen Religionen Judentum und Islam ist das zumindest der Fall.

Von dem religiösen und theologischen Konzept der Sünde zu unterscheiden ist deshalb die Rede von Schuld, Strafe oder Vergebung in den Kontexten von Psychologie, Rechtsprechung und Ethik oder auch von Literatur und Kunst. Denn dort geht es nicht primär um das religiöse Gottesverhältnis des Menschen, sondern um die Entstehung und Verarbeitung von Schuldgefühlen, um die Pflege der rechtlichen Ordnung, um die Orientierung in Konfliktsituationen oder um die spielerisch entlastete Identi-

---

1 „Theologiae proprium subiectum est homo peccati reus ac perditus et Deus iustificans ac salvator hominis peccatoris. Quicquid extra hoc subiectum in Theologia quaeritur aut disputatur, est error et venenum." (Ennaratio Psalmi LI, 1532, WA 40/II 328, 17-20).

fikation mit alternativen Lebensmöglichkeiten. Die ‚Phänomenologie der Schuld' (Paul Ricoeur) und ihre Thematisierung in unterschiedlichen theoretischen und praktischen Hinsichten ist jedenfalls perspektivenreicher als die christliche, insbesondere reformatorische Rede von der Schuld des Menschen als Sünde vor Gott. Und nicht nur das.

Vor dem Hintergrund der Erschütterung der klassischen Metaphysik in der Neuzeit und dem Wandel des modernen Menschenbildes sowie einer sich verschärfenden Religionskritik steht die christliche Sündenvorstellung mit ihren religiös begründeten Schuldzuschreibungen und Entschuldungspraktiken im Fokus von Kritik und Ablehnung. Eine nicht unerhebliche Schuld daran tragen die Kirchen und die Theologie selbst mit dem langen Missbrauch des Sündenbegriffs, der die Frau und die Sexualität mit der Sündenvorstellung enger verbunden hat als den Mann und eine enthaltsame Lebensführung propagiert hat. Es ist daher kaum verwunderlich, dass die christlich-religiöse Rede von Schuld und Sünde erheblich an Akzeptanz eingebüßt hat und von vielen Menschen kaum noch als verpflichtend oder lebensdienlich, wenn nicht als unzumutbar oder irrelevant für die eigene Lebensdeutung und Lebensführung empfunden wird.

Was also rechtfertigt eine Behandlung dieses partikularen religionskulturellen Problemkomplexes im Kontext der in diesem Band gestellten Frage nach den Zusammenhängen zwischen Moralisierungsstrategien und Exkulpationsnarrativen in gegenwärtigen öffentlichen Ethikdebatten? Ganz im Sinne einer Selbstexkulpation angesichts moralisierender Beschuldigungen an die Adresse der christlich-religiösen Rede von Schuld und Sünde, versuche ich im Folgenden die ethische Bedeutung der reformatorischen Sündenlehre freizulegen. Es geht mir dabei nicht um die Beschäftigung mit dogmatischen Subtilitäten um ihrer selbst willen oder um die Lösung binnentheologischer Sachprobleme, sondern um die Frage, welche Implikationen oder Konsequenzen sich aus der jeweiligen Art und Weise ergeben, wenn man in christlich-reformatorischer Perspektive über die Relevanz von Sünde und Schuld in gegenwärtigen ethischen Debatten nachdenkt.

2. *Augustins mythologisch-dualistische Lehre von der Erbsünde*

Die Tatsache, dass sich das reformatorische Christentum in seiner Frömmigkeit und seiner Glaubensreflexion so obsessiv auf das Phänomen der Schuld und das Konzept der Sünde konzentriert hat, ist nicht erst Martin Luther geschuldet, sondern schon dem Patron seines Ordens – dem heiligen Augustinus. Dem wichtigsten Kirchenvater des Westens ist es zu verdanken, dass sich das lateinische Christentum in besonderer Weise als eine kirchlich institutionalisierte Schuldzuschreibungs- und Exkulpationskultur entwickelt hat. Darüber hinaus hat Augustin mit seiner Erfindung der sogenannten Erbsündenlehre nicht nur die kirchliche Theologie und den christlichen Glauben geprägt, sondern auch die europäische Mentalitätsgeschichte beeinflusst. Das reicht bis in die Bereiche des privaten und öffentlichen Lebens wie das Verständnis und Verhältnis der Geschlechter oder das Sexual- und Familienleben, aber auch in die Politik und die Rechtsprechung, sowie in die Literatur und die bildenden Künste. In dem Bemühen, die Alleinwirksamkeit Gottes beim Empfang der heilig machenden Gnade zur Geltung zu bringen, erschien es ihm zielführend, die gesamte Menschheit mit einer genealogischen Metaphorik als Erben der adamitischen Ursünde einzusetzen.

Mit diesem mythologischen Konzept wollte Augustin gleich mehrere gedankliche Probleme lösen. Insbesondere die Frage ‚*Unde malum?*' ‚Woher kommt das Böse?' erschien ihm in einer Zeit der Krise dringend einer christlichen Antwort zu bedürfen. Der Manichäismus, dem Augustin in jüngeren Jahren anhing, hatte zwei Prinzipien gelehrt: die Macht des Lichts und die Macht der Finsternis, welche sich feindlich gegenüberstanden und in einem weltgeschichtlichen Kampf um die Vorherrschaft ringen. Mit diesem Modell konnte die Herkunft des Bösen aus dem Reich der Finsternis erklärt werden. Ein derart dualistisches Modell war jedoch unter den Voraussetzungen des christlichen Monotheismus und seines Schöpferglaubens nicht mehr möglich. Das Böse konnte demnach nicht schon mit der Schöpfung gegeben, sondern musste später hinzu bzw. hinein gekommen sein.

Augustin meinte, die Ursache in dem freien, aber verkehrten Willen des Menschen zu erkennen, der sich von Gott abwendet, um seinen niederen Trieben zu folgen, der Begierde (*concupiscentia*), der Selbstliebe (*amor suis*) und dem Hochmut (*superbia*). Idealtypisch steht dafür der Fall Adams. Mit und in ihm ist das Schicksal der gesamten Menschheit beschlossen. Seine Schuld überträgt sich auf dem Weg der sexuellen Begierde, die bei jedem Zeugungsakt im Spiel ist, auf die nächste Generation. Dieses mythologische Konzept war alles andere als moralisch gedacht. Es sollte ganz im Gegenteil dazu dienen, ein moralisches Glaubensverständnis abzuwehren. Die sog. Pelagianer, die Anhänger eines gewissen Pelagius, gegen die sich Augustin mit seiner Lehre von der Erbsünde wendete, lehrten ein – wir würden sagen – ethisches Verständnis des christlichen Glaubens. Sie waren nicht nur von der Freiheit des von Gott geschaffenen Willens sondern auch von seiner Fähigkeit zum Guten überzeugt und vertraten die Auffassung, dass es grundsätzlich möglich sein müsse, sündlos zu leben. Der

Mensch trage deshalb auch die Verantwortung für seine Sünden und sei damit letztlich für sein Seelenheil mit verantwortlich. Dieser Tendenz zur ethischen Selbsterlösung wollte Augustin einen Riegel vorschieben und behauptete die Unfähigkeit des Menschen, nicht zu sündigen. Alle Menschen seien von Geburt an mit der Erbsünde geschlagen. Die maximale Schuldzuweisung an die gesamte Menschheit sollte verhindern, einzelne Sünden oder einzelne Sünder zu identifizieren und die Notwendigkeit einer maximalen Schuldentlastung der gesamten Menschheit auf dem Weg der göttlichen Vergebung allein aus Gnade begründen.

Die kirchliche Theologie und Frömmigkeitspraxis des Mittelalters hat es nicht vermocht, die Radikalität Augustins festzuhalten und ersetzte die Gnadentheologie des *doctor gratiae* durch ein differenziertes Bußinstitut, das als Exkulpationsverfahren für ein abgestuftes System von leichteren über schwerere bis hin zu Todsünden entwickelt worden war. Es blieb dem Reformator Martin Luther vorbehalten, die ganze Schärfe und die damit verbundene Übermoralität der augustinischen Sündenlehre wiederzuentdecken. Denn die Reformation Luthers ist die Frucht seiner Kritik an der spätmittelalterlichen Bußfrömmigkeit und der sie legitimierenden Bußtheologie der römischen Papstkirche.

3. *Luthers seelsorgerlich-therapeutische Lehre von der Personsünde*

Luthers eigener Erfahrung zufolge war die kirchliche Bußpraxis seiner Zeit nicht geeignet, um den ernsthaft angefochtenen Glauben von seinen Schuldgefühlen wirkungsvoll und nachhaltig zu befreien. In seiner Theologie schließt Luther deshalb an die Erbsündenlehre Augustins an und kann dafür die gleiche mythologisch-biologische Metaphorik verwenden wie sein Ordenspatron. Doch Luthers theologisches und vor allem sein seelsorgerliches Interesse war anders gelagert als dasjenige Augustins. Luther ging es weniger um eine kausale Begründung des Bösen durch die Sünde als um ihren den ganzen Menschen in all seinen Bestrebungen beherrschenden Charakter. Wenn er in diesem Zusammenhang den Begriff der Personsünde prägt, will er damit zum Ausdruck bringen, dass die Sünde eine *conditio humana* ist und vom Wesen des Menschen nicht getrennt werden kann. Trotzdem sei der Mensch unentschuldbar und nicht nur durch das Verhängnis der Vererbung sondern auch in seinem innersten Selbst Sünder, weil er sich an die Stelle Gottes setzen möchte. Luther interpretiert deshalb die augustinische Trias von Begierde, Selbstliebe und Hochmut als Unglaube. Sünde ist in ihrem Kern Unglaube und in ihrer extremsten Form *odium contra Deum*, Hass auf Gott.

Das augustinisch-reformatorische Sündenverständnis ist – noch einmal gesagt – nicht moralisch zu verstehen. Es werden keine einzelnen Menschen aufgrund bestimmter Taten oder Versäumnisse als Sünder gebrandmarkt, sondern die menschliche Sünde wird total und inklusiv verstanden. Die Solidarität aller Menschen *sub peccato* wird betont. Niemand wird davon ausgenommen, oder graduell auf- bzw. abgewertet. Damit ist die augustinisch-reformatorische Sündenlehre dazu geeignet, die Entmoralisierung der Sünde und die Gleichwertigkeit aller Menschen vor Gott zum Ausdruck zu bringen. Denn über die Sünde befindet kein Mensch oder die Kirche, sondern das Gewissen des einzelnen und das persönliche Sündenbekenntnis, das sich an Gott wendet, der wiederum nicht als gerechter Richter angesehen wird, sondern als der barmherzige und gütige Schöpfer, der das Heil aller Menschen will.

In kritischer Absetzung vom römisch-katholischen Bußinstitut des Spätmittelalters und auf dem Boden eines neuen Selbstbewusstseins des frühbürgerlichen Subjekts mit unvertretbaren Persönlichkeitsrechten (Gewissen) entwickelt die Reformation eine religiöse Exkulpationskultur, die nicht mehr auf die kirchliche Heilsanstalt sondern auf das persönliche Gottesverhältnis gegründet ist. Grundlegend dafür ist kein dogmatisch-kirchenrechtlicher Begründungszusammenhang, sondern ein psychologisch-seelsorgerlicher Motivationszusammenhang zwischen kritischer Selbstdurchsichtigkeit, befreiender Annahme und zugesagter Vergebung, durch den eine befreite Lebensführungspraxis ermöglicht werden soll. Inwieweit es insbesondere der lutherischen Reformation gelungen ist, die praktische Bewährung im Glauben (gute Werke) in überzeugender Weise als Konsequenz der Rechtfertigung zu verstehen, ist bis heute strittig. Zumindest werden dem Luthertum an dieser Stelle oftmals eine gewisse Handlungsmüdigkeit und ein fehlendes Engagement vorgeworfen.

Soviel in aller Kürze zur klassischen Lehrbildung der reformatorischen Sündenlehre des 16. Jahrhunderts. Ihre wesentlichen Intentionen seien noch einmal stichpunktartig genannt: 1) Die Sünde ist kein Verhalten sondern ein Verhältnis (Mensch-Gott) und als solches nur in der Perspektive des Glaubens erkennbar. 2) Die Sünde ist kein individuelles, sondern ein allgemeines Strukturmoment (Allgemeinheit). 3) Die Sünde ist kein partielles, sondern ein umfassendes Strukturmoment (Ganzheit). 4) Gleichwohl soll die Sünde mit Schuld und Verantwortlichkeit verbunden gedacht werden.

Aus diesen Grundsätzen resultieren nun aber auch die größten Probleme reformatorischer Sündenlehre: 1) Wie können die Allgemeinheit und Notwendigkeit der Sünde mit Verantwortlichkeit zusammengedacht werden? 2) Wie ist angesichts der allgemeinen und umfassenden Sünde christliches Handeln und eine christliche Ethik möglich? Bzw. wie können diese begründet werden? 3) Wird Sünde als gestörtes Gott-Mensch-Verhältnis erkennbar, dann ist sie kein allgemein zugängliches Strukturmoment menschlichen Lebens und die Sünde erscheint als ein selbstgemachtes Problem des christlichen Glaubens.

Die neuere protestantische Theologie hat auf diese Schwierigkeiten vor allem mit einer umfassenden Ethisierung des Glaubens- und Christentumsverständnisses reagiert.

4. *Schleiermachers sittlich-freiheitliches Verständnis der Sünde*

Im Unterschied zur altevangelischen Sündenlehre des 16. Jahrhunderts ist die neuprotestantische Anthropologie seit dem 18. Jahrhundert durch das reinigende Feuer der Aufklärung hindurchgegangen und hat sich ein modernes Verständnis der *conditio humana* im wesentlichen zu eigen gemacht. Zu der damit verbundenen Umformung des theologischen Denkens zählen insbesondere die Entgegenständlichung des Gottesgedankens zu einem Verständnis des Absoluten oder Unbedingten und die erfahrungstheologische Reformulierung der christlichen Glaubensvorstellungen als Bestimmtheiten des christlich-religiösen Bewusstseins.

Als kritisches Regulativ gilt außerdem die mögliche Zusammenbestehbarkeit zwischen christlich-religiösem und allgemeinem bzw. zeitgenössischem Wahrheitsbewusststein. Im Falle der Sündenlehre ist dafür das neue Selbstverständnis des Menschen als eines selbstverantwortlichen, in seinen Entscheidungen freien und sittlich selbstbestimmten Lebewesens einschlägig. Die neuzeitliche Rede von Sünde und Schuld hat ihre religiöse Erschließungskraft deshalb vor dem kritischen Forum dieses neuen Selbstverständnisses sittlicher Autonomie zu bewähren. Der Theologe, der diese neuen Bedingungen nicht nur eingehend reflektiert, sondern auch konstruktiv in die protestantische Theologie integriert hat, war Friedrich Daniel Ernst Schleiermacher.

In seiner Glaubenslehre wird die Sünde deshalb auch nicht mehr als eine ontologische Qualität beschrieben, sondern als ein Phänomen des christlich-religiösen Bewusstseins verstanden. Schleiermacher spricht konsequent vom Sünden*bewusstsein* und nicht von *der* Sünde des Menschen wie von einer Tatsache. Näherhin ist das Gefühl der eigenen Sündhaftigkeit eine ganz bestimmte Erscheinungsform des christlich-religiösen Bewusstseins, nämlich das Gefühl seiner Unkräftigkeit und Schwäche. Schleiermacher versteht die Sünde nicht mehr als ein krankhaftes Gebrechen sondern als das individuelle Gefühl des Zurückbleibens hinter den eigenen religiösen Erfüllungsbedürfnissen. Sünde ist Schuld, nicht obwohl alle Menschen davon betroffen sind sondern weil das fromme Individuum die Diskrepanz zwischen möglicher Erfüllung und tatsächlicher Verwirklichung als defizitäres Gottesbewusstsein erlebt. Die selbstverschuldete religiöse Unkräftigkeit bedarf deshalb auch weniger der Vergebung als der Überwindung durch Belebung und Anregung des religiösen Bewusstseins bzw. der christlichen Frömmigkeit.

Die ethischen Implikationen dieses Sündenverständnisses zielen in eine gänzlich andere Richtung als die der altevangelischen Lehrbildung. Denn mit der Überwindung der Sünde als Schwäche durch die Kräftigung der Frömmigkeit wird auch die Sittlichkeit gestärkt. Indem das Sündenbewusstsein allmählich vom Gnadenbewusstein abgelöst wird, ist auch der praktischen Bewährung des religiösen im sittlichen Leben gedient. Schleiermacher begreift den christlichen Glauben nicht wie Luther als ein radikales Existenzverständnis *coram deo* sondern versteht die christliche Frömmigkeit als eine Form der Lebenssteigerung *sub specie aeternitatis.* Frömmigkeit ist individuelles endliches Leben als eine Darstellung des Unendlichen.

Mit den aufgeklärten und gebildeten Zeitgenossen seiner Epoche glaubt Schleiermacher deshalb an die humane Selbstvervollkommnung und die moralische Selbstoptimierung der individuellen Persönlichkeit. Damit hat sich auf christlichem Boden schließlich doch noch etabliert, was Augustin um jeden Preis als pelagianische Ketzerei ausmerzen wollte – nämlich der religiöse Glaube an das Gute im Menschen und seine ihm von Gott geschenkte Fähigkeit, das Gute aus freien Stücken zu wollen und den Umständen entsprechend zu tun. Nach dem Vorbild Schleiermachers und in Fortschreibung seiner sittlichen Neuinterpretation der christlichen Glaubenslehre entwerfen in der zweiten Hälfte des 19. und der ersten Hälfte des 20. Jahrhunderts zahlreiche Theologen ihr Verständnis der christlichen Glaubenspraxis und Glaubenslehre unter Zuhilfenahme von ethischen Kategorien: Richard Rothe (1799-1867), Albrecht Ritschl (1822-1889), Wilhelm Herrmann (1846-1922), Ernst Troeltsch (1865-1923) und nicht zuletzt Trutz Rendtorff (1931-2016) stehen für eine ‚Ethische Theologie', die den Inhalten des christlichen Glaubens eine im weitesten Sinne ethische Bedeutung zuschreiben.

Damit ist eine theologische Umorientierung verbunden, die nicht zuletzt aus den ungelösten Problemen der altevangelischen Lehre resultiert und eine zeitgemäße Neuinterpretation unter den Bedingungen neuzeitlicher Handlungsorientierung und Weltgestaltung präsentiert. Diese ethische Neuinterpretation bringt ein breites Spektrum an politisch-engagierten und öffentlich-positionierten Theologien mit zum Teil starkem moralisch-appellativen Pathos hervor, die nicht nur das kirchliche Leben und die theologische Reflexion sondern auch die öffentlichen Debatten mitbestimmen. Daneben behaupten sich außerdem die Verfechter der altevangelischen Lehre mit ihren anthropologisch-existentiellen und ethisch-strukturkonservativen Überzeugungen.

5. Moralisierung und Exkulpation im gegenwärtigen Protestantismus

Die argumentationsstützenden Topoi, auf die dabei in ethischen Debatten von Vertretern des öffentlichen und kirchlichen Christentums zurückgegriffen wird, speisen sich aus dem facettenreichen Arsenal der biblischen Erbsündenmythologie Augustins, der existentiellen Sündendogmatik der Reformatoren oder der moralischen Appellrhetorik neuprotestantischer Reich-Gottes-Theologen. Vor diesem Hintergrund halten die reformatorische Sündenlehre und Anthropologie in ihren unterschiedlichen Traditions- und Transformationsgestalten sehr unterschiedliche Moralisierungsstrategien und Exkulpationsnarrative bereit, mit denen heute in öffentlichen Ethikdebatten argumentiert werden kann.

Idealtypisch spannt sich der Bogen von Positionen, die auf eine grundsätzliche Entmoralisierung und ethische Existentialisierung drängen bis hin zu solchen, die eine moralische Zuspitzung und ethische Handlungsdruckverschärfung betreiben. In den aktuellen Debatten werden die unterschiedlichen Argumente dieser Positionen in modifizierter und moderater Form von den Wortführern eines ‚Öffentlichen Protestantismus‘ einerseits und einer ‚Öffentlichen Theologie' andererseits vorgebracht.

So hat sich der jetzige Ratsvorsitzende der EKD und Landesbischof der Evangelisch-Lutherischen Kirche in Bayern (ELKB), Heinrich Bedford-Strohm, seit geraumer Zeit dem Programm der sogenannten ‚Öffentlichen Theologie‘ verschrieben, die vor etwa dreißig Jahren in Südafrika, Großbritannien, Deutschland und den USA entstanden ist und sich vor allem als moralische Instanz und Anwältin der Schwachen versteht. Dabei stehen vor allem auch Lernerfahrungen in totalitären Unrechtsregimen im Hintergrund.

In seiner Abschiedsvorlesung an der Universität Bamberg am 26. Juli 2011 zum Thema „Öffentliche Theologie und Kirche“[2] vertritt Bedford-

2 Bedford-Strohm, Öffentliche Theologie und Kirche, online unter https://landesbischof.bayern-evangelisch.de/downloads/Abschiedsvorlesung_Bedford_Strohm.pdf (abgerufen am 1.11.2018).

Strohm die Auffassung, dass sich eine Öffentliche Theologie zur Wahrnehmung ihrer Aufgaben auch der „prophetische[n] Dimension öffentlichen Redens“[3] zu bedienen habe. Vergleichbar mit den alttestamentlichen Propheten sollten auch die Vertreter einer öffentlichen Theologie leidenschaftlich und engagiert ihre Stimme erheben und ihre moralische Empörung zum Ausdruck bringen, wenn ihrer Einschätzung nach Missstände angeklagt und Veränderungen bewirkt werden müssten. Prophetisches Reden habe die Aufgabe, „auf den moralischen Skandal hinzuweisen, ihm Aufmerksamkeit zu verschaffen und so auch mitzuhelfen, dass intensivere Anstrengungen zu seiner Überwindung übernommen werden.“[4] Dafür sei es durchaus von Bedeutung, wer redet. Prophetisches Reden bedürfe „einer besonderen Autorität, da ihm überhaupt nur dann die Vollmacht zugebilligt wird, auf die es angewiesen ist.“[5] Das könne die Vollmacht einer Pfarrerin sein, aber auch die Autorität, „die dem Bischofsamt aufgrund der Wahl durch die Synode zukommt und im besten Fall von dem jeweiligen Amtsträger auch ausgestrahlt wird.“[6] Bedford-Strohm war damals frisch zum Bischof der ELKB gewählt worden. Die „prophetische Dimension des öffentlichen Redens der Kirche“ sei jedenfalls „eher an die Person als an die Institution gebunden“.[7] Seither hat Bedford-Strom in seinen Funktionen als Landesbischof und Ratsvorsitzender des Öfteren von der Form prophetisch-autoritativer und moralisch-engagierter Rede Gebrauch gemacht. Natürlich erschöpft sich das, was er über das prophetische Reden der Kirche zu sagen hat und das, was zur Öffentlichen Theologie überhaupt zu sagen wäre, nicht in diesen kurzen und selektiven Bemerkungen meinerseits. Aber sie machen doch deutlich, mit welchem moralischen Anspruch einzelne Vertreter dieser kirchlichen-theologischen Richtung auftreten.

Kritisch respondiert wurde der Öffentlichen Theologie unlängst durch eine Programmschrift mit dem Titel „Öffentlicher Protestantismus. Zur aktuellen Debatte um gesellschaftliche Präsenz und politische Aufgaben des evangelischen Christentums.“[8] Die Autoren lehren evangelische Theologie an der Ludwigs-Maximilians-Universität-München. Neben einer kritischen Auseinandersetzung mit der öffentlichen Theologie findet sich in dieser lesenswerten Schrift eine alternative Positionierung des evangelischen Christentums in der Öffentlichkeit, die sich eher an liberalkonservativen Wert-

3 Ebd.
4 Ebd.
5 Ebd.
6 Ebd.
7 Ebd.
8 Albrecht/Anselm, Öffentlicher Protestantismus, Zürich 2017.

haltungen orientiert. Die Autoren kritisieren die undemokratische Inanspruchnahme einer besonderen kirchlichen Amtsautorität in politischen und ethischen Fragestellungen sowie den auf Dauer gestellten Veränderungsdruck, der im politischen Protestantismus der Öffentlichen Theologie zum Ausdruck komme. Zur Tiefengrammatik dieses Aktivismus gehöre „die Annahme, dass die Welt unvollkommen sei und es zur Aufgabe des frommen Menschen gehöre, sie zum Guten zu wenden."[9] Dabei werde der christlich-religiöse Erlösungsgedanke „zu schnell in die Aufforderung an die Glaubenden transformiert, diese Erlösung ins Werk zu setzen."[10] Damit aber drohe „Erfolg im transformierenden Handeln unversehens zur entscheidenden Kategorie für die Stellung des Menschen vor Gott zu werden. Umgekehrt muss Erfolglosigkeit zum Merkmal für die Schuld des Menschen werden, der seine Aufgabe und seine Stellung vor Gott verfehlt hat."[11]

Dieser Zusammenhang von Moralisierung und impliziter Schuldzuschreibung im Fall des Versäumens oder Versagens wird von den Autoren als im Kern unevangelisch problematisiert. Statt dessen habe sich der gegenwärtige Protestantismus in seiner dreifachen Gestalt als individueller, kirchlicher und gesellschaftlicher Protestantismus in den demokratischen Meinungsbildungsprozess mitverantwortlich einzubringen und die Voraussetzungen dafür zu schaffen, dass eine politische und/oder ethische Urteilsbildung in christlicher Perspektive ermöglicht wird, ohne deren Ergebnisse oder Entscheidungen vorwegzunehmen und – sei es durch die institutionalisierte Kirche sei es durch eine prophetische Persönlichkeit – zu dekretieren.

Ich komme zum Schluss. Auf der Suche nach der ethischen Bedeutung der reformatorischen Sündenlehre haben wir die altkirchliche Ontologisierung der Sünde bei Augustin und ihre reformatorische Existentialisierung bei Luther bedacht. In beiden Fällen war eine charakteristische Entmoralisierung der christlichen Rede von der Sünde zu konstatieren, was einer religiösen Exkulpation nahekommt. Dagegen blieb hier das Problem der Verantwortlichkeit des Menschen und der Begründung einer protestantischen Ethik ungelöst. Anders im Falle der neuprotestantischen Ethisierung der Sünde seit Schleiermacher und ihre gesellschaftliche Politisierung durch die öffentliche Theologie bzw. den öffentlichen Protestantismus der Gegenwart. Hier macht sich ein starker ethischer Gestaltungswille geltend,

---

9 Ebd., 53.
10 Ebd.
11 Ebd.

der jedoch zur Moralisierung neigt. Bezogen auf unsere Fragestellung scheint es also fast so, als müsse man sich letztlich doch entscheiden: Entweder für eine theologische Exkulpation ohne Moralisierung oder für eine theologische Ethisierung ohne Entschuldigung.

Literaturverzeichnis

Albrecht, Christian/Anselm, Reiner: Öffentlicher Protestantismus. Zur aktuellen Debatte um ge-sellschaftliche Präsenz und politische Aufgaben des evangelischen Christentums (Theologische Studien Neue Folge Bd. 4), Zürich 2017.

Bedford-Strohm, Heinrich, Öffentliche Theologie und Kirche, 2011, online unter: https://landesbischof.bayern-evangelisch.de/downloads/Abschiedsvorlesung_Bedford_Strohm.pdf.

Luther, Martin, Ennaratio Psalmi LI, 1532, WA 40/II 328, 17-20.

Vorsicht, erhöhte Diskurstemperaturen! Reflexionen auf Sünde, Schuld und *identity politics*

Martin Dürnberger

> „Früher war weniger Moral. Nicht in dem Sinne, dass die Menschen zu anderen Zeiten unmoralischer gehandelt hätten, gemeint ist etwas anderes: Der Geltungsbereich des Moralischen, das also, was überhaupt einem moralischen Urteil und Disput unterworfen wird, scheint sich zuletzt rasant ausgedehnt zu haben. Essen, Trinken, Rauchen sowieso, das Verhältnis zwischen den – zwischen all den – Geschlechtern; wie man sich fortbewegt, was man sagt und wie man guckt – überall ein Du sollst, Du darfst nicht, Du musst."[1]

Die zeitdiagnostische Beobachtung Bernd Ulrichs fügt sich in Wahrnehmungen ein, die auch die Veranstalter der Tagung „Moral ohne Schuld" in ihrem Konferenzprospekt notieren: Auch sie konstatieren eine „zunehmende Moralisierung von Politik und Lebensführung", die gerade insofern problematische Effekte entfaltet, als sie konstruktive Verständigung über moralische Normen nicht fördert, sondern erschwert und hemmt. Dabei scheint es vor allem das Motiv der *Schuld* zu sein, an dem sich die angedeutete Diagnose weiter vertiefen lässt: Schuld *als Erfahrung* kann nicht nur existentiell belastend sein, sondern *als Topos* Diskurstemperaturen erhöhen und Debatten anheizen. Die Hitzigkeit der Konflikte, die moralische Empörung in sozialen Medien immer wieder erzeugt, mag ein Indiz dafür sein: Hier zeigt sich immer wieder jene Transformation moralischer Debatten auf Fragen der Schuldzuweisung oder -abwehr, jene Reduktion ethischer Probleme „auf das Verhältnis Richter-Angeklagter", welche das Tagungsprogramm anspricht. Mit Blick auf die (nicht für, aber auch für angewandte Ethik zentrale) diskursiv öffentliche Verständigung über morali-

1 Ulrich, Weniger Moral, mehr Politik!, 2018.

sche Fragen liegt eben darin ein entscheidendes Problem: *Die Hitze, welche die zunehmende Moralisierung (katalysiert vom Topos der Schuld) erzeugt, wird in dieser Perspektive geradezu als negatives Diskursapriori identifizierbar, als Verunmöglichungsbedingung moralischer Reflexion*.

Man rührt mit dieser Beobachtungsserie aktueller gesellschaftlicher Entwicklungen zweifellos an weit über die Ethik hinaus relevante Fragestellungen – daran, wie öffentliche Diskurse in Zeiten sozialer Medien funktionieren oder hochemotionale Themen sinnvoll verhandelt werden können; daran, wie mit Ambiguität bei der Bildung moralischer Urteile umzugehen ist oder welche soziale Funktionen moralische Positionierungen in einer *Gesellschaft der Singularitäten* (Reckwitz) haben; daran, wie man Moralisierung ‚klimatisieren' kann oder sich (fremde oder eigene) Schuld so thematisieren lässt, dass ihre diskurstoxischen (Neben)Wirkungen minimal bleiben u.a.m.

Die entscheidende Frage für mich ist freilich, welchen Beitrag ich als Theologe in diesen Fragenzusammenhängen leisten kann.[2] Es liegt am Starnberger See nahe, dafür das Gespräch mit dem philosophischen *genius loci* zu suchen – nicht aus Usancen geographischer Höflichkeit, sondern sachlichen Gründen. Bekanntlich hat Jürgen Habermas in seiner Friedenspreisrede 2001 etwas berührt, das auch diese Tagung umtreibt – und dies dankenswerterweise so getan, dass darin eine Vorlage für theologische Reflexionen geliefert wird. 2001 hält er in der Frankfurter Paulskirche fest:

> Säkulare Sprachen, die das, was einmal gemeint war, bloß eliminieren, hinterlassen Irritationen. Als sich Sünde in Schuld, das Vergehen gegen göttliche Gebote in den Verstoß gegen menschliche Gesetze verwandelte, ging etwas verloren.[3]

Die Verbindungslinien legen sich wie von selbst nahe: Die Diagnose des Tagungsprogramms wird nämlich von der Wahrnehmung von Leerstellen

---

2 Bernd Ulrich verweist im eingangs zitierten Text auf Arnold Gehlens Prägung des Begriffs der *Hypermoral*, der den Seitenhieb auf die Theologie bereits integriert hatte: Profiteure der Dauermoralisierung seien „Schriftsteller und Redakteure, die Theologen, Philosophen und Soziologen, also ideologisierende Gruppen, erhebliche Teile der Lehrerschaft und Studenten und schließlich die generellen Nutznießer der gesellschaftlichen Nachsicht: Künstler und Literaten." (Gehlen, zitiert bei Ulrich, ebd.). Nach Gehlen heißt es also den Bock zum Gärtner zu machen, wenn man einen Theologen einlädt, über Diskursvergiftungen durch Moralisierung und Schuld nachzudenken. Ein Blick auf die Mit-Referent*innen zeigt freilich, dass ich in guter Gesellschaft bin – auch sie träfe Gehlens Verdikt. Das reicht zumindest zur Exkulpation erster Stufe.

3 Habermas, Glauben und Wissen, 2001, 24.

begleitet, die der Plausibilitätsverlust religiöser Metaphern und Praktiken im Umgang mit Schuld bedeutet – auch hier wird ein Verlust konstatiert, insbesondere deshalb, weil angesichts der skizzierten Toxizität von Schuld (als Erfahrung und Topos) auch postsäkular-postreligiöse Gesellschaften „Orte der Exkulpation" nötig haben: „Orte und Strategien ..., an denen Ent-Schuldung möglich ist."

Diese Bemerkungen stellen vor dem Horizont der Überlegungen am Beginn einen konkreten Ausgangspunkt dar, um sich – auch in fundamentaltheologischer Perspektive – das Frageinteresse der Tagung anzueignen. Ich will dabei inversiv vorgehen und nicht beim Verlust, sondern bei der Vererbung ansetzen: Vielleicht lässt sich die reflexionsleitende Diagnose der Moralisierung anders dechiffrieren, wenn sie nicht im Licht des Verschwindens von Religion, sondern der dispersiven Präsenz ihrer Praktiken gedeutet wird – also im Licht nicht dessen, was fehlt, sondern dessen, was bleibt. Weil die Reflexion auf *moralische Schuld* historisch und systematisch nicht von der Auseinandersetzung mit der *Sünde gegen Gott* zu trennen ist, ist dafür in einem ersten Schritt zu erhellen, wie sich beide Größen einander zuordnen lassen (1). In einem zweiten Schritt wird gefragt, welche Praktiken, Topoi und Motive der christlichen Tradition im Umgang mit Schuld bzw. Fehlbarkeit – durch ihre säkularen Transformationen hindurch – auch gegenwärtig identifizierbar sind (2). Vor dem so skizzierten Hintergrund wird schließlich eine Interpretation der Moralisierungsdiagnose vorgeschlagen, die auch für die Suche nach etwaigen Antisera von Interesse sein mag (3).

1. Das diffizile Verhältnis Schuld und Sünde

Wer als christlicher Theologe von *Schuld* spricht, kommt um die *Sünde* nicht herum. So gerne man dem Topos ausweichen würde, weil er mehr Probleme mit sich zu bringen als Reflexionsperspektiven in sich zu tragen scheint: Allein die Redlichkeit gebietet sowohl die Tradition als auch jenen Schatten anzuerkennen, in denen die eigene denkerische Disziplin steht. Trotz oder wohl gerade wegen dieser prekären Geschichte ist die passgenaue Zuordnung der beiden Begriffe nicht trivial.

Zwei exemplarische Reflexionslinien zu einer solchen Zuordnung von Sünde und Schuld, wiewohl in ihren Texturen vielfältig miteinander verwoben, sollen kurz rekonstruiert werden.

1.1 *Ethisierung der Sünde: Die religiöse Zweit-Codierung moralischen Fehlens*

Ich greife eine Bemerkung von Jürgen Habermas auf, um eine erste Spur zu legen. Habermas schreibt in Bezug auf die dem Christentum vorausliegende Glaubensgeschichte Israels von einer „Moralisierung von Heil und Unheil, mit der das Judentum den Mythos überwindet"[4]. Er macht damit auf eine Form von Entmythologisierungsprozessen und Emanzipationsschüben aufmerksam, die für die Glaubensgeschichte Israels charakteristisch sind: Dass nämlich

> die Beziehung zum Göttlichen über das Verhältnis zu den Menschen führt und mit der sozialen Gerechtigkeit zusammenfällt, eben dies ist der Geist der jüdischen Bibel. Moses und die Propheten kümmern sich nicht um die Unsterblichkeit der Seele, sondern um den Armen, die Witwe, die Waise und den Fremden.[5]

Wenn etwa die prophetische Kritik an Glaubensüberzeugungen, die das rechte Gottesverhältnis an den Opferkult koppeln, auf die Einsicht zuläuft: „Liebe will ich, nicht Schlachtopfer, Gotteserkenntnis statt Brandopfer" (Hos 6,6) – dann markiert eben dies einen entscheidenden Referenzpunkt: Das Gottesverhältnis kann nicht vom Verhältnis zum Nächsten abgelöst werden. *Wer am anderen schuldig wird, d.h. den Witwen ihren Anteil vorenthält, den Waisen oder Fremden übervorteilt, wer den Bruder tötet, der versündigt sich auch gegen den Bund, den Gott und Israel geschlossen haben.* Diese Einsicht wird spätestens nach dem Babylonischen Exil in Form des *ethischen Monotheismus* Israels (Kuenen) universalisiert, d.h. vom Stammes-Ethos ins Universale skaliert, „weil über die gemeinsame Vaterschaft des einen Schöpfergottes auch der Fremde zum Bruder wird"[6]. Das Unrecht der Täter und das Blut der Opfer (gleich, woher diese kommen)[7] schreien nach und zu Gott. Aber das Problem von Recht und Unrecht reicht nicht nur an Gott heran, sondern dieser offenbart sich – in der Offenbarungsgeschichte, wie sie Israel für sich verzeichnet – unwiderruflich in *moralisch signifikante*

---

4 Habermas, Religion und nachmetaphysisches Denken, in: Ders., Nachmetaphysisches Denken II, 2012, 120-182, 152.

5 Lévinas, Eine Religion für Erwachsene, in: Ders., Schwierige Freiheit, 1992, 21-37, 32.

6 Neuhaus, Der Absolutheitsanspruch des Christentums, in: Schmidinger (Hg.), Identität und Toleranz, 2003, 115-150, 126.

7 „Seid ihr nicht wie die Kuschiten für mich, ihr Israeliten? – Spruch des Herrn. Wohl habe ich Israel aus Ägypten heraufgeführt, aber ebenso die Philister aus Kaftor und die Aramäer aus Kir" (Am 9,7).

Konstellationen eingetragen: *Er selbst* identifiziert sich mit dem Opfer, dem Armen und Benachteiligten, er *selbst* offenbart die Tora als Anweisung, in der Gottes- und Nächstenliebe verschränkt sind.

> Die Ethik ist nicht die Folge der Gottesschau, sie ist diese Schau selbst. Die Ethik ist eine Optik, so daß alles, was ich von Gott weiß, und alles, was ich von Seinem Wort hören und Ihm vernünftigerweise sagen kann, einen ethischen Ausdruck finden muß. In der Heiligen Lade, aus der Moses die Stimme Gottes hört, befinden sich lediglich die Gesetzestafeln.[8]

Folglich kann die rechte Gottesbeziehung niemals von Fragen nach Recht und Gerechtigkeit absehen – eine Einsicht, in der Soteriologie und Moral, biblisch: Heilsfragen und Gerechtigkeitsprobleme amalgamieren.

Diese Grundintuition bleibt dem Christentum erhalten, durch manche Entstellung hindurch. Sie scheint etwa da noch durch, wo etwa Anselm von Canterbury Sünde in lehnsrechtlichen Begriffen remodelliert. Auch hier ist der Konnex von moralischem Bewusstsein und religiösem Gottesverhältnis zentral: Wenn „eine jegliche Kreatur ihre eigene und ihr gleichsam vorgeschriebene Ordnung, sei es von Natur oder aus Vernunft, wahrt, so sagt man, daß sie Gott gehorche und ihn ehre, und das vornehmlich bei der vernünftigen Natur, der es gegeben ist zu verstehen, was sie soll."[9] Will und tut insbesondere die vernunftbegabte Kreatur „nicht, was sie soll, so entehrt sie Gott, soweit es an ihr liegt, weil sie sich nicht freiwillig seiner Anordnung unterwirft und die Ordnung und Schönheit des Alls, soweit es an ihr liegt, zerstört"[10]. Eben diese (sehr diffizil zu denkende) Verweigerung, das zu tun, was man soll, „nimmt Gott, was ihm gebührt, und entehrt Gott; und das heißt ‚Sündigen'."[11]

---

8 Lévinas, Eine Religion für Erwachsene, 29. – Mit diesem Gedanken „kommt der ‚Glaube' […] in die Welt, der die eigentliche, revolutionäre Neuerung des biblischen […] Monotheismus darstellt. ‚Glaube' heißt im Alten Testament dasselbe wie ‚Treue', nämlich Vertrauen in den Bund, in die Verheißungen Gottes, in den Eid, den er den Vätern geschworen hat und in die versöhnende und rechtfertigende Kraft der Gesetze. Das ist etwas völlig Neues in der damaligen Welt, das nicht in die Ordnung des Seienden, Evidenten, ‚Unverborgenen' (wie Heidegger das griechische Wort aletheia, ‚Wahrheit', deutet) gehört, sondern in die Ordnung des zu Verwirklichenden, im Tun in die Welt und an den Tag zu Bringenden." (Assmann, Exodus, 2015, 11-12).

9 Anselm, Cur Deus Homo I 15.

10 Ebd.

11 Ebd., I 11.

Auch in dieser Reformulierung bleibt die Verbindung von Heil und Moral, Gottes- und Nächstenverhältnis, kurz: von Schuld und Sünde tragend: Das Gottesverhältnis des Menschen ist mit der moralischen Agenda vermittelt, Moral ist ein Medium der rechten Gottesbeziehung. In diesem Sinn lässt sich von einer „Ethisierung der Sünde" sprechen, die invers mit einer religiösen Deutung moralischer Schuld einhergeht – freilich aber auch im schlimmsten Fall völlig davon absorbiert wird, d.h. auf ein geistliches Problem verkürzt wird. Die letzte Bemerkung deutet an, dass die Stärke des freigelegten Reflexionsschubs nicht jenseits seiner ambivalenten Geschichte bestimmt werden kann, gerade in seiner christlichen Aneignung: Johann Baptist Metz etwa hat eindrücklich darauf hingewiesen, wie rasch christliche Soteriologie im lateinischen Westen schuld- und sündenfixiert *und darin zugleich leidunsensibel wurde* – Gott blieb damit zwar weiterhin auf Konfigurationen der Gerechtigkeit bezogen, diese wurden aber auf Probleme individueller Schuld bezogen, um dabei wiederum vom Sündenmotiv absorbiert zu werden.[12]

1.2 *Existentialisierung der Sünde: Ein Bewusstsein für grundsätzliche Fehlbarkeit*[13]

Eine anders akzentuierte Perspektive auf die Frage, wie das Verhältnis von Sünde und Schuld zu bestimmen ist, erhält man, wenn man Sünde besonders im Kontext der Reflexionen auf das sog. *peccatum originale* nicht über spezifisch moralische Forderungen aufschlüsselt, sondern existential auslegt: als Modus der *conditio humana*. In dieser Lesart ist sie nicht etwas am Menschen, ein spezifisches Ergebnis bzw. eine Qualität seiner Handlungen, sondern ein (kontingentes, aber unhintergehbares) Apriori menschlichen Daseins. Im Rahmen einer Tagung in einer evangelischen Akademie

12 „Das Christentum verwandelte sich aus einer Leidensmoral in eine extrem individualisierte Sündenmoral, aus einem leidempfindlichen Christentum wurde zu sehr ein sündenempfindliches. Nicht dem Leid der Kreatur galt die primäre Aufmerksamkeit, sondern ihrer Schuld. Christliche Verkündigung wurde vor allem zu einer Heuristik der Schuldgefühle und der Sündenangst. Das lähmte ihre Empfindlichkeit für das Leid der Gerechten und verdüsterte die biblische Vision von der großen Gottesgerechtigkeit, der doch aller Hunger und Durst zu gelten hätte." (Metz, Theodizee-empfindliche Gottesrede, in: Ders. (Hg.), „Landschaft aus Schreien", Mainz 1995, 81-102, 87).

13 Zur Deutung von Erbsünde als einem theologischen „Code der Fehlbarkeit", vgl. Boureux, Christophe/Theobald, Christoph (Hg.), Die Erbsünde: Ein Code der Fehlbarkeit?, Concilium 1/2004.

bietet es sich an, Luther heranzuziehen, um dieses Sündenverständnis zu profilieren; aber man kann – gerade um Konvergenzen der Konfessionen zumindest zu skizzieren – auch auf Thomas von Aquin zurückgreifen.

Thomas deutet das sog. *peccatum originale* als grundsätzliche, von Adams Sünde vermittelte „Abwendung des Willens von Gott“[14] bzw. eine „grundlegende Abgekehrtheit des menschlichen Geistes von Gott“[15]. Diese Abkehr von Gott als des um seiner selbst willen angestrebten *summum et ultimum bonum* konvergiert mit einer Hinkehr *ad bonum commutabile*[16], hat ihr Prinzip aber in einem ungeordneten „Hingekehrtsein des Menschen zu sich selbst“[17]. Tatsächlich ist in der infralapsarisch konstitutionell gewordenen *conversio ad seipsum* das ungeordnete Begehren nach eigener Großartigkeit (*inordinatus appetitus propriae excellentiae*)[18] der Maßstab für alles Tun und Lassen: Von diesem Begehren getrieben ist nicht mehr Gott, sondern das eigene Ego das *summum bonum* der eigenen Existenz und ist für Thomas „offenbar, daß die ungeregelte [!] Selbstliebe die Ursache jeder [!] Sünde ist.“[19] In der Fluchtlinie dieser Überlegung ist der Gegenbegriff zur Sünde nicht primär das moralisch qualifizierte Tun des Rechten, es ist auch „notwendigerweise nicht die [moralische] Tugend, sondern der Glaube“[20], das heißt: die gnadenvermittelte Rückwendung zu Gott. Diese (hier nur angedeutete) Reflexionslinie setzt damit einen anderen Akzent als die vorhin skizzierte Ethisierung der Sünde: Sünde ist da zu identifizieren, wo man nicht aus dem Vertrauen auf Gott und sein Wort lebt, sondern *in sich gekrümmt* (Luther) existiert, insofern man von der *Angst um sich selbst* (Kierkegaard), der *Begierde nach eigener Großartigkeit* (Thomas) und Ähnlichem beherrscht wird.

Freilich ist der Bezug zu moralischer Schuld nicht völlig getilgt, Sünde erscheint vielmehr als das heimliche Apriori der Unmoral: Das *peccatum originale*, so ließe sich grob formulieren, ist nicht mit persönlicher moralischer Schuld identisch, sondern ein (durchaus nicht leicht zu erhellendes) grundsätzliches Fehlen vertrauensvoller Gottesorientierung in der eigenen

---

14 Von Aquin, STh I II q82 a3 corp.

15 Pesch, Thomas von Aquin, 1995, 273.

16 U.a. STh I II q82 a3 corp.

17 Pesch, Thomas von Aquin, 1995, 274. Darin „liebt eben der Mensch sich selbst, daß er seine eigene Auszeichnung will; denn ‚sich lieben‘ heißt ‚sich selber Gutes wollen.‘ Also ist es dasselbe, als Anfang der Sünde zu setzen den Stolz oder die ungeregelte Selbstliebe.“ (STh I II q84 a2 ad3).

18 STh I II q84 a2 corp.

19 STh I II q77 a4 corp.

20 Drewermann, Sünde, in: Neues Handbuch theologischer Grundbegriffe, 1991, 86-93, 91.

Existenz (*peccatum*), das moralisch schuldhaftes Verhalten (*culpa*) motiviert bzw. dazu disponiert.[21] Auch dieser Reflexionsschub ist nicht jenseits seiner Dialektik zu verstehen: Zwar mag man die Loslösung des Sündendiskurses aus seiner moralischen Sklerose, die die Ethisierung der Sünde vielfach realgeschichtlich bedeutete, als Fortschritt deuten; in der eben umrissenen Variante der Existentialisierung wird sie aber um den Preis eines theologisch-anthropologischen Pessimismus erkauft, der auch in nicht-religiösen Kontexten schlagend wird und seine neurotischen Wirkungen überall zu entfalten vermochte.

Damit deuten sich zwei Akzente im Begriff der Sünde an, die unterschiedliche Distanzen zu einem Begriff moralischer Schuld bedeuten. Von ihnen aus ergeben sich unterschiedliche Praktiken, Schuld zu bearbeiten – oder anders: Es gibt wohl kaum eine religiöse Praxis, die nicht auch im Horizont des Bewusstseins konkreten eigenen Fehlens oder eigener grundsätzlicher Fehlbarkeit verstanden wurde – selbst wenn man normativ Bedenken anmelden mag. Die Anmerkungen zu verschiedenen konzeptuellen Strängen des Sündenbegriffs bilden den größeren Horizont für Überlegungen zu Schuldbearbeitungspraktiken im folgenden Punkt.

2. *Bearbeitungsformen von Fehlen und Fehlbarkeit in Prozessen religiöser Dispersion*

Welche *Bearbeitungsformen für Sünde* kennt das Christentum, die sich durch die Transformation von Sünde (gegen Gott) in Schuld (gegen endliche Größen) hindurch in Praktiken des Umgangs mit eigenem Fehlen bzw. eigener Fehlbarkeit wiederfinden?

Zweierlei scheint im Blick auf diese Frage offenkundig: Zum einen, dass angesichts der geschichtlichen Vielfalt solcher Praktiken ein systematischer Zugriff in diesem Rahmen keine sinnvolle Option darstellt; zum anderen, dass sich in der Regel keine direkten Erbschaftsverhältnisse entziffern lassen, sondern Prozesse religiöser Dispersion in Rechnung zu stellen sind: Religiöse Dispersion meint

---

21 Sünde ist folglich Gottesferne, aber daraus folgt weder die völlige Abwesenheit von moralischem Bewusstsein (wie bei Thomas die *lex naturalis* belegt) noch von moralischem Handeln. Das *peccatum originale* indiziert gleichsam ein Fehlen Gottes in der Existenz des Menschen, aber nicht aller Moral, auch wenn es für Unmoral disponiert. Die Spannungen, die diese Position erzeugt, ist evident. Entsprechend lässt sich der Begriff mit dem Motiv *moralischer Fehlbarkeit* koppeln.

> die Brechung und Zerlegung religiöser Gehalte beim Auftreffen auf säkulare Felder, ihre Vermischung mit anderen Mustern der Weltdeutung und -gestaltung, ihre Überführung in andere Formen und Formate, die nicht restlos rückgängig gemacht werden können.[22]

Beide Überlegungen legen den Rückgriff auf assoziative, essayistische Reflexionsformen nahe.

2.1 *Sündenspiegel, Bußpraktiken und Techniken des Selbst*

Nähert man sich der Frage nach dem Umgang mit Schuld primär von dem her, was oben als *Ethisierung der Sünde* firmierte, so zeigt sich *in religionssoziologischer Perspektive* ein reiches Spektrum an Bearbeitungsvarianten. Bereits eine kurze, rein assoziative Reihung etwa im Blick auf Bußpraktiken deutet das an: Schuld (eigene wie fremde) kann in monastischer Seelenführung thematisiert oder Verhör ähnlichen Beichten identifiziert werden; man kann sich selbst oder andere in täglichen Gewissenserforschungen und harmatologischen Introspektionen skrupulös dafür sensibilisieren und seine Wahrnehmung mit Hilfe von Sündenspiegeln verfeinern; man kann sie denkerisch adressieren, indem man sie kategorisiert und typisiert oder kasuistisch klein arbeitet; sie kann bereut und in öffentlicher *confessio* oder (geschichtlich später) in einer Ohrenbeichte bekannt werden; sie kann mit einer (Kirchen-)Strafe sanktioniert sein, aus Barmherzigkeit verziehen und/oder mit angemessener Wiedergutmachung gesühnt werden; zudem können feinsäuberliche Besserungs- und Optimierungsprogramme ausgelesen werden – und in bestimmter Hinsicht mag sogar ihr Lob gesungen werden: *felix culpa!*

All das ist im Kontext christlicher, zumal: katholischer Bußpraktiken, bekannt. Michel Foucault hat nicht als einziger, aber sicherlich äußerst prominent dafür sensibilisiert, dass diese Praktiken zwar stets auch Techniken der Macht waren, die sich so in Selbstverhältnisse einschrieb und sich dort stabilisierte. Begreift man sie aber „auf ziemlich spontane Weise [ausschließlich] als Gesetz, als Verbot, als Absperrung und Unterdrückung, [so hat man] sich damit selbst der Waffen beraubt, ihre positiven Mechanismen und Wirkungen zu verfolgen."[23] Sie versprechen uns Auskunft da-

22 Höhn, Postsäkular, 34; vgl. auch ders.: Zerstreuungen, in: Striet (Hg.), „Nicht außerhalb der Welt", 2014, 155-179.

23 Foucault, Das Abendland und die Wahrheit des Sexes, in: Ders., Botschaften der Macht, 1999, 127-139, 132.

rüber, „was mit uns los ist."[24] Anders formuliert: Man hat es mit Praktiken der Macht zu tun, die ineins produktive Techniken des Selbst sind, mit deren Hilfe sich Identitäten und Subjektivitäten symbolisch auszudifferenzieren vermögen. Theologisch unsauber ließe sich sagen: Sünde wird in dieser Lesart als Topos ansichtig, anhand dessen sich dechiffrieren lässt, was es mit der eigenen Existenz auf sich hat und wie es um einen steht, d.h. es ist ein Medium, eigene Identität zu fassen und zu entwickeln. Das Versprechen, das darin liegt, ist säkular anschlussfähig, sodass diese Techniken (nicht nur, aber wesentlich über das Motivgeflecht von Schuld, Verfehlung, Fehlbarkeit) ins Säkulare einwandern – ganz im Sinn der eingangs zitierten Dispersion. So wird etwa das, was einst Gewissenserforschung war, um den eigenen soteriologischen Identitätsstatus zu bestimmen, nun – im Blick auf ein säkulares Äquivalent von Heil, nämlich körperliche Fitness – von Apps übernommen: Sie zählen unsere Schritte, notieren die Kalorien unserer Nahrungsaufnahme und agieren dabei wie ein Beichtvater: Sie wollen wissen, sind durchaus verständnisvoll, loben beizeiten, legen aber auch Buße auf, wenn wir „gefehlt" haben. Ähnliche Muster lassen sich auch an anderen säkularen Substituten religiös bestimmten Heils nachvollziehen, etwa im Blick auf Gesundheit oder Ernährung: Vegane Einkaufsguides, Apps für CO_2-Berechnungen, Strichcode-Checks mit Hinweisen zu ökologischen Fußabdrücken u.a.m. wollen nicht nur einen Unterschied in der Welt bewirken, sondern helfen auch, eigene Moralität zu managen und darüber seine eigene Identität zu konstruieren.

Ein zweiter Gesichtspunkt ist zu notieren: Die forcierte Auseinandersetzung mit eigenem Fehlen lässt sich zugleich und ineins als Ressource für Distinktionsgewinne in einer *Gesellschaft der Singularitäten* (Reckwitz) verstehen, als *symbolisches Kapital* (Bourdieu). Viktoriabarsch aufzutischen, ein Smartphone einer bestimmten Marke zu kaufen oder die sprachlich unveränderte Version von Pippi Langstrumpf zu lesen: All das kann, gerade insofern moralisch relevante Probleme damit verbunden werden, in entsprechenden Milieus ein gesellschaftlicher Fauxpas sein – während umgekehrt das Wissen darum eine Möglichkeit sein kann, die eigene Identität sozial positiv zu besetzen. Es verwundert daher nicht, dass moralische Positionierungen (vielleicht besonders in Postwachstumsgesellschaften)[25] ein vorzügliches Medium von *identity politics* sind – auch wenn die soziale

---

24 Ebd., 129.

25 Die Klammer reflektiert die Vermutung, dass moralische Positionierungen vielleicht gerade dort an (Identitäts-)Relevanz gewinnen, wo sich ein Bewusstsein entwickelt, dass ein (wesentlich ökonomisch unterfütterter!) allgemeiner Fortschritt langfristig dem moralisch Richtigen nicht zum Durchbruch verhelfen werde –

Funktion keinen Aufschluss über die darin verhandelten normativen Fragen verspricht.

2.2 *Authentizität als last line of moral defense*

Die oben gelisteten Anmerkungen – bezogen auf Neuformatierungen von Praktiken, die in ganz unterschiedlichem Sinn mit eigenem Fehlen konfrontieren bzw. den Umgang mit eigener Fehlbarkeit anleiten – waren keineswegs ausschließlich auf Moral bezogen. Das gilt auch für den folgenden Topos nicht, auch wenn die Verbindung insbesondere deshalb enger sein mag, weil das Moment moralischer Exkulpation entscheidend ist. Es geht um jene „Tugend", die gegenwärtig (so etwa Thomas Bauer) „immer mehr als höchstes Ideal geglaubt wird"[26]: Authentizität.

Die Qualifikation als Tugend korrespondiert mit Analysen von „Authentizität" als moralischem Ideal, die Charles Taylor Ende der 1980er vorgelegt hat.[27] Taylor identifiziert dieses Ideal im 18. Jahrhundert, als in der Romantik die Idee auftaucht, Moral habe „in gewissem Sinne eine innere Stimme"[28] – und zwar eine, die bei jedem Menschen einzigartig sei: „Jeder Mensch", so zitiert Taylor den grundlegenden Gedanken bei Johann Gottfried Herder, „hat ein eigenes Maß, gleichsam eine eigene Stimmung aller seiner sinnlichen Gefühle zu einander."[29] Dieses Gestimmtsein liefert den Maßstab für das eigene Tun und Lassen, präziser: Es wird zur entscheidenden Aufgabe, gemäß diesem eigenen Maßstab zu leben, d.h. man selbst zu sein. Oder frei mit Goethe formuliert: „Ich bin nun, wie ich bin; So nimm mich nur hin!"

Auf diese Weise – und das ist in diesem Kontext von Interesse – wird Authentizität zu einem säkular-soteriologischen Index (insofern sie Gegenpol zu Erfahrungen von Uneigentlichkeit ist)[30] und ineins ein moralischer

und zwar deshalb nicht, weil Fortschritt nicht per se diese Effekte hat und entsprechendes Wachstum abnimmt. Moralisierung wäre so als Nebeneffekt von verschärften ökonomisch grundierten Verteilungskonflikten zu deuten.

26 Bauer, Die Vereindeutigung der Welt, ^{5}2018, 68.

27 Vgl. Taylor, Charles, Das Unbehagen an der Moderne. Frankfurt am Main 1995, 34-39.

28 Ebd., 34.

29 Ebd., 38.

30 Vgl. entsprechende Überlegungen zu *Leidenschaft* als einer zweiten zentralen Sekundärtugend der reflexiven Moderne, die ähnliche Funktionen wie Authentizität erfüllt: Dürnberger, Leidenschaftliches Zeugnis! in: Marschler/von Stosch (Hg), Verlorene Strahlkraft. 2018, 103-115, hier: 106-110.

Exkulpationstopos. Thomas Bauer hat das nicht ohne Sarkasmus am Beispiel des Beleidigens illustriert: Es ist bemerkenswert,

> dass eine authentische Äußerung des Beleidigens – und authentisch ist sie ohne Frage – heute oft das gute Gewissen [!] auf ihrer Seite hat. Immerhin war der Schreiber einer Hassmail bei ihrer Abfassung völlig mit sich selbst im Einklang und hat sich nicht durch kulturelle Zwänge verbiegen lassen.[31]

Kurzum: Authentizität entschuldigt, was man getan hat – sie trägt gewissermaßen ihre eigene Vergebung in sich: Wer sich selbst treu ist, hat nichts zu bereuen, *je ne regrette rien*. Ein literarisches Beispiel, das diesen Mechanismus reflektiert und zugleich wenn schon nicht biblisches Unterfutter, so doch zumindest einen biblischen Bezugspunkt dieses Motivs sichtbar macht, findet sich bei Lew Tolstoi: Lebemänner und

> Zechbrüder, diese männlichen Magdalenen, haben insgeheim ein Bewusstsein ihrer Unschuld, genauso wie es die weiblichen Magdalenen haben, ein Gefühl, das auf derselben Hoffnung auf Vergebung beruht. ‚Ihr sind viele Sünden vergeben, denn sie hat viel geliebt, und auch ihm wird alles vergeben, denn er hat sich viel amüsiert.'[32]

Fürst Anatol, dessen Reflexionen hier nachgezeichnet werden, versteht sich als Lebemann in diesem Sinn: Das „einzige, was er liebte, waren sein Vergnügen und Frauen"[33] – wobei er „instinktiv, von Natur aus überzeugt [war], dass er unmöglich anders leben könne, als er eben lebe, und dass er nie im Leben irgendetwas Schlechtes getan habe."[34] Hier hört man das eigene Maß, von dem Herder spricht – und sieht die Idee auf einem biblischen Hintergrund transparent, nämlich die Figur der Maria von Magdala, die die katholische Tradition mit der „großen Sünderin" in Lk 7,36-50 verband: „Ihr sind ihre vielen Sünden vergeben, weil sie viel geliebt hat." (Lk 7,47) Dabei ist nicht nur der Umstand, dass *geliebt* wird, rechtfertigend wirksam (ein Motiv, das in Augustinus' berühmter Sentenz durchschimmert: *Liebe und tu was du willst*)[35]; sondern nicht zuletzt auch die *Form der Aufrichtigkeit*, die Kongruenz von Innen und Außen darin. Zwar mag Tay-

---

31 Bauer, Vereindeutigung, 70.

32 Tolstoi, Lew, Krieg und Frieden. Übersetzt von Barbara Conrad, München ²2013, 995.

33 Ebd.

34 Ebd., 994-995.

35 Der entscheidende Punkt, den Augustinus mit dieser Aussage im Kontext seiner Auslegung des 1. Johannesbriefs machen möchte (In epistulam Ioannis ad Par-

lor recht haben, dass Authentizität als zentrales moralisches Ideal erst neuzeitlich destilliert wird[36] – aber die Maische war ideengeschichtlich sehr viel länger aufbereitet: Wenn man Gott nicht belügen und nichts vormachen kann, dann ist ein Habitus der Aufrichtigkeit Gott gegenüber ein erstrebenswertes Ideal, das gerade darin realisiert wird, dass man sich selbst nichts vormacht und kongruent auftritt: *Das Ja soll ein Ja, das Nein ein Nein sein* (vgl. Mt 5,37). Wenn neutestamentliche Schriften diffuse Lauheit mehr als konkrete Fehler problematisieren (vgl. Off 3,16), wenn sie pharisäische Doppelmoral und Heuchelei, kurz: moralische Inkongruenz zwischen Innen und Außen brandmarken, dann wird invers ein Ideal von Aufrichtigkeit und Wahrhaftigkeit sichtbar. Kurzum: Es scheint nicht vergebens, Antizipationen dieses Ideals gerade in religiöser Subjektivität zu suchen – und den Exkulpationstopos, der im moralischen Ideal der „Authentizität" liegt, auch in Begriffen religiöser Dispersion verständlich zu machen.[37]

Diese assoziativen Passagen wollten weder Originalitätsansprüche anmelden (‚Das Christentum hat diese Praktiken allesamt erfunden') noch Selbstanklage erheben (‚Das Christentum ist schuld an der Dauerpräsenz der Moral') – diese „Dinge sind feiner gesponnen, als grobe Hände ahnen"[38], das Hantieren mit monolithischen Begriffen und monokausalen Herleitungen trägt hier nichts aus. Vielmehr versuchten sie nachzuzeichnen, welche Praktiken des Umgangs mit eigenem Fehlen bzw. eigener Fehlbarkeit auch gegenwärtig exemplarisch identifizierbar sind, in denen Erbgut der christlichen Tradition stecken mag.

3. *Die Soteriologisierung der Moral als Inversion der Moralisierung des Heils*

Wenn der letzte Punkt das Augenmerk weniger auf *Verlustgeschichten* als auf *Vererbungsverhältnisse* gelegt hatte, dann war dies der Intuition geschuldet, dass die Eingangsdiagnose vielleicht anders lesbar wird, wenn sie nicht

---

thos. Tractatus VII, 8), zielt auf den Umstand, dass der äußere Anschein kein Urteil über moralische Qualität erlaubt; auch hier ist also eine Innen-Außen-Inkongruenz der Anlassfall der Reflexion, auch wenn der leitende Gesichtspunkt von Augustinus nicht die Übereinstimmung mit sich selbst, sondern die Orientierung an der Leitlinie der Liebe ist.

36 Taylor, Unbehagen, 38.

37 Über damit verbundene Probleme wäre eigens zu referieren, vgl. etwa Bauer, Vereindeutigung.

38 Wittgenstein, Bemerkungen über die Grundlagen der Mathematik, 1984, VII-57.

allein von möglichen Leerstellen her verstanden wird. Tritt man nun einen Schritt zurück, stellt sich die Frage, ob sich in den assoziativen Erkundungen religiöser Dispersion Muster finden lassen, um das Phänomen besser zu verstehen.

Vor dem Hintergrund der bisherigen Erläuterungen ließe sich etwa zu heuristischen Zwecken die These formulieren, dass vor allem die *Ethisierung der Sünde* eine *Moralisierung der Heilsfrage* bedeutete, die eine *Soteriologisierung der Moral* begünstigte oder beförderte, die heute noch wirksam ist; vielleicht ist das die geheime Dynamik in jenen Gemengelagen, die die Tagungsorganisatoren im Blick haben: *die soteriologische Aufladung der Moral.* Dieser *spin* mag erklären, warum moralische Fragen *mit heiligem Ernst* betrieben werden, insofern mit ihnen – zumindest unter bestimmten Bedingungen[39] – Wohl und Wehe von Identitäten verbunden scheint: Die Akzeptabilität von Identität ist mit Moralität vermittelt. In einem evangelischen Tagungshaus liegt es nahe, dieses Denken als Fortschreibung von *Werkgerechtigkeit* zu deuten und entsprechende Überforderungs- und Erschöpfungssymptome zu vermuten, die damit einhergehen. Wenn diese Interpretation jener Symptome, die die Tagung in den Blick nehmen soll, zutrifft, dann wäre die eigentliche Herausforderung vielleicht nicht so sehr nach säkular anschlussfähigen Reaktualisierungen einst akzeptabler Schuldbearbeitungsformularen zu fragen, sondern vielmehr den zugrundeliegenden Mechanismus einer quasi-soteriologischen Aufladung der Moral in Frage zu stellen – und das heißt: *eine Stufe zuvor Möglichkeiten zu identifizieren, die soteriologische Identitätsbestimmungen qua moralischer Positionierung bzw. Handlung in Frage stellen, aufbrechen oder relativieren.*

Ich möchte abschließend dazu zumindest eine kleine Überlegung anstellen, weil sich Möglichkeiten dazu prominent auch in der eigenen Tradition finden, was in einem evangelischen Haus freilich nicht überraschen wird. Ich will aber nicht der Lutherschen Aufsprengung von heilvoller Identität und moralischer Leistung nachgehen, sondern eine andere Spur aufnehmen. Sie führt zu einem Zentraltopos der christlichen Tradition, wenn es um Exkulpation geht: den Kreuzestod. Im Tod am Kreuz, so eine lange (und problematische) vulgär-satisfaktionstheoretische Tradition, werden Sünde und Schuld des Menschen final dadurch bearbeitet, dass Gott sie in Jesus auf sich nimmt. Diese Deutung des Kreuzestodes ist ein exemplarischer Exkulpationstopos, der freilich auch aus theologischer Sicht eine Reihe von Problemen mit sich bringt. Lévinas etwa hat festgehalten, dass

39 Vgl. die Analysen Bernd Ulrichs im eingangs zitierten Beitrag, vgl. die Vermutung in Fußnote 26.

mir zwar die „meinem Nächsten verschaffte Gerechtigkeit [...] unaufhebbare Nähe zu Gott"[40] schenkt, Gott aber nicht magisch mein Unrecht gegen den Nächsten zum Verschwinden bringt:

> Das Böse ist kein mystisches Prinzip, das sich durch einen Ritus auslöschen läßt, es ist eine Beleidigung, die der Mensch dem Menschen antut. Niemand, nicht einmal Gott, kann sich an die Stelle des Opfers setzen. Die Welt, in der die Vergebung allmächtig ist, wird unmenschlich.[41]

Die Anfragen verlangen zurecht nach neuen Interpretationen, wie die Versöhnung zwischen Täter und Opfer (über eine dritte, göttliche Größe vermittelt) gedacht werden kann. Vorschläge dazu liegen vor, entscheidender als diese zu sichten scheint mir in diesem Zusammenhang aber ein Gedanke, den die Kritik m.E. nicht trifft, weil er der problematischen Deutung des Kreuzestodes logisch vorausliegt: die Differenz von Schuld und Schuldigem. Wenn Gott, wie die grobe Lesart behauptet, menschliche Schuld auf sich zu nehmen vermag, dann ist darin eine Differenz von Schuld und Schuldigem vorausgesetzt. Das mag der eigentlich entscheidende, der starke Gedanke darin zu sein, der säkular anschlussfähig, gleichwohl nicht selbstverständlich, sondern erneuerungsbedürftig ist: Dass der Täter nicht restlos in seiner Tat aufgeht, dass im Guten wie im Schlechten eine Differenz zwischen Identität und Moralität bleibt.[42]

Auch die Erinnerung daran ist nicht davor gefeit, mit paternalistischem Gestus vorgetragen zu werden, auch mit ihr lässt sich noch trefflich moralisieren, auch sie wird die Diskurstemperaturen, welche die Moralisierung

---

40 Lévinas, Religion für Erwachsene, 30. Im Kontext: „Die dem Anderen, meinem Nächsten verschaffte Gerechtigkeit schenkt mir eine unaufhebbare Nähe zu Gott. Sie ist so innig wie das Gebet und die Liturgie, die ohne Gerechtigkeit nichts sind. Gott kann aus Händen, die Gewalt ausgeübt haben, nichts empfangen. Der Fromme, das ist der Gerechte." (Ebd., 30.).

41 Ebd., 33. Moralische Schuld ist eben, wie Kant notiert hat, „keine *transmissible* Verbindlichkeit [wie es der Geldschuld ist, für die ein Dritter haften mag], [...] sondern sie ist die *allerpersönlichste*, nämlich eine Sündenschuld, die nur der Strafbare, nicht der Unschuldige [...] tragen kann." (Kant, Immanuel, Religion innerhalb der Grenzen der bloßen Vernunft (Kant Werke, Band 7; hg. von Wilhelm Weischedel), Darmstadt 1981, 726).

42 Augustinus hat dazu eine klassische Formulierung geliefert: „*Noli in homine amare errorem, sed hominem: hominem enim Deus fecit, errorem ipse homo fecit.*" (Augustinus, In epistulam Ioannis ad Parthos. Tractatus VII, 11). Die schöpfungstheologische Grundierung des Gedankens ist sprechend, sie deutet an, dass der Gedanke im Kontext des Menschenwürde-Diskurses zu situieren ist.

hochtreibt, nicht auf Knopfdruck reduzieren. Aber wenn keine Klimaanlage installiert ist, muss man sich manchmal mit Fächern behelfen – und vielleicht taugt der Gedanke, um sich hin und wieder ein wenig kühle Luft zuzufächeln.

Literaturverzeichnis

Aquin, Thomas von, Summa Theologiae I-II q. 71-114 (Ed. Leonina 8), 1892.

Assmann, Jan, Exodus. Die Revolution der Alten Welt, München 2015.

Augustin, In epistulam Ioannis ad Parthos. Tractatus VII, 8, zitiert nach: Opera Omnia (Editio Parisina Altera 3.2), Paris 1937.

Bauer, Thomas, Die Vereindeutigung der Welt. Über den Verlust an Mehrdeutigkeit und Vielfalt, Stuttgart [5]2018.

Boureux, Christophe/Theobald, Christoph (Hg.), Die Erbsünde: Ein Code der Fehlbarkeit?, Concilium 1/2004.

Canterbury, Anselm von, Cur Deus Homo. Übersetzt von Hans Zimmermann (Görlitz 2006), online unter: http://12koerbe.de/pan/curdeus.htm#CAPITULA [23.3.2018]

Drewermann, Eugen, Sünde, in: Neues Handbuch theologischer Grundbegriffe. Erweiterte Neu-ausgabe, hg. von Peter Eicher (Band 5), München 1991, 86-93.

Dürnberger, Martin, Leidenschaftliches Zeugnis! Reflexionen auf ein Leitmotiv nachvolkskirchlichen Christseins, in: Marschler, Thomas/von Stosch, Klaus (Hg)., Verlorene Strahlkraft. Welches Glaubenszeugnis heute gefragt ist (Theologie kontrovers), Freiburg/Basel/Wien 2018, 103-115.

Foucault, Michel, Das Abendland und die Wahrheit des Sexes, in: Ders., Botschaften der Macht. Der Foucault-Reader, hg. von Jan Engelmann, Stuttgart 1999, 127-139.

Habermas, Jürgen, Glauben und Wissen, Frankfurt am Main 2001.

–, Religion und nachmetaphysisches Denken. Eine Replik, in: Ders., Nachmetaphysisches Denken II. Aufsätze und Repliken, Frankfurt am Main 2012, 120-182.

Höhn, Hans-Joachim, Postsäkular. Gesellschaft im Umbruch – Religion im Wandel, Paderborn 2007, 34;

–, Zerstreuungen. Religiöse Dispersionen innerhalb und außerhalb der Kirche, in: Striet, Magnus (Hg.), „Nicht außerhalb der Welt". Theologie und Soziologie, Freiburg/Basel/Wien 2014, 155-179.

Kant, Immanuel, Religion innerhalb der Grenzen der bloßen Vernunft (Kant Werke, Band 7; hg. von Wilhelm Weischedel), Darmstadt 1981.

Lévinas, Emmanuel, Eine Religion für Erwachsene, in: Ders., Schwierige Freiheit. Versuch über das Judentum, Frankfurt am Main 1992, 21-37.

Metz, Johann-Baptist, Theodizee-empfindliche Gottesrede, in: Ders. (Hg.), „Landschaft aus Schreien". Zur Dramatik der Theodizeefrage, Mainz 1995, 81-102.

Neuhaus, Gerd, Der Absolutheitsanspruch des Christentums, in: Schmidinger, Heinrich (Hg.), Identität und Toleranz (Salzburger Hochschulwochen 2003), Innsbruck/Wien 2003, 115-150.

Pesch, Otto Hermann, Thomas von Aquin. Grenze und Größe mittelalterlicher Theologie, Mainz [3]1995.

Taylor, Charles, Das Unbehagen an der Moderne. Frankfurt am Main 1995.

Tolstoi, Lew, Krieg und Frieden. Übersetzt von Barbara Conrad, München [2]2013.

Ulrich, Bernd, Weniger Moral, mehr Politik!, online unter: https://www.zeit.de/2018/37/moral-hypermoral-ideologiekritik-arnold-gehlen/komplettansicht [letzter Abruf: 17.9.2018].

Wittgenstein, Ludwig, Bemerkungen über die Grundlagen der Mathematik, Frankfurt am Main 1984.

Machina Culpa.
Narrative und Strategien technischer Exkulpation

Stefan Rieger

> „The machine develops an uncanny canniness."[1]
> „Der Soziologe Zygmunt Bauman sprach in diesem Zusammenhang von ‚Adiaphorisierung' (Baumann & Lyon 2013, 165), womit er die Befreiung des eigenen Handelns von moralischen Bedenken durch technische Geräte meinte."[2]

1. *Don't put the blame on me*

Schuld sind immer die Anderen. Dieser einfache Befund fasst ein Bündel an Redestrategien zusammen, mit denen Menschen Vorwürfe von sich weisen und Verantwortung zu delegieren suchen. Ein bevorzugter Ort solcher Strategien ist das Gericht, das der Exkulpation eine nachgerade ideale, weil institutionalisierte Bühne bereitet. Weil Schuld dort straf- oder zivilrechtlich nach bestimmten Verfahren reguliert und mit bestimmten Konsequenzen sanktioniert wird, sind die Einsätze entsprechend hoch. Etwas nicht gewollt oder nicht gewusst zu haben, etwas nicht in seiner Konsequenz absehen gekonnt oder sich nicht im Vollbesitz seiner geistigen Kräfte befunden zu haben, fehlgeleitet oder gar angestiftet gewesen zu sein und daher nur als Mitläufer eine verminderte Verantwortung zu übernehmen – all das sind Strategien, mit denen Menschen im sozialen Gefüge ihrer

---

1 Wiener, God and Golem, 1963, 21.
2 Selke, Vom vermessenen zum verbesserten Menschen?, in Beinsteiner/Kohn (Hg.), Körperphantasien 2016, 131-151, hier: 142.

Handlungen Verantwortung für diese gewichten, relativieren, mindern, weiterleiten und von sich abzuwenden suchen.

Aber es kommen nicht nur andere Menschen oder eigene Unzulänglichkeiten als Instanzen der Entschuldung in Betracht. Vielmehr haben solche Delegationsstrategien neue Akteure bekommen. Nicht zuletzt gefördert durch Theorieangebote wie die Actor-Network-Theory Bruno Latours, den agentiellen Realismus Karen Barads oder den kritischen Posthumanismus Rosi Braidottis wird mit der dort propagierten Handlungsmacht nichtmenschlicher Agenten die Rolle von Tieren, Pflanzen, von Gegenständen, Objekten, Dingen und selbst von Materialien virulent.[3] Deren Rechts- und Schuldfähigkeit werden zunehmend diskutiert – und stellen dabei nicht mehr nur skurrile Episoden aus dem reichhaltigen Fundus der Kultur- und Rechtgeschichte zur Verfügung.[4] Im Fall der Tiere waren es die mittelalterlichen Tierrechtsprozesse, also angeklagte, abgeurteilte und entsprechend abgestrafte Kreaturen, deren Überlieferungen uns heute eher als Relikt eigentümlicher Rechtsordnungen anmuten als zu einem systematischen Nachdenken über mögliche Protagonisten von Schuld anzuregen.[5]

Solche Rückblicke verlieren vor dem Hintergrund technischer Entwicklungen den Anschein des Absurden und historisch Überkommenen. Artefakte, die mit dem Zugeständnis von Autonomie versehen und nachgerade symbiotisch in die Lebenswelt integriert werden, stellen eine immer brisanter werdende Aktualisierung der Schuldzuschreibung dar.[6] Zu diesen Artefakten zählen verstärkt auch kollektive Akteure, intelligente technische Agenten und mediale Infrastrukturen wie das Internet, das verstärkt in den Fokus von Schuldzuschreibungen gerät (Cyberkriminalität).[7] Im soziotechnischen Geflecht reagiert die Rechtsprechung nicht nur nachträg-

3 Dazu stellvertretend Teubner, Elektronische Agenten und große Menschenaffen, in: Zeitschrift für Rechtssoziologie, 27/1, 2006, 5-30, sowie Lash, Objekte, die urteilen: Latours Parlament der Dinge, online unter http://eipcp.net/transversal/0107/lash/de (letzter Zugriff: 25.08.13).

4 Zum Spektrum möglicher Strafnehmer vgl. von Hentig, Die Strafe, 1954.

5 Zur Tradition der Tierprozesse vgl. etwa Michael Fischer, Personifizierung, Objektivierung und die Logik der Kontrolle, in: Rehberg/ DGS (Hg.), Die Natur der Gesellschaft, 2008, 5151-5168.

6 Dazu Gaggioli u.a. (Hg.), Human Computer Confluence, 2016 sowie Ferreira u.a. (Hg.), A World with Robots, 2017.

7 Vgl. dazu Wieland, (Hg.), Die moralische Verantwortung kollektiver Akteure, 2011, sowie Gleß und Weigend, Intelligente Agenten und das Strafrecht, in: Zeitschrift für die gesamte Strafrechtswissenschaft, 126, 2014, 561-591, sowie Sosnitza, Das Internet der Dinge – Herausforderung oder gewohntes Terrain für das Zivilrecht?, in: Computer und Recht, 2016, 764-772.

lich und mit einer durchaus sachdienlichen Verzögerung auf Entwicklungen, die von der Technik vorgegeben werden, sie ist selbst an deren Figurierung beteiligt.[8]

2. *Wesen, Wesen, seid's gewesen*

In welcher Form also sollen Verhältnisse geregelt werden, die Artefakte mit Menschen verbinden? Diese Verhältnisse sind vielfältig, kaum mehr zu übersehen und machen eines deutlich: dass sie sich schon seit geraumer Zeit nicht mehr in der Logik willfähriger Werkzeuge und ihrer Dienstbarkeit beschreiben lassen. Die Dinge sind dem Menschen entglitten, liegen nicht mehr in seiner Hand und führen ein Eigenleben. Als probates Beispiel aus der Hochkultur wird dafür gerne Goethes Ballade vom Zauberlehrling bemüht, der sogar Eingang in die Titel von damit befassten Texten aus den Rechtswissenschaften findet. Wie zu beobachten ist, leisten die veränderten Vorstellungen von Autonomie einem neuen Animismus und nicht zuletzt auch veränderten Subjektivierungsformen Vorschub.[9] Betroffen sind in Erweiterung von Goethes eigenmächtigem Besen aber nicht nur einfache Hausreinigungsgeräte, sondern einigermaßen komplexe Arbeitsverbünde aus Maschinen und Menschen. Wer aber ist schuld, wenn in diesen Gemengelagen etwas aus dem Ruder läuft, wenn Schäden an Sachen oder an Menschen verursacht werden? Wer haftet etwa für Unfälle wie im Fall eines durch einen Roboter ums Leben gekommenen Arbeiters in einem Werk der Automobilindustrie? Und wie werden solche Vorkommnisse für die künftige Gestaltung technischer Umwelten herangezogen? Wie wird bei all dem Schuld thematisiert und welche Strategien der Entschuldung zeichnen sich dabei möglicherweise ab?

Im Fall autonomer oder teilautonomer Fahrzeuge, die verkürzender Weise eines der Paradebeispiele öffentlicher Wahrnehmung für die Maschinenethik darstellen, finden beispielsweise Diskussionen sowohl um die Einführung einer elektronischen Person als auch um die eines eigenen Ma-

---

8 Hilgendorf, Zur Steuerung von technischen Entwicklungen durch Recht und Moral, in: Spiecker gen. Döhmann/ Wallrabenstein (Hg.), IT-Entwicklungen im Gesundheitswesen, 2016, 75-88.

9 Zum Animismus Kaerlein, The Social Robot as Fetish? in: International Journal of Social Robotics, 7/3, 2015, 361-370, Jensen und Blok, Techno-animism in Japan: in: Theory, Culture & Society, 30/2, 2013, 84-115, sowie zur Subjektivierung bei Drohnen-Piloten Asaro, The labor of surveillance and bureaucratized killing, in: Social Semiotics, 23/2, 2013, 196-224.

schinenrechts statt.[10] Verhandelt werden Fragen nach dem Status von menschlichen und nicht-menschlichen Rechtssubjekten sowie nach dem Status der tierlichen und der maschinellen Person.[11] Zur Diskussion steht, wie gerade an dem zum Wesen mutierten Besen greifbar wird, auch ein eigenes Strafrecht für Maschinen. Was diese Diskussion deutlich macht, ist eine grundlegende Betroffenheit des Rechtssystems: Anlässlich der Monographie des Philosophen Andreas Matthias aus dem Jahr 2008 werden dabei Grundzüge eines bestimmten Rechtsverständnisses und mit ihnen auch ein Kapitel Rechtsgeschichte sichtbar.[12] Der Jurist Sascha Ziemann tritt einem solchen Vorschlag mit großer Entschiedenheit und im Zeichen Goethes entgegen.[13]

> Die Pragmatik der Ausführungen verwirrt: Kann und sollte es vielleicht doch ein Strafrecht für Maschinen geben? Brauchen wir es vielleicht sogar schon jetzt, um den bereits heute existierenden autonomen Maschinen Herr zu werden? Die Antwort lautet: ‚Nein.' Drei Punkte sollen im Folgenden diskutiert werden: *Erstens:* Das Strafrecht ist seit der Aufklärung vom Grundsatz des Anthropozentrismus beherrscht – bedeutet die Schaffung einer strafrechtlichen Verantwortlichkeit für Maschinen möglicherweise eine Rückkehr in längst überwunden geglaubte Zeiten? […] *Zweitens:* Unterstellt, es gäbe einen Weg zurück zu einem nicht-anthropozentrischen Strafrecht: Wie können wir Maschinen praktisch bestrafen? […] *Drittens:* Besteht wirklich kriminalpolitischer Handlungsbedarf zur Einführung eines Strafrechts für Maschinen?[14]

Der Tenor von Ziemanns Ausführungen ist eindeutig: Auch wenn eine Ausdehnung auf den Bereich nicht-menschlicher Entitäten „jedenfalls be-

---

10 Vgl. dazu Boeing, Der Richter und sein Lenker. Wenn Autos in Zukunft autonom fahren und Menschen nur noch Passagiere sind, ZEIT Wissen Nr. 6/2015, online unter http://www.zeit.de/zeit-wissen/2015/06/autonomes-fahren-unfall-schuld-rechtslage (letzter Zugriff: 01.11.2018).

11 Zur Klärung von Begrifflichkeiten vgl. Klingbeil, Der Begriff der Rechtsperson, in: AcP, 217, 2017, 848-885.

12 Matthias, Automaten als Träger von Rechten. Plädoyer für eine Gesetzesänderung, Berlin 2008.

13 Ziemann, Wesen, Wesen, seid´s gewesen? Zur Diskussion um ein Strafrecht für Maschinen, in: Hilgendorf/Günther (Hg.), Robotik und Gesetzgebung, 2013,183-194. Vgl. dazu auch den Beitrag im selben Band von Beck, Über Sinn und Unsinn von Statusfragen zu Vor- und Nachteilen der Einführung einer elektronischen Person, 239-261.

14 Ziemann, Wesen, Wesen, seid‘s gewesen?, 2013, 184.

grifflich nicht ausgeschlossen sei", wie Ziemann die Position von Eric Hilgendorf paraphrasiert, so verbietet es sich doch von der Sache her. Besonders hervorzugeheben ist dabei, neben dem grundlegenden Problem der Sanktion, eine Denkfigur, die auf die historische Genese des Anthropozentrismus abzielt. Während in sozial-, kultur- und mediengeschichtlichen Kontexten die Kritik am Anthropozentrismus heute als nachgerade selbstverständlich gilt und alles daran gesetzt wird, diesen zu annullieren, so steht gerade er im Zentrum von Ziemanns Plädoyer gegen eine vorgeschlagene Gesetzesänderung.

Die Einführung eines Rechtsstatus für Maschinen wäre der Versuch, Exkulpationsnarrative über die Regulierung von Statusfragen zu klären. Ebenfalls auf etablierte Verfahren setzen praxisorientierte Überlegungen, die darauf abzielen, analog der Haftpflichtversicherung für Automobile einen Fond einzurichten, aus dem durch Maschinen verursachte Schäden reguliert und abgegolten werden können.[15] Mit dem Komplexwerden der Technik und ihrer Verschränkung mit anderen Akteuren, mit Detailunterscheidungen zwischen Teil- oder Totalautonomie wächst die Suche nach solchen Ansätzen korrelativ. Die Thematisierung von Schuldzuschreibung ist allgegenwärtig – nicht zuletzt auch deshalb, weil unsere aktuelle Kultur spätestens seit 1800 generell auf das Prinzip der Zuschreibung ausgerichtet und nach diesem Prinzip organisiert ist. Egal ob Kunst, Rede oder Verbrechen, ob die Erfindung von Kühlschränken, die Eingabe von Leserbriefen oder das Komponieren von Musik – wir fragen seit den Individualisierungsschüben der Zeit um 1800 habituell danach, wem wir etwas zuschreiben können. Unbeschadet ob es um Leistung oder Versagen geht: Wir sind eine Kultur der Zuschreibung geworden. Können vor diesem Hintergrund Maschinen Subjekt und Objekt von Moral sein? Macht also die Übertragung des Schuldeingeständnisses *mea culpa* auf die Maschine und damit der Titel *machina culpa* überhaupt Sinn? Für die Beantwortung gibt es unterschiedliche Ansätze – einer davon ist der Zugang über das System des Rechts. In diesen Zuständigkeitsbereich fällt die juristische Klärung von Statusfragen ebenso wie die der Vereinbarkeit mit übergeordneten Rechtssystemen wie dem Grundgesetz.[16]

---

15 Wagner, Produkthaftung für autonome Systeme«, in: AcP, 217, 2017, 707-765.

16 Vgl. dazu Scholz, Strafbarkeit juristischer Personen?, in: Zeitschrift für Rechtspolitik, 33, 2000, 435-440, sowie Kersten, Relative Rechtssubjektivität. Über autonome Automaten und emergente Schwärme, in: Zeitschrift für Rechtssoziologie, 37/1, 2017, 8-25.

3. Anthropophilie

Was aber kann die Expertise einer Medienkulturwissenschaft zur Klärung solcher Fragen beizutragen? Sie vermag zunächst einmal die Geschichte einer solchen Entwicklung nachzeichnen, um so die Komplexität soziotechnischer Assemblagen offen zu legen – und dies nicht mit der Absicht, eine Abfolge immer komplexer werdender Techniken aufzulisten, sondern mit dem Ziel, hinter dieser Geschichte das Verhältnis zwischen Technik und Mensch (und damit auch eine gewisse medienanthropologische Grundierung der Medientheorie selbst) scharfzustellen. Diese Scharfstellung zielt weniger in den Bereich von ontologischen oder taxonomischen Bestimmungen, sondern sie zielt in den Bereich der Umgangs-, der Verhaltens- und nicht zuletzt der Redeweisen. Was also sagen die Weisen des Umgangs *mit*, des Verhaltens *zu* und des Redens *über* Technik aus?

Die folgende Argumentation fokussiert daher auf einen diskursiven Aspekt und gilt einem zunächst sehr allgemein gehaltenen Befund: Um nämlich Schuld übernehmen und damit als Instanz von Entschuldung dienen zu können, muss Technik vorab menschenähnlich oder -analog werden. Es findet ein Prozess der Anähnlichung von Technik an Menschen statt, der sehr grundlegend angelegt ist, auf sehr unterschiedlichen Ebenen spielt und der hier unter dem Begriff der ‚Menschenfreundlichkeit', der Anthropophilie gefasst wird.[17] Das Konzept der Anthropophilie ist geeignet, die veränderten Qualitäten von Medien zu bündeln und damit auch unterschiedliche Übertragungsbewegungen anschreibbar zu machen.[18] Im Gegensatz zu den Extensionen und Projektionen des Körpers (Marshall McLuhan) sind die aktuellen Medien gekennzeichnet durch Eigenschaften, die oftmals ihre Identifizierung und ihre bloße Wahrnehmbarkeit verhindern: Sie folgen Kategorien des Ubiquitären, des Pervasiven, des Unsichtbaren. Sie sind unauffällig, unaufdringlich, schlicht, intuitiv, dezent, multifunktional und dabei allgegenwärtig. All diese Attribute laufen in dem zusammen, was der amerikanische Informatiker Mark Weiser in einem programmatischen Text *The Computer for the 21th Century* bereits im Jahr 1991 als *ubiquitous computing* beschrieb. Gebündelt werden diese Attribute im textilen Konzept des Saumlosen, jener *seamlessness*, die als Inbegriff einer unmerklichen Übergängigkeit zwischen Mensch und Medium dient. Medien schmiegen sich an den Menschen, sie zwingen ihm keine

17 Zum Konzept der Anthrophilie Andreas/Kasprowicz/Rieger (Hg.) Unterwachen und Schlafen, 2018.

18 Für die Verwissenschaftlichung vgl. Parisi, Future Robots, 2014.

Form auf, sondern passen sich ihm an – wie ein Stück Kleidung, das gut sitzt.[19]

Die Schnittstelle zur Technik wird zum saumlosen Operationsfeld der Anthropophilie. Zu beobachten ist etwa bei der Interfacegestaltung ein Abbau an Komplexität, der sich gerade mit Blick auf Benutzer formiert, die als weniger komplex gelten: Das sind unter anderem Menschen mit Beeinträchtigungen, das sind Kinder und Tiere, die als Verkörperungen einer solchen verringerten Komplexität in Frage kommen.[20] Im Blick auf diese besonderen Benutzer sollen Kriterien gefunden werden für ein partizipatorisches Design, das möglichst vielen Benutzergruppen den Zugang zu und die Teilhabe an Technik erlaubt – und zwar mit möglichst geringem Aufwand. Evidenz, Selbstverständlichkeit und Intuition werden zu den erklärten Idealen einer veränderten Schnittstellengestaltung.

> The Human-Computer Interaction (HCI) community has now begun to realize the benefits of understanding how animals react to and interact with digital systems. This, in turn, has led to the emergence of a new discipline called Animal-Computer Interaction (ACI) [17,18]. ACI considers animals as the target users of digital interfaces and systems with the belief that understanding their behavior with computer-mediated systems could help both humans and non-humans to improve their quality of life.[21]

Prozesse dieser Art, die damit verbundene Erweiterung des Nutzerkreises und die gesteigerte Nutzung von Medien vollziehen sich in Absetzung von gewohnten und kulturell eingespielten Vorstellungen von der Maschine.[22] Um diese Absetzung nachzuvollziehen, ist eine kurze Herleitung der historischen Semantik notwendig. Sachdienlich ist dafür der bloße Alltagssprachgebrauch: Das Mechanische, das ‚bloß' Mechanische steht im Zeichen einer sturen Repetition, einem Verfall an ein stupides und keine Abweichungen duldendes Regelwerk. Es stellt das Gegenteil von positiv be-

---

19 Vgl. dazu übergreifend Rieger, Die Enden des Körpers, 2019.

20 Auf den Punkt gebracht wird das in einem Beitrag, der Kätzchen und Kinder im Titel führt, vgl. dazu Chisik & Mancini, Of Kittens and Kiddies: Reflections on Participatory Design with Small Animals and Small Humans, Proceedings of the 2017 Conference on Interaction Design and Children, 2017.

21 Pons & Jaen & Catala, Animal Ludens: Building Intelligent Playful Environments for Animals, Proceedings of the first International Congress on Animal–Computer Interaction at ACE'14.

22 Vgl. dazu Rieger, „Bin doch keine Maschine …": Zur Kulturgeschichte eines Topos, in: Engemann/Sudmann (Hg.): Machine Learning, 2018, 117-142.

setzten Größen wie Kreativität, Genialität und freiem Selbstausdruck dar. Mit dem Zugeständnis eines eigenen Ermessens- und Handlungsspielraums, hat sich diese Lage verändert. Anders als Goethes Besen fügen sich heutige Techniken in die Umwelt des Menschen ein, sie sind flüssig, sie sind tragbar, sie sind überall und schwer zu orten, weil sie auf klappernde, stampfende Mechaniken gerade verzichten. Diese Wirkmacht ist oft als unheimlich empfunden.

In Gang gesetzt ist damit jenes argumentative Räderwerk, das den Produkten der Mechanik oder generell von Technik beigestellt ist. Die Frage lautet, ob und in welchem Maße die Technik ihre eigenen semantischen Vorgaben überschreitet und selbst eine Initiative ergreift, die sich möglicherweise gar gegen den Menschen wendet. Im Roboter finden diese Diskussion und auch die historische Semantik des Mechanischen ihre prägnante Verkörperung. Aus einem willfährigen Werkzeug ist etwas geworden, das zunehmend selbständig handelt, das in Konkurrenz zum Menschen tritt, damit aber auch als Kandidat für Schuldfragen heranzuziehen ist. Natürlich stehen immer wieder ethische Dilemmata im Raum – etwa wenn es im Fall des autonomen Fahrens um „Überlegungen zur moralischen und rechtlichen Behandlung von selbsttätigen Kollisionsvermeidesystemen“ geht.[23] Dort wird einmal mehr das in diesen Kontexten berühmte Beispiel von der Zwickmühle des Systems bemüht, das im Fall eines nicht vermeidbaren Unfalls darüber entscheiden muss, welche Personen-Gruppe geopfert wird.[24] Es sind diese und vergleichbare Anwendungsfelder, die unter dem Begriff eines *technologischen Paternalismus* gefasst werden: So wird etwa am Beispiel des verweigerten Fahrbeginns unter Alkoholeinfluss die Frage virulent, ob man die Vorgaben der Maschine aus bestimmten Gründen ihrerseits außer Kraft setzen können sollte, ob der Mensch die Regeln „overrulen“ kann oder können sollte. Diese Diskussion wird auch im scheinbar unscheinbaren Fall eines Stuhles geführt, der hinter dem Rücken der darauf Sitzenden auf eine rückenfreundliche Haltung achtet. Diesen Mechanismus kann man außer Kraft setzen und ist so seinem Sitzmöbel, das einem eine gesunde Sitzposition empfiehlt oder aufzwingt, nicht hoffnungslos ausgeliefert. „To grant the user's autonomy, every automatism can be overruled by the user and the chair can be manual-

---

23 Hilgendorf, Autonomes Fahren im Dilemma. Überlegungen zur moralischen und rechtlichen Behandlung von selbsttätigen Kollisionsvermeidesystemen, in: Ders. (Hg.), Autonome Systeme und neue Mobilität, 2017, 143-175. Generell zur Rolle von Dilemmata vgl. Deng, The Robot‘s Dilemma, in: Nature, 523, 2015, 24-26.

24 Zur Topik dieses Dilemmas vgl. Bonnemains & Saurel & Catherine Tessier, Embedded ethics, in: Ethics and Information Technology, 20, 2018, 41-58.

ly controlled with additionally integrated push buttons".[25] Diese graduelle Übergängigkeit begründet einen Unterschied, der einen Unterschied macht und auf den reagiert werden muss. Wenn Fahrzeuge in Abhängigkeit vom physischen Zustand ihrer Fahrer und ohne deren Zutun den Verkehr einstellen, wenn Stühle unbemerkt Sitzhaltungen diktieren, wenn Drohnen töten und in der Pflege eingesetzte Roboter die Lage am Lebensende bestimmen, wie es im Umfeld der *Machine Medical Ethics* diskutiert wird – ist eine Neukartierung der Zuständigkeiten notwendig.

4. *Die Kunst der Zuschreibung*

An kaum einem Ort wird dabei der negative Status des Roboters so gut sichtbar wie an dem der Kunst. Die Vorstellung, Kunst könne von Maschinen übernommen werden, hat schon in der Mitte des letzten Jahrhunderts anlässlich von Computerpoesie und Computermalerei für großen Unmut gesorgt. Ein aktueller Beitrag zur Roboterkunst trägt den möglichen Vorbehalten schon durch die Wahl seines Titels Rechnung, indem er die Kopplung als unwahrscheinlich darstellt (*Robots and Art. Exploring an Unlikely Symbiosis*). Damit enden die Konzessionen an den menschlichen Sonderstatus und die Kunst als Residuum des Menschen allerdings auch schon wieder. Stattdessen wird eine Lage beschrieben, die den oben angedeuteten Komplexitätsreduktionen und den dadurch bedingten Übergängigkeiten zwischen den Akteursgruppen entspricht. Auffallend ist dabei die gleichermaßen zunehmende wie unterschwellige Biologisierung von Statusfragen. En passant wird der Roboter zu einer neuen Spezies erklärt.

> As a new species, the robotic agent enters a discourse that extends far wider than the robotic kind. It encompasses all types of biological systems (including plants) and re-positions the human in a mesh of interdependencies with its environment ('Embracing Interdependencies: Machines, Humans and Non-humans' by Amy Youngs). Importantly, this is not seen as the outcome of recent technological or scientific development, but as a sociocultural shift in the way the human is under-

25 Hesse & Krause & Vogel u.a., A Connected Chair as Part of a Smart Home Environment, BSN, 2017, 47-50, hier: 49. Vgl. dazu auch Spiekermann & Pallas, Technology Paternalism, in: Poiesis and Praxis, 4/1, 2006, 6-18.

> stood, abandoning the view of an isolated mind put in an isolated body springing from the Cartesian paradigm.[26]

Was dem folgt, ist die Agenda einer Gesellschaft oder einer Lebensform, die sich in ihren zentralen Belangen dem Prinzip der Artenüberschreitung verschrieben hat.[27] Es ist eine Welt der vielen Arten, eine Welt, in der über die Grenzen von Arten hinweg kommuniziert, aber eben auch kollaboriert und kooperiert wird.[28] Es ist eine Welt, in der die Mediennutzung nicht länger ein Privileg des Menschen darstellt und der cartesianische Dualismus versagt. Es ist eine Welt geteilter Handlungsträgerschaft im Realen und nicht nur auf dem Papier. Derartige Programme sind Teil eines Posthumanismus, wie ihn stellvertretend die Philosophin Rosi Braidotti entwirft und dabei der Kunst konsequent eine besondere Rolle zuschreibt: „Indem sie uns über die Grenzen fester Identitäten hinausführt, wird Kunst notwendigerweise inhuman im Sinne von nicht-menschlich, denn sie verbindet uns mit den tierischen, pflanzlichen, irdischen und planetarischen Kräften, die uns umgeben."[29] Ken Rinaldo, einer der Vertreter der Roboterkunst, betreibt solche Annäherungen systematisch und gelangt so zu den Möglichkeiten von *Trans-Species Interfaces*. Die artenüberschreitenden Schnittstellen sind Teil einer groß angelegten Programmatik, die er in seinem *Manifesto for Symbiogenisis* entwirft. Die Herausgeber des Bandes, in dem das Manifest veröffentlicht wurde, weisen neben der *symbiogenesis* zwischen Leben und Nicht-Leben auf mögliche Vorbehalte gegenüber der damit eingeräumten Autonomie hin. Wieder ist es die Handlungsmacht, die ein zu überwindendes Befremden auslöst, die als *uncanny cannyness* empfunden wird. „Humans would have to overcome feelings of uncanniness evoked by the new machines that signal awareness independent of whether they are anthropomorphoid or without resemblance to human appearance."[30]

---

26 Kroos, The Art in the Machine, in: Herath/Kroos/Stelarc (Hg.), Robots and Art, 2016, 19-25, hier: 22.

27 Verbunden sind damit Vorstellungen einer Koevolution. Vgl. dazu Decker, The next generation of robots for the next generation of humans?, in: Robotics and Autonomous Systems, 2017, 154-156, sowie übergreifend Ferreira/Silva/Tokhi u.a. (Hg.): A World with Robots, 2017.

28 Vgl. dazu Ogden & Hall & Tanita, Plants, People and Things, in: Environment and Society, 2013, 5-24.

29 Braidotti, Posthumanismus. 2014, 111.

30 Kroos, The Art in the Machine, 22. Der Topos des Unheimlichen Tales geht auf einen frühen Text des japanischen Roboterbauers Massahiro Mori zurück. Vgl. dazu ders., The Uncanny Valley, in: Energy, 7, 1970, 33-35.

Unbeschadet ihres Aussehens erschließt Technik neue Intimitäten und Privatheiten, neue Interaktions- und Kollaborationsformen. Roboter und virtuelle Sozialagenten erscheinen nicht mehr nur als Werkzeuge oder prothetische Erweiterungen des Menschen, sondern erlauben als Freunde und *companions* auch eine Übergängigkeit in die sozialen Gefüge und in den sozialen Gefügen.[31] Diese Annäherung wird verstärkt durch die Rolle des Roboters als sozialer Akteur. Der Umgang mit technischen Wesen wird zu einer neuen Form von Sozialität erklärt, deren Agenten dem Menschen in den Terminologien positiv besetzter Sozialbeziehungen als Gefährte, als *companion*, als Wegbegleiter und Freund, nicht mehr aber in der versachlichten Logik eines bloßen Werkzeuges entgegentritt. Der Aufwand dieser semantischen Umcodierung ist enorm. Wie immer man den Roboter adressiert, man sollte den Status des Roboters vermeiden und einer ihm zugeschriebenen Sensibilität Rechnung tragen.[32] Selbst die Konsequenzen für die Soziologie finden Berücksichtigung und so wird im Umfeld der *Social Robotics* gar der Ruf nach einer entsprechenden Begleitwissenschaft laut.[33] Besonders markant werden Akzeptanzoffensiven im Bereich von Gesundheitswesen und häuslicher Pflege. Die Bedürftigkeit und das Angewiesensein auf Unterstützung ruft eine großangelegte Kampagne auf den Plan, die mit ihren semantischen Umcodierungen nachgerade utopische Räume neuer, positiv besetzter Sozialbeziehungen in Aussicht stellt.[34] Derart künstlich begleitet, so machen es entsprechende Texte Glauben, macht selbst das Altwerden Spaß.

Betroffen ist aber nicht nur die Sozialität. Auch im Geschäft der Kultur ist der Roboter längst verankert und darf als solcher zum legitimen Gegenstand einer *Cultural Robotics* erklärt und als solcher behandelt werden.[35] Die Zuschreibung von Verantwortlichkeit gilt Gestaltungskriterien, die

---

31 Damit verbunden ist Einschätzung vom Ungenügen des Medienbegriffs in der Moderne. Vgl. dazu Braidotti, Posthumanismus, 2014, 87.

32 Huijnen& Badii & Heuvel u.a., 'Maybe it Becomes a Buddy, but do not call it a robot', in: Ambient Intelligence Lecture Notes in Computer Science, 2011, 324-329. Zum Problem der Freundschaftssemantik und mit Blick auf eine nahezu animistische Verdinglichung vgl. Pfadenhauer & Dukat, Künstlich begleitet, in: Grenz/Möll (Hg.), Unter Mediatisierungsdruck, 2014, 198-210.

33 Dazu Braun-Thürmann, Agenten im Cyberspace, in: Thiedecke (Hg.), Soziologie des Cyberspace, 2004, 70-96. Vgl. ferner Pfadenhauer & Böhle, Social Robots call for Social Sciences, in: Science, Technology & Innovation Studies, 10, 2014, 3-10.

34 Vgl. dazu Huijnen & Badii & Heuvel et al., 'Maybe it Becomes a Buddy, but do not call it a robot, 2011, 324-329. Vgl. ferner Levy, Falling in love with a Companion, in: Wilks (Hg.), Close engagement with artificial companions, 2010, 89-93.

35 Vgl. etwa Koh/Silvera-Tawil u.a. (Hg.), Cultural Robotics, 2016.

sich nicht nur auf die Äußerlichkeit von Oberflächen und damit auf das Aussehen beschränken.[36] Es sind neben solchen Gestaltungskriterien Erzählungen und Symbole, Mythen und Ikonographien, die zu seiner Legitimierung herangezogen werden.[37] Dieser Rückgriff der performativen Strategien auf das Rüstzeug von Kultur ruft die Expertise der Medienkulturwissenschaft auf den Plan. In ihren Kompetenzbereich fällt es, die Strategien rhetorischer, semantischer, argumentativer, gestalterischer und nicht zuletzt pädagogischer Art zu rekonstruieren. Es findet aber auch noch etwas anderes statt, nämlich die intrinsische Aufrüstung der Maschinen mit Kategorien der Motivation, der Neugierde und der Kreativität. Das, was als Residuen des Menschen galt und gilt, findet Eingang in den vermeintlich gänzlich anderen Wirkungsbereich.[38] Unter den technischen Bedingungen der Gegenwart, die in ihrer Selbstbeschreibung oft als post- und transhuman auftritt, ist der intime, der affektbezogene und vertrauensvolle Dialog nicht mehr nur ein Privileg von Personen. Was so begründet wird, sind Formen der Koexistenz, die gerade von einigen Protagonisten affirmativ auch auf den Bereich der Technik übertragen werden.

5. *Caring for Robotic Care-Givers?*

Beispiele dieser Art und Appelle zur affektiven Vergemeinschaftung mit dem Techno-Anderen als politische Agenda irritieren zunächst – genauso wie es die Überlegungen zu einem Strafrecht für Maschinen oder zum Rechtsstatus von elektronischen Personen tun.[39] Man wird mit Phänomenen konfrontiert, die ein Alltagsempfinden in die Zukunft von Science-Fiction verlagert oder als überzogene Spekulationen von Technophantasten ausweist. Gleichwohl gibt es eine Argumentation, die solche Phänomene sehr viel systematischer zu bündeln vermag, als es die Kasuistik der Bei-

---

36 Kahn & Kanda & Ishiguri u.a., Do People Hold a Humanoid Robot Morally Accountable for the Harm It Causes?, 2012.

37 Pierre-André Mudry, Sarah Degallier, Aude Billard, „On the influence of symbols and myths in the responsibility ascription problem in roboethics – A roboticist's perspective", Vortrag, RO-MAN 2008.

38 Dazu Schmidhuber, Developmental robotics, optimal artificial curiosity, creativity, music, and the fine arts, in: Connection Science, 2006, 173-187, sowie ders., Formal Theory of Creativity, Fun, and Intrinsic Motivation, in: IEEE Transactions on Autonomous Mental Development 2010.

39 Auch die wechselseitige Informierung von Bereichsethiken trägt zur Irritierung bei. Vgl. dazu etwa Bendel, Considerations about the relationship between animal and machine ethics, in: AI & Society, 2013.

spiele erahnen lässt. Die Pointe dieses systematischen Arguments liegt darin, dass mit solchen artenübergreifenden Strategien weniger Gesten der wechselseitigen Freundlichkeit verbunden sind, also keine ‚generöse' Haltung gegenüber dem Tier, der Pflanze, der Maschine, sondern dass diese Strategien der Kommunikation, der Kollaboration und Interaktion Reaktionen sind, die vom eigenen Nutzen angetrieben werden – Reaktionen auf ein bestimmtes, vom Menschen selbst gesetztes Handeln. Es ist das, was unter dem Begriff des Anthropozän gefasst wird, als dessen Kennzeichen Braidotti ökologische Krisen wie Klimaveränderung, Umweltverschmutzung, Erderwärmung sowie die Militarisierung des Weltraums nennt. Vor diesem Hintergrund gewinnt eine Schicksalsgemeinschaft der Verletzlichen Kontur und sie geht einher mit der Option auf und die Verpflichtung für „neue Formen posthumaner Gemeinschaft und Anteilnahme".[40]

Man muss weder das Pathos noch die Affirmation der Deleuze-Schülerin Braidotti teilen. Gleichwohl bereitet sie den Boden für ein Denken, das die Identifizierung von Akteuren unterläuft und damit auch die Fixierung auf Statusfragen preisgibt. Vielleicht vermag das den Mangel der juristischen Kompetenz ein Stück weit zu kompensieren, und zwar dahingehend, dass eine Prämisse gängiger Schuldzuschreibungen aus medienkulturwissenschaftlicher Position doch in Frage gestellt werden kann. Fraglich ist, ob unter den Bedingungen artenübergreifenden Handelns und vor dem kaum mehr bestrittenen Hintergrund, dass Handlung eben auch von nicht-menschlichen Akteuren übernommen wird, und dass Handlung selbst ein Geflecht ist, das Agency allererst erzeugt, ob vor diesem Hintergrund Schuld überhaupt im Modus der Zuschreibung an stabile Statusgruppen verhandelt werden kann.[41] Was in jedem Fall zu verzeichnen bleibt, ist eine eigenartige Verhaltenheit gegenüber dem Begriff des Anthropozentrismus. Diese Verhaltenheit hat einen historischen Index. Während Post- und Transhumanismus munter seine Abschaffung betreiben und damit den Übergang vom Anthropozän in das „Chthuluzän" befördern, spielt der so sehr in Ungnade gefallene Begriff im System der Jurisdiktion eine andere Rolle: Er stellt sich gegen einen Trend der Zeit und erweist sich als Bollwerk, um den ungewollten Rückfall in voraufklärerische Rechtspositionen zu vermeiden.

40 Braidotti, Posthumanismus, 2014, 74.

41 Zur Einschätzung, dass die Klärung von Statusfragen nicht hinreichend, vielleicht sogar kontraproduktiv sein könnte, gelangt auch Beck, 2013, 239-261.

Was sich also beobachten lässt, ist eine Veränderung der medialen Lage und der Interaktionszenarien, die mit ihr einhergehen. Maschinen werden durch Zuschreibung und Design mit anthropologischen Aspekten versehen und so dem Menschen angenähert. Die neuen Hexenmeister betreiben die Kaschierung der Differenz zu ihm mit System und sie setzen seine Konsistenz bestimmten Zumutungen aus.[42] Man kann die anthropophilen Maßnahmekataloge in ihrer Fülle nur schwer überschauen: Roboter, die flunkern, die lügen, die über Ironie verfügen oder ihrem menschlichen Gegenüber schmeicheln, intelligente Kleidung, die auf Nervosität und Gereiztheit ihrer Träger reagieren – all die Eigenheiten und Unarten des Menschen sind im Zuge der Anthropophilie auf Maschinen übertragen worden.[43] Selbst die Übernahme von Konformität, also einer vermeintlich genuin menschlichen Eigenheit, die in großen sozialwissenschaftlichen Experimenten des letzten Jahrhunderts zu Tage gefördert wurde, vermag von Robotern übernommen zu werden.[44]

Wer so nah am Menschen handelt, ist vor Übertragungen nicht gefeit. In einer Doppelbewegung wird darüber diskutiert, den derart agierenden Maschinen Rechte einzuräumen und zugleich Pflichten aufzuerlegen. Die Maschine verfügt über Moral – ob das die intuitive Moral der Maschinenbauer, ob das ein formalisierter Regelkatalog ist oder ob diese Moral aus selbstlernenden Algorithmen emergiert, ist dabei ebenso umstritten wie die Frage nach der Möglichkeit und der Notwendigkeit rechtlicher Regulierung. Wer aber derart über Moral verfügt, dem kommt wiederum ein Sonderstatus zu, den es zu bewahren und zu schützen gilt. Dem tragen Arbeiten Rechnung, die einer eigenen und jeweils voneinander unterscheidbaren Maschinen- und Roboterethik gelten.[45] Arbeiten auf diesem Feld ha-

42 Dazu Kersten, Die Konsistenz des Menschlichen, in: Bumke/Röthel (Hg.), Autonomie im Recht, 2017, 315-352.

43 Zu den Einzelbeispielen noch einmal Rieger, Die Enden des Körpers, a.a.O..

44 Dazu Salomons & Scassellati, Trust and Conformity when Interacting with Groups of Robots, in: HRI'18 Companion, 2018, 315-316, sowie dies. & van der Linden & Strohkorb Sebo u.a., Humans Conform to Robots, in: Proceedings of HRI'18, 2018, S. 187-195.

45 Dazu vgl. Kochetkova, An Overview of Machine Medical Ethics, in: van Rysewyk/Pontier (Hg.), Machine Medical Ethics, Intelligent Systems, Control and Automation, 2015, 3-15. Vgl. ferner Sombetzki, Roboterethik, in: Maring (Hg.), Zur Zukunft der Bereichsethiken, 2016, 355-380, sowie den Beitrag „Virtuelle Autonomie“ in Kasprowicz/Rieger (Hg.), Virtualität, 2018 (im Druck).

ben eine kaum überschaubare Konjunktur und sie halten die Diskussion um rechtliche Regulierungen aufrecht.[46]

Wie nahe sich Mensch und Maschine gekommen sind, wird an einem Bereich deutlich, der vielleicht die intimste Form einer vormals menschlichen Dienstleistung darstellt: Der Roboter in der Medizin und in der Pflege. Es ist kein Zufall, dass die avancierten Formen der Auseinandersetzung um Maschinen- und Roboterethik sich mit dem Tod beschäftigen – mit dem Töten im Fall der Drohnen und mit dem Sterben im Fall der Medizin.[47] Aus dem Bereich der Medizinethik kommt der Vorschlag für eine Unterscheidung zwischen einer Maschinenethik (Schutz des Menschen vor Maschinen) und einer Roboterethik (Schutz des Roboters vor dem Menschen). „Machine ethics is described as a reflection about how machines should behave with respect to humans, unlike roboethics, which considers how humans should behave with respect to robots."[48]

Vor diesem Hintergrund ist die *American Society for the Prevention of Cruelty to Robots*, die sich analog zur *American Society for the Prevention of Cruelty to Animals* (ASPCA) als Liga zum Schutz nicht *vor*, sondern *für* Maschinen formiert, mehr als nur eine skurrile Initiative. Wie sehr Roboter auf das angewiesen sind, was sie Menschen zuteilwerden lassen, wird in einem Beitrag aus einem aktuellen Handbuch über *Machine Medical Ethics* deutlich. Neben Beiträgen, die dem Einsatz von Robotern am Lebensende gelten (*Ethics of Robotic Assisted Dying*), wird erwogen, wie man den Umgang der Maschine mit derlei schwierigen Situationen regulieren und in den Griff bekommen soll. Einer der Artikel hat den Titel „The Rights of Machines: Caring for Robotic Care-Givers".[49]

In der semantischen Gleichbehandlung von Pflegerobotern mit ihren menschlichen Schutzbefohlenen, die in der Rede von den ihrerseits fürsorgebedürftigen Robotern liegt, bricht sich die Möglichkeit der Schuldübernahme Bahn. Wenn man diesem Befund zustimmt und wenn man Forderungen nach einem eigenen Recht für Roboter aufgeschlossen gegenüber-

---

46 Vgl. etwa Pagallo, Even Angels Need the Rules, in: Kaminka, et al. (Hg.), 2016, 209-215, oder Calo/ Froomkin/Kerr (Hg.), Robot Law, 2016.

47 Vgl. dazu Tonkens, Ethics of Robotic Assisted Dying, in: van Rysewyk/Pontier (Hg.), Machine Medical Ethics, 2015, 207-211, sowie Andreas, Autonomous Lethality: Lebenskritische Entscheidungen in der Roboterethik, ders./Kasprowicz/ Rieger (Hg.), Unterwachen und Schlafen, 2018, 135-157.

48 Kochetkova, An Overview of Machine Medical Ethics, in: van Rysewyk/Pontier (Hg.), Machine Medical Ethics, Intelligent Systems, Control and Automation, Cham 2015, 3-15, hier: 3.

49 Vgl. dazu Gunkel, The Rights of Machines: Caring for Robotic Care-Givers, in: van Rysewyk/Pontier (Hg.), Machine Medical Ethics, 2015, 151-166.

steht, wird die Frage nach der Exkulpation durch Maschinen möglicherweise weniger über die Zuschreibung von Juristen und die Klärung von Statusfragen bestimmt, sondern durch den schwer fassbaren Bereich unserer künftigen Praxeologien, also über das, was oben die Weisen des Umgehens *mit*, des Verhaltens *zu* und des Redens *über* genannt wurde.[50] Diese Weisen werden mit den Möglichkeiten eines komplexen, in Netzen verstrickten Handels mit verschiedenen und auch die Artengrenze überschreitenden Akteuren neue Formen der Thematisierung und der Verhandlung von Schuld aufzeigen. Vielleicht wird das Teilen von Schuld einmal so normal werden wie das Zusammenarbeiten unterschiedlicher Akteure.

Literaturverzeichnis

Andreas, Michael/Kasprowicz, Dawid/Rieger, Stefan (Hg.), Unterwachen und Schlafen. Anthropophile Medien nach dem Interface, Lüneburg 2018.

–, Autonomous Lethality: Lebenskritische Entscheidungen in der Roboterethik, in ders, Dawid Kasprowicz, Stefan Rieger (Hg.), Unterwachen und Schlafen. Anthropophile Medien nach dem Interface, Lüneburg 2018, 135-157.

Asaro, Peter M., The labor of surveillance and bureaucratized killing: new subjectivities of military drone operators, in: Social Semiotics, 23/2, 2013, 196-224.

Beck, Susanne, Über Sinn und Unsinn von Statusfragen zu Vor- und Nachteilen der Einführung einer elektronischen Person, in: Eric Hilgendorf/Jan-Philipp Günther (Hg.), Robotik und Gesetzgebung. Beiträge der Tagung vom 7. bis 9. Mai 2012, Baden-Baden 2013, 239-261.

Bendel, Oliver, Considerations about the relationship between animal and machine ethics, in: AI & Society. The Journal of Human-Centred Systems and Machine Intelligence, Open Forum, 2013.

Boeing, Niels, Der Richter und sein Lenker. Wenn Autos in Zukunft autonom fahren und Menschen nur noch Passagiere sind: Wer ist dann schuld, wenn das Auto einen Unfall baut? Philosophen und Juristen machen mobil, in: ZEIT Wissen Nr. 6/2015, online verfügbar http://www.zeit.de/zeit-wissen/2015/06/autonomes-fahren-unfall-schuld-rechtslage (letzter Zugriff: 25.02.16).

Bonnemains, Vincent/Saurel, Claire/Tessier, Catherine, Embedded ethics: some technical and ethical challenges, in: Ethics and Information Technology, 20, 2018, 41-58.

50 Zu dieser Position vgl. Kate Darling, Extending Legal Protection to Social Robots, http://spectrum.ieee.org/automaton/robotics/artificial-intelligence/extending-legal-protection-to-social-robots, sowie dies., Extending Legal Rights to Social Robots, 2012.

Braidotti, Rosi, Posthumanismus. Leben jenseits des Menschen, Frankfurt a.M. u.a. 2014.

Braun-Thürmann, Holger, Agenten im Cyberspace: Soziologische Theorieperspektiven auf die Interaktionen virtueller Kreaturen, in: Udo Thiedecke (Hg.), Soziologie des Cyberspace. Medien, Strukturen und Semantiken, Wiesbaden 2004, 70-96.

Calo, Ryan/Froomkin, A. Michael/Kerr, Ian (Hg.), Robot Law, Cheldenham, UK, Northhampton, MA 2016.

Chisik, Yoram/Mancini, Clara, Of Kittens and Kiddies: Reflections on Participatory Design with Small Animals and Small Humans, Vortrag, IDC '17 Proceedings of the 2017 Conference on Interaction Design and Children. Stanford, California, USA — June 27- 30, 2017.

Darling, Kate, Extending Legal Protection to Social Robots, online unter http://spectrum.ieee.org/automaton/robotics/artificial-intelligence/extending-legal-protection-to-social-robots.

–, Extending Legal Rights to Social Robots, Vortrag, We Robot Conference, University of Miami, April 2012.

Decker, Michael, The next generation of robots for the next generation of humans?, in: Robotics and Autonomous Systems, 88, 2017, 154-156.

Deng, Boer, The Robot's Dilemma. Working out how to build ethical robots is one of the thornies challenges in artificidal intelligence, in: Nature, 523, 2015, 24-26.

Ferreira, Maria Isabel Aldinhas/Sequeira, Joao Silva/Tokhi, Mohammad Osman u.a. (Hg.), A World with Robots. International Conference on Robot Ethics: ICRE 2015, Cham 2017.

Fischer, Michael, Personifizierung, Objektivierung und die Logik der Kontrolle: Zum Subjektstatus von Tieren in Tierstrafen, Tierprozessen und Tierschutz, in: Karl-Siegbert Rehberg/Deutsche Gesellschaft für Soziologie/(DGS) (Hg.), Die Natur der Gesellschaft: Verhandlungen des 33. Kongresses der Deutschen Gesellschaft für Soziologie in Kassel 2006. Teilbd. 1 u. 2, Frankfurt a. M. 2008, 5151-5168.

Gaggioli, Andrea/Ferscha, Alois/Riva Giuseppe u.a. (Hg.), Human Computer Confluence. Transforming Human Experience Through Symbiotic Technologies, Warsaw 2016.

Gleß, Sabine/Weigend, Thomas, Intelligente Agenten und das Strafrecht, in: Zeitschrift für die gesamte Strafrechtswissenschaft, 126, 2014, 561-591.

Gunkel, David J., The Rights of Machines: Caring for Robotic Care-Givers, in: Simon Peter van Rysewyk, Matthijs Pontier (Hg.), Machine Medical Ethics, Cham u.a. 2015, 151-166.

Hentig, Hans von, Die Strafe. Teil I: Frühformen und kulturgeschichtliche Zusammenhänge, Berlin u.a. 1954.

Hesse, Marc/Krause, André Frank/Vogel, Ludwig u.a., A Connected Chair as Part of a Smart Home Environment, Vortrag, BSN (Body Sensor Networks), 2017, 47-50.

Hilgendorf, Eric, Zur Steuerung von technischen Entwicklungen durch Recht und Moral – am Beispiel der Informationstechnik in der Medizin, in: Indra Spiecker gen. Döhmann/Astrid Wallrabenstein (Hg.), IT-Entwicklungen im Gesundheitswesen. Herausforderungen und Chancen, Frankfurt a.M. 2016, 75-88.

–, Autonomes Fahren im Dilemma. Überlegungen zur moralischen und rechtlichen Behandlung von selbsttätigen Kollisionsvermeidesystemen, in: Eric Hilgendorf (Hrsg.): Autonome Systeme und neue Mobilität. Beiträge zur 3. und 4. Würzburger Tagung zum Technikrecht (Robotik und Recht Band 11). Baden-Baden 2017, 143-175.

Huijnen, Claire/Badii, Atta/Heuvel, H. u.a., 'Maybe it Becomes a Buddy, but do not call it a robot' – Seamless Cooperation between Companion Robotics and Smart Homes, in: Ambient Intelligence Lecture Notes in Computer Science, 7040, 2011, 324-329.

Jensen, Casper B./Blok, Andreas, Techno-animism in Japan: Shinto Cosmograms, Actor-network Theory, and the Enabling Powers of Non-human Agencies, in: Theory, Culture & Society, 30/2, 2013, 84-115.

Kaerlein, Timo, The Social Robot as Fetish? Conceptual Affordances and Risks of Neo Animistic Theory, in: International Journal of Social Robotics, 7/3, 2015, 361-370.

Kahn, Peter H./Kanda, Takayuki/Ishiguri, Hiroshi u.a., Do People Hold a Humanoid Robot Morally Accountable for the Harm It Causes?, Vortrag, HRI'12, March 5-8, 2012, Boston, Massachusetts, USA.

Kersten, Jens, Relative Rechtssubjektivität. Über autonome Automaten und emergente Schwärme, in: Zeitschrift für Rechtssoziologie, 37/1, 2017, 8-25.

–, Die Konsistenz des Menschlichen. Post- und transhumane Dimensionen des Autonomieverständnisses, in: Christian Bumke/Anne Röthel (Hg.), Autonomie im Recht. Gegenwartsdebatten über einen rechtlichen Grundbegriff, Tübingen 2017, 315-352.

Klingbeil, Stefan, Der Begriff der Rechtsperson, in: Archiv für die civilistische Praxis (AcP), 217, 2017, 848-885.

Kochetkova, Tatjana, An Overview of Machine Medical Ethics, in: Simon Peter van Rysewyk, Matthijs Pontier (Hg.), Machine Medical Ethics, Intelligent Systems, Control and Automation: Science and Engineering 74, Cham: Springer 2015, 3-15.

Koh, Jeffrey T.K.V/Silvera-Tawil, Belinda J. Dunstan David u.a. (Hg.), Cultural Robotics. First International Workshop, CR 2015 Held as Part of IEEE RO-MAN 2015 Kobe, Japan, August 31, 2015. Revised Selected Papers, Cham 2016.

Kroos, Christian, The Art in the Machine, in: Damith Herath, Christian Kroos, Stelarc (Hg.), Robots and Art. Exploring an Unlikely Symbiosis, Singapore 2016, 19-25.

Lash, Scott, Objekte, die urteilen: Latours Parlament der Dinge (1999), online unter http://eipcp.net/transversal/0107/lash/de (letzter Zugriff: 25.08.13).

Levy, David, Falling in love with a Companion, in: Yorick Wilks (Hg.), Close engagement with artificial companions, Amsterdam 2010, 89-93.

Matthias, Andreas, Automaten als Träger von Rechten. Plädoyer für eine Gesetzesänderung, Berlin 2008.

Mori, Massahiro, The Uncanny Valley, in: Energy, 7, 1970, 33-35.

Mudry, Pierre-André/Degallier, Sarah/Billard, Aude, On the influence of symbols and myths in the responsibility ascription problem in roboethics – A roboticist's perspective, Vortrag, RO-MAN 2008.

Ogden, Laura A./Hall, Billy/Tanita, Kimiko, Plants, People and Things: A Review of Multispecies Ethnography, in: Environment and Society: Advances in Research, 4, 2013, 5-24.

Pagallo, Ugo, Even Angels Need the Rules: AI, Roboethics, and the Law, in: Kaminka, G. A./et al. (Hg.): Frontiers in Artificial Intelligence and Applications, 2016, 209-215.

Parisi, Domenico, Future Robots: Towards a robotic science of human beings, Band 7, Amsterdam, Philadelphia 2014.

Pfadenhauer, Michaela/Dukat, Christoph, Künstlich begleitet. Der Roboter als neuer bester Freund des Menschen?, in: Tilo Grenz, Gerd Möll (Hg.), Unter Mediatisierungsdruck: Änderungen und Neuerungen in heterogenen Handlungsfeldern, Wiesbaden 2014, 198-210.

–/Böhle, Knud, Social Robots call for Social Sciences, in: Science, Technology & Innovation Studies 10, H. 1, 2014 (Of Social Robots and Artificial Companions. Contributions from the Social Sciences), 3-10.

Pons, Patricia/Jaen, Javier/Catala, Alejandro, Animal Ludens: Building Intelligent Playful Environments for Animals, Vortrag, Proceedings of the first International Congress on Animal–Computer Interaction at ACE'14 (ACM), o. Pag.

Rieger, Stefan, Die Enden des Körpers. Versuch einer negativen Prothetik, (Reihe Technikphilosophie – Anthropologie – Gesellschaft; hrsg. von Klaus Wiegerling), Wiesbaden 2019.

–, „Bin doch keine Maschine …": Zur Kulturgeschichte eines Topos, in: Christoph Engemann / Andreas Sudmann (Hg.): Machine Learning – Medien, Infrastrukturen und Technologien der Künstlichen Intelligenz, Bielefeld 2018, 117-142.

Salomons, Nicole/Scassellati, Brian, Trust and Conformity when Interacting with Groups of Robots, in: HRI'18 Companion, March 5-8, 2018, Chicago, IL, USA, 315-316.

– /van der Linden, Michael/ Strohkorb Sebo, Sarah u.a., Humans Conform to Robots: Disambiguating Trust, Truth, and Conformity, in: Proceedings of HRI'18, Chicago, IL, USA, March 5th–8, 2018, 187-195.

Schmidhuber, Jürgen, Developmental robotics, optimal artificial curiosity, creativity, music, and the fine arts, in: Connection Science, 18, 2006, 173-187.

–, Formal Theory of Creativity, Fun, and Intrinsic Motivation, in: IEEE Transactions on Autonomous Mental Development 2230-2247. Online publication date: 1-Sep-2010.

Scholz, Rupert, Strafbarkeit juristischer Personen?, in: Zeitschrift für Rechtspolitik, 33, 2000, 435-440.

Selke, Stefan, Vom vermessenen zum verbesserten Menschen? Lifelogging zwischen Selbstkontrolle und Selbstoptimierung, in: Andreas Beinsteiner, Tanja Kohn (Hg.), Körperphantasien. Technisierung – Optimierung – Transhumanismus, Innsbruck 2016.

Sombetzki, Janina, Roboterethik, in: Matthias Maring (Hg.), Zur Zukunft der Bereichsethiken – Herausforderungen durch die Ökonomisierung der Welt, Karlsruhe 2016, 355-380.

–, Virtuelle Autonomie, in: Dawid Kasprowicz, Stefan Rieger (Hg.), Virtualität. Ein Handbuch, Wiesbaden 2018 (i.E.).

Sosnitza, Olaf, Das Internet der Dinge – Herausforderung oder gewohntes Terrain für das Zivilrecht?, in: Computer und Recht, 2016, 764-772.

Spiekermann, Sarah/Pallas, Frank, Technology Paternalism – Wider Implications of Ubiquitous Computing, in: Poiesis and Praxis, 4/1, 2006, 6-18.

Teubner, Gunther, Elektronische Agenten und große Menschenaffen. Zur Ausweitung des Akteurstatus in Recht und Politik, in: Zeitschrift für Rechtssoziologie, 27/1, 2006, 5-30.

Tonkens, Ryan, Ethics of Robotic Assisted Dying, in: Simon Peter van Rysewyk, Matthijs Pontier (Hg.), Machine Medical Ethics, Cham–Heidelberg-New York-Dordrecht-London 2015, 207-211.

Wagner, Gerhard, Produkthaftung für autonome Systeme, in: Archiv für die civilistische Praxis (AcP), 217, 2017, 707-765.

Wieland, Josef (Hg.), Die moralische Verantwortung kollektiver Akteure, Berlin u.a. 2011.

Wiener, Norbert, God and Golem Inc. A Comment on Certain Points Where Cybernetics Impinges on Religion, Cambridge 1963.

Ziemann, Sascha, Wesen, Wesen, seid´s gewesen? Zur Diskussion um ein Strafrecht für Maschinen, in: Eric Hilgendorf/Jan-Philipp Günther (Hg.), Robotik und Gesetzgebung. Beiträge der Tagung vom 7. bis 9. Mai 2012, Baden-Baden 2013, 183-194.

Verantwortungsdiffusion oder effiziente Externalisierung des ethischen Diskurses?

Laura Münkler

Kann Moral ohne Schuld gedacht werden? Existiert im Recht ein Ort, an dem ein moralischer Diskurs geführt werden kann, der ohne Schuldvorwürfe auskommt? In rechtlicher Hinsicht führen diese Fragen zunächst einmal zu der Überlegung, inwieweit das Recht überhaupt dem Diskurs über moralische Fragen zugänglich ist. Mit der Beantwortung dieser Frage beschäftigen sich in der Rechtswissenschaft gleich zwei bzw. drei Grundlagenfächer: die Rechtsphilosophie, die hierzu wohl zugehörige Rechtsethik und die Rechtstheorie. Dies zeigt bereits, wie komplex die Klärung des Verhältnisses von Moral und Recht und somit auch die Beantwortung der Frage nach der hier insinuierten Verbindungslinie zwischen Moral und Schuld aus rechtswissenschaftlichem Blickwinkel ist. Umso mehr verwundert es, dass mit Ethikgremien durchaus und recht offensichtlich ein rechtlich institutionalisierter „Ort" für Diskurse über moralische Fragen im Recht zu existieren scheint.[1] Doch kann es einen Ort für moralische Diskussionen in der rechtlichen Entscheidungsfindung geben, ohne dass diese mit rechtlichen Diskursen und Schuldfragen vermengt werden?[2]

Die Art und Weise der Einbeziehung von Ethikgremien in rechtliche Entscheidungen sowie die an ihrer Beteiligung vielfach geübte Kritik der Verantwortungsdiffusion stehen nach meiner Auffassung in einem engen Zusammenhang mit der Frage nach dem Verhältnis von Moral und Recht.

1 Ethik wird allgemein als Wissenschaft bezeichnet, in welcher eine Auseinandersetzung mit moralischen Urteilen erfolgt, vgl. Nida-Rümelin, Zur Rolle ethischer Expertise, in: Rippe (Hrsg.), Angewandte Ethik in der pluralistischen Gesellschaft, 1999, 245 ff. (247); Taupitz, Ethikkommissionen in der Politik, JZ 2003, 815 ff. (817); Vöneky, Recht, Moral und Ethik, 2010, 25 f. Insoweit stellen Ethikgremien einen Ort dar, an welchem über Moral diskutiert wird, vgl. Gmeiner, Nationale Ethikkommissionen, in: Bogner/Torgersen (Hrsg.), Wozu Experten?, 2005, 133 ff. (135).

2 Die Problematik der Vermengung zeigt sich paradigmatisch an der rechtswissenschaftlichen Kritik einer Stellungnahme des Ethikrates, welche sich gegen eine Entscheidung des BVerwG wendet, s. Lindner, Zum Verhältnis von Recht und Moral, ZRP 2017, 148 ff..

Wenn man also der Möglichkeit von Moral ohne Schuld bzw. Schuld ohne Moral sowie der Frage, wie moralische und rechtliche Diskurse zueinanderstehen und miteinander verbunden werden können, nachgehen möchte, erscheint es, da mit Ethikgremien eine für das Recht relevante Diskussion über Moral ermöglicht werden soll, weiterführend, diese Institutionen und ihre Einbindung in die Entscheidungsfindung näher in den Blick zu nehmen. Dies gilt zumal sich anhand ihrer eine Möglichkeit moralischer Entschuldung für rechtliche Entscheidungen analysieren lässt. Um die Problematik moralischer Diskussionen im Recht in Gänze erfassen zu können, bedarf es dabei zunächst einer kurzen Aufarbeitung des generellen Verhältnisses von Recht und Moral aus rechtswissenschaftlicher Sicht, wobei der Fokus weniger der rechtsphilosophischen respektive rechtstheoretischen Fragestellung gilt, sondern vielmehr auf der Analyse der dogmatischen Integration moralischer Wertungen in das Rechtssystem liegt. Hieraus lassen sich meines Erachtens zwei Gesichtspunkte ableiten, die das Problem eines Ortes der Moral im Recht und des moralischen Diskurses über Recht verdeutlichen, nämlich: Dass die Moral aus dem Recht einerseits zwar ausgeschlossen wird, andererseits jedoch verschiedene Rechtsnormen auf moralische Vorstellungen der Allgemeinheit verweisen, wodurch die Moral gleichzeitig wieder in das Recht integriert wird. Diese Kombination aus einerseits Aus- und andererseits Einschluss der Moral im Recht, führt dazu, dass ein Ort für moralische Diskurse, der das distanzierte Verhältnis zum Recht wahrt, zugleich jedoch eine Anschlussfähigkeit zwischen Moral und Recht erzeugt, schwierig zu kreieren ist. Auf Grundlage dieser Erwägungen soll versucht werden, Ethikgremien als Orte zu konstruieren, die das Dilemma des vertrackten Verhältnisses zwischen Recht und Moral zu lösen imstande sind. Ethikgremien stellen meines Erachtens Orte der Diskussion über Moral im Recht dar, die eine strukturelle Koppelung zwischen moralischen und rechtlichen Diskursen ermöglichen, ohne hierbei Kategorien der Schuld aufzurufen. Durch sie kann es also gelingen, im Recht Moral ohne Schuld zu denken. Warum?

1. *Recht und Moral – ein kompliziertes Verhältnis*

Das Verhältnis von Recht und Moral zueinander ist so komplex wie umstritten.[3] Die in der Rechtsphilosophie und Rechtstheorie hierzu vertretenen Ansichten reichen von der Verbindungs-, über die Vorrangs- und Ergänzungs- bis zur Trennungsthese. Eine dogmatische Betrachtung der deutschen Rechtsordnung zeigt indes,[4] dass – unabhängig von der rechtsphilosophischen und rechtstheoretischen Beurteilung – Recht und Moral in vielerlei Hinsicht miteinander in Beziehung stehen.[5] Das Recht wirkt nicht nur auf die Moral ein,[6] sondern auch die Moral auf das Recht.[7]

Die in diesem Zusammenhang festzustellenden Ambivalenzen, die von der strikten Trennung, über die Inbezugnahme bis zur distanzierten Gewährleistung der Moral durch das Recht reichen, erklären sich unter anderem daraus, dass mit dem Begriff der Moral unterschiedliche, nicht gänzlich voneinander zu trennende Formen von Moral in Bezug genommen werden, mit denen das Recht unterschiedlich umgeht.[8] Im Allgemeinen werden Verhaltensnormen als Moral bezeichnet, die nicht-rechtlich sind und zu einer bestimmten Zeit in einer Gesellschaft, Gemeinschaft oder sozialen Gruppe gelten.[9] Moral wird von Rechtswissenschaftlern deshalb als „die in einer Gesellschaft tatsächlich vorherrschenden, kategorischen, nicht-rechtlichen Normen“[10] verstanden. Demzufolge umfasst der Begriff Moral insbesondere die gesellschaftliche Moral als herrschende sozialethi-

---

3 Grundlegend zu den verschiedenen Möglichkeiten, das Verhältnis von Recht und Moral zu konstruieren, Alexy, Begriff und Geltung des Rechts, 3. Aufl. 2011, 39 ff.; Habermas, Faktizität und Geltung, 1998, 286 f.; Pfordten, Rechtsphilosophie, 2013, 66 ff.; Sandkühler, Moral und Recht, in: Sandkühler (Hrsg.), Recht und Moral, 2010, 9 ff. Zur historischen Entwicklung s. Pfordten, Zur Differenzierung von Recht, Moral und Ethik, in: Sandkühler (Hrsg.), Recht und Moral, 2010, 33 ff..

4 Zu den unterschiedlichen Ebenen, auf denen das Verhältnis von Recht und Moral betrachtet werden kann s. Dreier, Recht, Moral, Ideologie, 1981, 180 f.

5 Vgl. Auer, Normativer Positivismus, in: Heldrich (Hrsg.), Festschrift für Claus-Wilhelm Canaris: Zum 70. Geburtstag, 2007, 931 ff. (947 f.).

6 Zur Notwendigkeit der Entlastung der Moral durch das Recht mit Blick auf Gemeinschaftsgüter s. Lübbe-Wolff, Recht und Moral im Umweltschutz, 1999, 18 ff.; grundsätzlich hierzu auch Habermas, Faktizität und Geltung, 1998, 110.

7 Sommermann, Ethisierung des öffentlichen Diskurses, ARSP 89 (2003), 75 ff. (81).

8 Vgl. Valdés, Weitere Überlegungen, in: Aarnio/Paulson/Weinberger/Wright/Wyduckel (Hrsg.), Rechtsnorm und Rechtswirklichkeit, 1993, 477 ff. (477).

9 Hart, Der Begriff des Rechts, 2011, 184 f.

10 Pfordten, Rechtsethik, 2. Aufl. 2011, 63.

sche Überzeugung, welche empirisch erfasst werden kann.[11] Hierüber hinausgehend werden aber ebenso sowohl die Individualmoral als auch normative moralische Urteile der Moral zugeordnet.[12] Während die gesellschaftliche Moral – zumeist mit dem Begriff der Sitte – an verschiedenen Stellen in das Recht integriert wird, wird die Individualmoral rechtlich lediglich als private Dimension der Moral gewährleistet. Normativen Moralvorstellungen wird, sofern sie nicht mit der gesellschaftlichen Moral übereinstimmen und insofern vom Recht in Bezug genommen werden, hingegen versucht, die rechtliche Relevanz abzusprechen. Allein letzterem Gesichtspunkt – dem Verhältnis von Recht und Moral als dem Verhältnis zweier normativer Ordnungen – widmen sich die Rechtstheorie, Rechtsethik und Rechtsphilosophie.

1.1 Schuld ohne Moral: Wie das Recht die Moral ausschließt

Wendet man sich nicht der Diskussion der Rechtsphilosophie, Rechtsethik oder Rechtstheorie zu, sondern betrachtet das Verhältnis von Moral und Recht dogmatisch, zeigt sich zunächst einmal relativ klar, dass für rechtliche Urteile normativ nur die Rechtsordnung relevant ist, nicht hingegen die Moral. Rechtliche Schuldvorwürfe werden deshalb nie explizit mit moralischen Urteilen verbunden.[13] Zwischen Recht und Moral wird demnach grundsätzlich differenziert.[14] Die Begriffe Recht und Moral stellen daher keine Synonyme dar. Die Schuld im Sinne einer rechtlichen, persönlichen

---

11 Ellscheid, Recht und Moral, in: Kaufmann/Hassemer/Neumann (Hrsg.), Einführung in Rechtsphilosophie und Rechtstheorie der Gegenwart, 2011, 214 ff. (216 ff.); Vöneky, Recht, Moral und Ethik, 2010, 24 m.w.N.

12 Vöneky, Recht, Moral und Ethik, 2010, 25; Ellscheid, in: Kaufmann/Hassemer/Neumann (Hrsg.), Einführung in Rechtsphilosophie und Rechtstheorie der Gegenwart, 214 ff. (216 ff.). Zum Teil wird wohl nur letzterer Gesichtspunkt mit dem Begriff der Moral in Bezug genommen Fateh-Mooghadam/Atzeni, Ethisch vertretbar, in: Vöneky/Hagedorn/Clados/Achenbach (Hrsg.), Legitimation ethischer Entscheidungen im Recht, 2009, 115 ff. (117 f.).

13 In historischer Hinsicht stellt sich dies allerdings anders dar, wie Umbenennungen ganzer Strafrechtsabschnitte und die Aufhebung von Strafnormen zeigt, hierzu Kühl, Der Umgang des Strafrechts, JA 2009, 833 ff. (838). Zum mit einer Verurteilung verbundenen sozial-ethischen Unwerturteil s. BVerfGE 96, 10 (25).

14 Lindner, Zum Verhältnis von Recht und Moral, Jura 2016, 8 ff. (11); Albers, Die Institutionalisierung von Ethik-Kommissionen, KritV 2003, 419 ff. (419); Graf, Ethik und Moral im Grundgesetz, 2017, 13. Zum schwierigen Verhältnis von Recht und Moral aus rechtstheoretischer Perspektive Funke, Rechtstheorie, in: Krüper (Hrsg.), Grundlagen des Rechts, 3. Aufl. 2017, § 2 Rn. 27.

Vorwerfbarkeit wird allein an die rechtliche Beurteilung geknüpft und ist folglich unabhängig von der moralischen Bewertung einer Handlung.[15] Aus rechtlicher Perspektive stellt sich Moral ohne Schuld bzw. Schuld ohne moralisches Urteil demnach als Normalfall dar.

Widmet man sich als Rechtswissenschaftler der Frage nach dem Verhältnis von Moral und Schuld, erscheint es deshalb im ersten Schritt notwendig, die Thematik, so wie sie hier formuliert wurde, auf den Kopf zu stellen: Das Recht denkt Schuld ohne Moral. Da moralische Kategorien in ihrem normativen Anspruch für das Recht problematisch sind, werden moralische Wertungen an sich aus dem Recht verbannt. Grund hierfür ist, dass die Moral sonst in ihrem normativen Anspruch neben das Recht treten würde, wodurch eine Kollision zwischen rechtlichen und moralischen Ansprüchen ausgelöst werden könnte.[16] Moral und Recht werden aus diesem Grund vielfach anhand des Kriteriums, ob eine zwangsweise Durchsetzung der Rechte und Pflichten durch den Staat möglich ist, voneinander abgegrenzt.[17] Obgleich die präzise Unterscheidung zwischen Recht und Moral durchaus Schwierigkeiten bereitet,[18] werden rechtliche und moralische Normen also im Allgemeinen voneinander geschieden.

1.2 Moral als Schuld: Wie die Moral das Recht wieder einholt

Gleichzeitig bleiben Rechtsnormen und die mit ihnen verbundenen Schuldvorwürfe bzw. Verantwortungszuschreibungen jedoch von moralischen Erwägungen nicht gänzlich getrennt. Vielmehr bestehen vielfältige Verbindungen zwischen Recht und Moral: Über das Recht werden moralische Urteile gefällt, welchen in Ausnahmekonstellationen wie etwa den Mauerschützenprozessen – der sogenannten „Radbruchschen-Formel"[19] folgend, nach welcher positives Recht kein Recht darstellt, wenn es in unerträglich ungerechter Weise gegen Gerechtigkeitsvorstellungen verstößt –

---

15 Jakobs, Strafrecht, Allgemeiner Teil, 2. Aufl. 1993, 480 ff.

16 Vöneky, Recht, Moral und Ethik, 2010, 1. Zur kategorischen Verpflichtung durch die Moral s. Pfordten, Zur Differenzierung von Recht, Moral und Ethik, in: Sandkühler (Hrsg.), Recht und Moral, 2010, 33 ff. (37 ff.).

17 Lübbe-Wolff, Historische Funktionen, in: Jørgensen/Pöyhönen/Varga (Hrsg.), Tradition and progress in modern legal cultures, 1985, 43 ff. (44 f.).

18 Zur Schwierigkeit s. etwa Hilgendorf, Aufklärung und Kritik 2001, 72 ff. (73 ff.).

19 Radbruch, Gesetzliches Unrecht, in: Hoerster (Hrsg.), Recht und Moral: Texte zur Rechtsphilosophie, 1987, 46 ff. (49).

sogar rechtliche Bedeutung zugemessen wird.[20] Zudem nehmen moralische Urteile auf die Genese von Recht Einfluss.[21] Das Grundgesetz hat – auch wenn dies in der Akzentuierung umstritten ist – gewisse moralische Grundentscheidungen in sich aufgenommen.[22] Darüber hinaus haben moralische Wertungen Einfluss auf einfachgesetzliche Normen.[23] Dies zeigt etwa die Entstehungsgeschichte des Verbots der geschäftsmäßigen Förderung der Selbsttötung.[24] Aber auch die Diskussion über die Verfassungsmäßigkeit des Inzestverbotes mit der in diesem Kontext aufgeworfenen Frage, ob das Recht moralische Wertungen zu rechtlichen Unwerturteilen umwandeln oder der Staat nur im Falle eine Rechtsgutsverletzung strafen darf, verweist auf das Spannungsverhältnis zwischen Moral und Recht.[25]

In rechtliche Form gekleidet verschafft sich die Moral überdies in vielfältigen Konstellationen Zutritt zu rechtlichen Diskursen. Grund hierfür ist, dass sich das Recht für den Einfall der Moral öffnet, indem es in verschiedenen Rechtssätzen auf sie verweist.[26] Das Recht nimmt an mehreren Stellen auf moralische Wertungen Bezug,[27] etwa im Rahmen des Schutzguts der öffentlichen Ordnung im Polizeirecht und der Sittenwidrigkeit im Zivilrecht. Im Strafrecht wird mit Blick auf die Abgrenzung von Mord und Totschlag mit dem Kriterium der „niedrigen Beweggründe", welche als ein nach allgemein sittlicher Anschauung auf tiefster Stufe stehend und des-

---

20 BVerfGE 23, 98 (106); 95, 96 (134 f.); BGHSt 39, 1 (16); 40, 241 (244).

21 Pfordten, Rechtsethik, 2. Aufl. 2011, 85. Dies in rechtssoziologischer Hinsicht aufzeigend Raiser, Recht und Moral, JZ 59 (2004), 261 ff. (265 f.). Besonders prägnant umschrieben mit dem Begriff der Transformation bei Kirste, Recht als Transformation, in: Brugger/Neumann/Kirste (Hrsg.), Rechtsphilosophie im 21. Jahrhundert, 2013, 134 ff. (150 ff.).

22 Vgl. Volkmann, Grundzüge einer Verfassungslehre der Bundesrepublik Deutschland, 2013, 23 ff. In besonderem moralischen Wertungen zugängliche Verfassungsnormen analysiert Graf, Ethik und Moral im Grundgesetz, 2017, 144 ff.

23 Vöneky, Recht, Moral und Ethik, 2010, 94.

24 BT-Drs. 18/5373, 9 f.

25 Siehe hierzu die Entscheidung des BVerfG und das hierzu ergangene Minderheitsvotum des Richters Hassemer BVerfGE 120, 224 (255 ff., 264 f.). Zu der Problematik allgemein MacCormick, Entrechtlichung der Moral, in: Aarnio/Paulson/Weinberger/Wright/Wyduckel (Hrsg.), Rechtsnorm und Rechtswirklichkeit, 1993, 547 ff. (548 ff.), m.w.N. Kritisch dazu, dass das Verhältnis von Recht und Moral selbst in dieser Entscheidung lediglich im Minderheitsvotum zur Sprache kommt s. Volkmann, Darf der Staat seine Bürger erziehen?, 2012, 21 ff.

26 Eine zusammenfassende Aufzählung findet sich bei Kahl, Die Konkretisierung, VerwArch 2008, 451 ff. (452 f., Fn. 6 und 8) und Vöneky, Recht, Moral und Ethik, 2010, 96.

27 Vgl. Armbrüster in: MüKO, 7. Aufl. 2015, § 138 BGB Rn. 11.

halb als verwerflich anzusehender Grund definiert werden,[28] auf ein Merkmal der Moral abgestellt, das zum ausschlaggebenden Gesichtspunkt des konkreten Unwerturteils wird.[29] Selbiges gilt für die in § 228 StGB erfolgende Unbeachtlichkeitserklärung der Einwilligung in eine Körperverletzung im Falle ihres Verstoßes gegen die guten Sitten wie auch für die notwendige Feststellung der Verwerflichkeit der Zweck-Mittel-Relation im Rahmen der Nötigung.[30] Neben diesen ausdrücklichen Verweisen auf die Moral erlangen moralische Vorstellungen aber auch Bedeutung, wenn die Sozialadäquanz eines bestimmten Verhaltens beurteilt werden muss – etwa, ob die im Verkehr gebotene Sorgfalt eingehalten wurde.[31] Diese willkürlich herangezogenen Beispiele zeigen, dass dogmatisch vielfältige Verbindungslinien zwischen Moral und Recht existieren.

Gleichzeitig fällt jedoch bei einer genaueren Betrachtung des Umgangs mit moralischen Wertungen in diesen Normen auf, dass eine rechtliche Aufbereitung ihrer erfolgt. Moralische Diskurse werden im Falle ihrer rechtlichen Relevanz zuvor rechtlich strukturiert.[32] Denn moralische Wertungen sind für das Recht nur maßgeblich, wenn hierfür rechtliche Anschlussstellen bestehen. Moralische Bewertungen dringen in das Recht demnach lediglich insoweit ein, als sie rechtlich erfass- und verarbeitbar sind.[33] Aus diesem Grund erfolgt selbst im Falle des rechtlichen Verweises auf moralische Urteile eine Verrechtlichung dieser.[34]

Dies gilt in sogar zweifacher Hinsicht: Zum einen kommt es durch die Aufnahme in das Gesetz zu einer Verrechtlichung der Moral. Selbst bei expliziten Verweisen auf moralische Wertungen ist aufgrund der weitgehenden, detaillierten rechtlichen Regelung in der Rechtswissenschaft umstritten, ob überhaupt noch Räume für den Einfluss moralischer Argumente bestehen.[35] Die Beurteilung der ethischen Vertretbarkeit, welche im Rahmen von Entscheidungen im Bereich der Biomedizin, etwa bei der Ent-

28 Kühl, in: Lackner/Kühl, StGB, § 211 Rn. 5.

29 Kühl, Der Umgang des Strafrechts, JA 2009, 833 ff. (834).

30 Dannecker, Narrativität im Recht, in: Anderheiden (Hrsg.), Verfassungsvoraussetzungen: Gedächtnisschrift für Winfried Brugger, 2013, 621 ff. (640).

31 Ebd., 621 ff. (622).

32 Kirste, Recht als Transformation, in: Brugger/Neumann/Kirste (Hrsg.), Rechtsphilosophie im 21. Jahrhundert, 3 Aufl. 2013, 134 ff. (153 ff.).

33 Albers, Die Institutionalisierung, KritV 2003, 419 ff. (430).

34 Ebd., 419 ff. (430). Zu dieser Tendenz auch im Strafrecht Kühl, Der Umgang des Strafrechts, JA 2009, 833 ff. (834 ff.).

35 Dagegen Dewitz/Luft/Pestalozza, Ethikkommissionen in der medizinischen Forschung, 307; Sobota, Die Ethik-Kommission, AöR 121 (1996), 229 ff. (254). Dafür Vöneky, Recht, Moral und Ethik, 2010, 614. Dabei ist zu beobachten, dass mit

scheidung über die Verwendung von embryonalen Stammstellen, zu erfolgen hat, zeigt dies paradigmatisch. Vergleichbares gilt aber auch für die Beurteilung der Vertretbarkeit im Zuge der klinischen Prüfung eines Arzneimittels durch eine Ethikkommission. Der Selbstwahrnehmung der Mitglieder der Ethikkommission zufolge nehmen sie keine ethische, sondern vielmehr eine wissenschaftliche Prüfung des Vorhabens vor.[36] Inwieweit diese Beobachtung verallgemeinerbar ist und für sämtliche Bezugnahmen auf moralische respektive ethische Wertungen gilt, ist zwar fraglich. Auch der in anderen rechtlichen Kontexten in Bezug auf moralische Wertungen geführte Diskurs erweist sich jedoch in hohem Maße als rechtlich vorstrukturiert, weil auf das Recht bezogen. Dies erklärt zugleich die ausgemachte Tendenz in Ethikgremien stärker rechtliche anstatt moralische Diskussionen zu führen.[37] Dieser Bewertung der Verrechtlichung von Moral steht nicht entgegen, dass insbesondere im Bereich des Biomedizinrechts, aber auch hierüber hinausgehend zugleich eine „Ethisierung“[38] des Rechts festzustellen ist.[39] Denn die zwar zu beobachtende verstärkte Öffnung gegenüber ethisch-moralischen Wertungen und insoweit erfolgende „Ethisierung“ des Rechts, geht mit der rechtlichen Rückbindung dieser Wertungen und somit einer Verrechtlichung der für das Recht relevanten moralischen Diskurse einher.

Eine zweite Verrechtlichungstendenz rechtlicher Bezugnahmen auf die Moral zeigt sich zum anderen an der Art und Weise, wie beurteilt wird, ob ein Verstoß gegen die guten Sitten vorliegt, ein niederer Beweggrund anzunehmen ist bzw. eine Gefahr für die öffentliche Ordnung besteht. Bemerkenswert erscheint dabei im Besonderen, mit welcher Methode die allgemein geteilten moralischen Vorstellungen, die ausdrücklich Eingang in das Recht gefunden haben, ermittelt werden. Anders als man vermuten könn-

---

steigender Relevanz auch die Verrechtlichung zunimmt und Spielräume für das Einfließen ethischer Erwägungen zurückgedrängt werden, s. Fateh-Mooghadam/Atzeni, in: Vöneky/Hagedorn/Clados/ Achenbach (Hrsg.), Legitimation ethischer Entscheidungen im Recht, 2009, 115 ff. (123 f.).

36 Vöneky, Recht, Moral und Ethik, 2010, 614.

37 van den Daele, Streitkultur, in: Gosewinkel/Schuppert (Hrsg.), Politische Kultur im Wandel von Staatlichkeit, 2008, 357 ff. (372).

38 Zum Begriff der Ethisierung s. Bogner, Die Ethisierung von Technikkonflikten, 2011, 27 ff.

39 Sommermann, Ethisierung, ARSP 89 (2003), 75 ff. (81 ff.); Albers, Die Institutionalisierung, KritV 2003, 419 ff. (427); Bogner/Menz, Science, Technology & Human Values 35 (2010), 888 ff. (890 f.); Fateh-Mooghadam/Atzeni, Ethische vertretbar, in: Vöneky/Hagedorn/Clados/Achenbach (Hrsg.), Legitimation ethischer Entscheidungen im Recht, 2009, 115 ff. (115 f., 119).

te und es angesichts des Verweises auf unerlässliche moralische Vorstellungen der Allgemeinheit naheliegen würde,[40] werden zumeist keine empirischen Analysen angestellt, um die gesellschaftliche Moral als soziale Tatsache zu ermitteln.[41] Vielmehr entscheidet die demokratisch legitimierte Verwaltung bzw. die Richterin oder der Richter darüber, was als die allgemeine gesellschaftliche Moralvorstellung anzusehen ist.[42] Obwohl man in den verschiedenen rechtlichen Verweisen auf die gesellschaftliche Moral so etwas wie die Sicherung eines Mindestumfangs an Übereinstimmung von moralischen Grundentscheidungen mit dem Recht erkennen könnte, wird unter Zuhilfenahme der Methodik auch an dieser Stelle versucht, das Recht als einzig maßgebliche Form von Normativität durchzusetzen. Aus diesem Grund wird auf moralische Wertungen der Allgemeinheit auch nur solange rechtlich Rekurs genommen, wie keine entgegenstehenden oder positiven Rechtsvorschriften existieren.[43] Erkennbares Ziel ist es somit selbst im Falle der Öffnung des Rechts gegenüber der Moral ein klares Rangverhältnis zwischen der Geltung von Recht und Moral innerhalb des Rechts herzustellen.

1.3 Privatisierung von Moral

Traditionell werden aufgrund der Problematik der Kollision von rechtlichen und moralischen Anforderungen Recht und Moral dergestalt voneinander versucht abzugrenzen, dass die Moral zwar durch Freiheitsrechte geschützt, aber der privaten Sphäre überlassen wird.[44] Politische Ordnungsprobleme sollen hierdurch von moralischen Überzeugungen und Einstellungen entkoppelt werden.[45] Auf diese Weise wird Moral individualisiert und hierdurch zugleich relativiert sowie pluralisiert.[46] Diese Pluralisierung

---

40 Kahl, Die Konkretisierung, VerwArch 2008, 451 ff. (454).

41 Ebd., 451 ff. (475 ff.).

42 Kritisch hierzu ebd., 451 ff. (459 ff.), m.w.N.

43 Ebd., 451 ff. (454 f.).

44 Auf diese Tradition hinweisend Lübbe-Wolff, Recht und Moral im Umweltschutz, 1999, 44 f.; Huster, Die ethische Neutralität des Staates, 2002, 11; Rüthers/Fischer/Birk, Rechtstheorie, 7. Aufl. 2013, 251.

45 Huster, Die ethische Neutralität des Staates, 2002, 10.

46 Sandkühler, in: Sandkühler (Hrsg.), Recht und Moral, 2010, 9 ff. (15 f.); Dreier, Wozu dienen Ethikräte?, in: Appel/Hermes/Schönberger (Hrsg.), Öffentliches Recht im offenen Staat, 2011, 57 ff. (60).

der individuellen Moralvorstellungen wird grundrechtlich geschützt.[47] Insbesondere der Schutz der Gewissensfreiheit in Art. 4 Abs. 1 GG, welcher die Bildung des Gewissens, seine Äußerung und ein Handeln nach ihm sichert, garantiert die Individualmoral.[48] Es erfolgt somit eine Privatisierung der Moral, die in gewisser Weise mit der Säkularisierung vergleichbar ist.[49] Individuelle moralische Vorstellungen werden demzufolge zwar geschützt, dabei jedoch ihres normativen Anspruchs mit Blick auf das Recht weitestgehend entkleidet.[50] Die Moral wird folglich der gesellschaftlichen Sphäre überantwortet.[51] Diese generelle Aufspaltung zwischen der rechtlichen Regelung des äußeren Zusammenlebens auf der einen Seite und der Überantwortung des privaten, inneren Bereichs der Individualmoral auf der anderen Seite spiegelt sich in gewisser Weise in einem weiteren Versuch der Differenzierung zwischen Recht und Moral wider, wenn Recht als äußere und Moral als innere Ordnung begriffen wird.[52]

2. *Mangelnde Diskursfähigkeit moralischer Fragen in staatlichen Entscheidungen*

Diese im Recht zwar grundsätzlich durchgeführte Trennung, gleichzeitig jedoch an vielerlei Stellen bestehende Verbindung von rechtlichen und moralischen Fragen hängt in gewisser Hinsicht mit der Problematik der beschränkten Diskursfähigkeit von Moral zusammen. Obgleich im politischen Bereich im Grundsatz eine Zunahme der Konzeptualisierung von Fragen im Schema gut/böse zu beobachten ist,[53] werden moralische Aspek-

47 Ellscheid, Recht und Moral, in: Kaufmann/Hassemer/Neumann (Hrsg.), Einführung in Rechtsphilosophie und Rechtstheorie der Gegenwart, 8 Aufl. 2011, 214 ff. (229 ff.); Dreier, Wozu dienen Ethikräte?, in: Wahl/Appel/Hermes/Schönberger (Hrsg.), Öffentliches Recht im offenen Staat, 2011, 57 ff. (60).

48 Kluth, Das Grundrecht der Gewissensfreiheit, in: Isensee (Hrsg.), Dem Staate, was des Staates – der Kirche, was der Kirche ist, 1999, 215 ff. (223, 225 ff.).

49 Sandkühler, Moral und Recht?, in: Sandkühler (Hrsg.), Recht und Moral, 2010, 9 ff. (15).

50 Zur Moral als kritische Ressource s. Ellscheid, Recht und Moral, in: Kaufmann/Hassemer/Neumann (Hrsg.), Einführung in Rechtsphilosophie und Rechtstheorie der Gegenwart, 2011, 214 ff. (218 ff.).

51 Ebd., 214 (217).

52 Diese Art der Differenzierung geht zurück auf Kant, Werkausgabe. Die Metaphysik der Sitten, 1978, 305, 323 ff. Sie aufgreifend etwa Kühl, Der Umgang des Strafrechts, JA 2009, 833 ff. (833 f.).

53 Mouffe, Das demokratische Paradox, 2008, 38 ff., 113.

te von staatlichen Entscheidungen in der Öffentlichkeit kaum breit diskutiert. Die Moralisierung von Fragestellungen führt vielmehr zumeist zu einer Beendung des Diskurses, was zur Folge hat, dass im Falle des Aufkommens moralischer Aspekte von Entscheidungen keine wirkliche inhaltliche Auseinandersetzung mit der Thematik oder eine Diskussion über Ziel- und Wertkonflikte mehr erfolgt.[54] Die mangelnde Diskutierbarkeit moralischer Fragen bewirkt daher tendenziell eine Ausblendung des Politischen.[55] Die heterogenen Wertvorstellungen in einer pluralen Gesellschaft verstärken diese Problematik weiter.[56] Eine derartige Tabuisierung des Diskurses lässt sich, um nicht lediglich die Gentechnik und Biomedizin zu nennen, ebenso am Fehlen einer Diskussion über Leistungsausschlüsse aus der gesetzlichen Krankenversicherung aufgrund von Wirtschaftlichkeitserwägungen erkennen. Sie betrifft überdies Fragen des Schwangerschaftsabbruchs und viele weitere Felder in gleicher Weise, auch wenn durchaus Gegenbeispiele hierfür, wie etwa Schirachs Aufbereitung des Falles Daschner in seinem Stück „Terror", existieren. Diese Thementabuisierung setzt sich ferner mit Blick auf Wahlen fort, weil derartige Fragen für Wahlentscheidungen tendenziell als untauglich angesehen und daher kaum zu Wahlkampfthemen gemacht werden.[57] So ist etwa der Versuch aus Reihen der Jungen Union darüber zu diskutieren, inwieweit Hüftprothesen in einem bestimmten Alter noch von der gesetzlichen Krankenversicherung getragen werden müssten, grandios gescheitert. Die fehlende Politisierung derartiger Fragen bewirkt jedoch, dass hinsichtlich der moralischen Hintergründe von staatlichen Entscheidungen eine äußerst wacklige Rückbindung an den Volkswillen besteht.

Die Moralisierung von Fragen erscheint somit als der deliberativen Demokratie abträglich, weil ihnen hierdurch die Diskursfähigkeit genommen wird, welche jedoch Voraussetzung für Politik ist.[58] Die Moralisierung von Entscheidungen befeuert die Gefahr von Populismus, was eine Ausrichtung an bloßen Parolen bedingt, anstatt dass eine Auseinandersetzung

---

54 Rippe, Ethikkommissionen als Expertengremien? in: Rippe (Hrsg.), Angewandte Ethik in der pluralistischen Gesellschaft, 1999, 359 ff. (360 f.).

55 Mouffe, Social Research 66 (1999), 745 ff. (746).

56 Vöneky, Recht, Moral und Ethik, 2010, 6.

57 Unger, Das Verfassungsprinzip der Demokratie, 2008, 40; Möllers, Wir, die Bürger(lichen), Merkur 71 (2017), 5 ff. (10 f.).

58 Rippe, Ethikkommissionen in der deliberativen Demokratie, in: Kettner (Hrsg.), Angewandte Ethik als Politikum, 2000, 140 ff. (144 f.).

über die Sachfragen geführt wird.[59] Dies erklärt die Neigung, moralische Aspekte aus dem politischen und rechtlichen Diskurs zu verdrängen. In Anbetracht der Radikalisierung der an die Politik gestellten moralischen Anforderungen[60] wird die mangelnde Diskussionsfähigkeit der Moral indes verstärkt zu einem Problem für das demokratische System. Es stellt sich daher die Frage, wie grundlegende Wertedivergenzen in einer pluralistischen Gesellschaft demokratisch bewältigt werden können, wenn sie, weil konstant der Diskursabbruch durch bloße Schuldzuweisungen droht bzw. die Qualifikation einer Meinung als moralisch untragbar und deshalb nicht diskutierbar erfolgt, nicht ohne weiteres öffentlich diskursfähig sind.[61]

Die Einrichtung von Ethikgremien, insbesondere die des Deutschen Ethikrates, dem gemäß § 2 Abs. 1 EthRG sowohl die Aufgabe zukommt, einen moralischen Diskurs der Öffentlichkeit zu initiieren, als auch die Politik zu beraten, stellt einen Versuch zur Lösung dieser Problematik dar.[62] Ein öffentlicher Diskurs soll dadurch ermöglicht werden, dass im Ethikrat über moralische Fragen diskutiert, das Meinungsspektrum aufgezeigt sowie die verschiedenen Ansichten in ihren Vorannahmen verdeutlicht werden. Mit der Möglichkeit des Verweises auf die Stellungnahme des Ethikrats wird, wie die Kritik der Verantwortungsdiffusion an der Einrichtung derartiger Beratungsgremien verdeutlicht, den politischen Entscheidungsträgern zugleich eine Exkulpationsmöglichkeit in moralischen Fragen eingeräumt. Bedarf es einer solchen Exkulpationsmöglichkeit der Politik in Fragen der Moral, um Entscheidungen in Bereichen treffen zu können, die moralisch umstritten sind? Oder wird der moralische Diskurs hierdurch letztlich lediglich aus der politischen und rechtlichen Sphäre verdrängt und ein bloß symbolisches Rechtfertigungsnarrativ kreiert?

3. *Verantwortungsdiffusion als doppeltes Exkulpationsnarrativ*

Die Beteiligung von Ethikexperten an der Entscheidungsfindung birgt die Gefahr, dass es zu einer ungerechtfertigten Auslagerung der Entscheidung an Ethikgremien kommt oder die politische Auseinandersetzung mit mo-

59 Vgl. Böckenförde, Demokratische Willensbildung, in: Isensee/Kirchhof (Hrsg.), Handbuch des Staatsrechts der Bundesrepublik Deutschland: Band III, 2005, § 34 Rn. 71.

60 Möllers, Wir, die Bürger(lichen), Merkur 71 (2017), 5 ff. (7).

61 Vöneky, Recht, Moral und Ethik, 2010, 6.

62 Ebd., 542 ff.

ralischen Fragen unter Hinweis auf die bereits erfolgte Diskussion im Ethikgremium noch weiter verknappt wird.[63] In der Rechtswissenschaft wird diese Problematik unter dem Stichwort der Entparlamentarisierung[64] respektive Verantwortungsdiffusion[65] diskutiert. Durch die ethische Beratung von Entscheidungsträgern droht demnach eine Vorwegnahme des demokratischen Diskurses bzw. eine Untergrabung der rechtlichen Maßstäbe.[66] Aus diesem Grund wurde bei der Einrichtung des Ethikrates die Unterhöhlung demokratischer Entscheidungen durch die Einbindung ethischer Experten, welche jedenfalls Entscheidungsrichtungen vorzugeben vermögen, befürchtet.[67] Beratung kann zu einer Verantwortungsverschleierung führen, wenn weder der Entscheidungsträger noch das Beratungsgremium vollends für den Entscheidungsinhalt einstehen.[68] Mit der Beratungsstruktur wird beiden Gremien eine Art Exkulpationsmöglichkeit an die Hand gegeben: Der staatliche Entscheidungsträger kann zur Rechtfertigung seiner Entscheidung auf das Ethikgremium verweisen, dessen Votum die Entscheidung entweder trägt oder zumindest einen moralischen Dissens aufzeigt. Das Ethikgremium wiederum kann Kritik unter Hinweis darauf abwehren, dass es keine verbindliche Entscheidung getroffen, sondern lediglich den „Korridor“[69] des ethisch Möglichen aufgezeigt habe. Die Einbeziehung von Ethikgremien kann man demnach auf der einen Seite als den Versuch einer ethischen Legitimierung der staatlichen Entscheidung durch ethische Beratung ansehen.[70] Auf der anderen Seite lässt sich die ethische Beratung durch Ethikgremien aber auch als Problem des demokratischen wie auch rechtlichen Systems begreifen, weil die Beteiligung

63 Zotti, Ethische Politikberatung, in: Vöneky/Hagedorn/Clados/Achenbach (Hrsg.), Legitimation ethischer Entscheidungen im Recht, 2009, 98 ff. (101).

64 S. etwa Kirchhof, Demokratie ohne parlamentarische Gesetzgebung, NJW 2001, 1332 ff. (1333); Schröder, Die Institutionalisierung des Nationalen Ethikrates, NJW 2001, 2144 ff. (2145).

65 Voßkuhle, Sachverständige Beratung des Staates, in: Isensee/Kirchhof (Hrsg.), Handbuch des Staatsrechts der Bundesrepublik Deutschland: Band III, 2005, § 43 Rn. 52. Mit Bezug auf Ethikgremien Sommermann, Ethisierung des öffentlichen Diskurses, ARSP 89 (2003), 75 ff. (85 f.).

66 Sommermann, Ethisierung, ARSP 89 (2003), 75 ff. (85); Graf, Ethik und Moral im Grundgesetz, 2017, 243.

67 Papier, Reform an Haupt und Gliedern, Frankfurter Allgemeine Zeitung 31.3.2003, 8; Geyer, Geburtsfehler, Frankfurter Allgemeine Zeitung 3.5.2001, 53.

68 Dietzel, Wissenschaft und staatliche Entscheidungsplanung, 1978, 106.

69 Vöneky, Recht, Moral und Ethik, 2010, 17.

70 Bogner/Menz, Science, Technology & Human Values 35 (2010), 888 ff. (894); Gmeiner, Nationale Ethikkommissionen, in: Bogner/Torgersen (Hrsg.), Wozu Experten? 2005, 133 ff. (144 f.).

von Beratungsgremien es den staatlichen Entscheidungsträgern ermöglicht, die Verantwortung für die politische bzw. rechtliche Entscheidung zumindest zum Teil abzuwälzen.[71] Jedenfalls wird den staatlichen Entscheidungsträgern durch die Beratung in Ethikfragen dazu verholfen, sich von der moralischen – wenn nicht sogar in gewissem Umfang von der politischen – Verantwortung für ihre Entscheidungen zu exkulpieren.[72]

Diese Exkulpationsmöglichkeit hat zwar in gewisser Weise für sich, dass sie in der Politik einen offenen Diskurs über moralische Fragen zu ermöglichen vermag. Um demokratische Rückbindung zu gewährleisten, bedarf es jedoch klarer Verantwortungsstrukturen und damit einhergehend auch einer Verantwortungsübernahme.[73] Aus diesem Grund besteht trotz der „Vorgabe eines ethisch gerechtfertigten Entscheidungskorridors“[74] durch den Ethikrat die Notwendigkeit, einen eigenständigen Diskurs auch über die ethisch-moralischen Implikationen einer Entscheidung im Parlament bzw. beim jeweils rechtlich zuständigen Entscheidungsträger zu führen – gegebenenfalls sogar außerhalb des vom Ethikrat gezogenen Rahmens.[75] Einen moralischen Autoritarismus von Ethikgremien darf es in demokratischen Systemen nicht geben.[76] Gerade im Falle von nicht objektiv rechtfertigbaren Entscheidungen, wie sie bei moralischen Urteilen vorliegen,[77] besteht das Bedürfnis, eigenständige parlamentarische und rechtliche Entscheidungen zu treffen.[78] Aus diesem Grund sind beide Gremien für ihr

71 Voßkuhle, Sachverständige Beratung, in: Isensee/Kirchhof (Hrsg.), Handbuch des Staatsrechts der Bundesrepublik Deutschland: Band III, 2005, § 43 Rn. 26.

72 Nowotny, Science and Public Policy 30 (2003), 151 ff. (154). Insofern wird Ethikgremien eine Entlastungsfunktion zugeschreiben, s. Rippe, Ethikkommissionen in der deliberativen Demokratie, in: Kettner (Hrsg.), Angewandte Ethik als Politikum, 2000, 140 ff. (140).

73 Trute, Die demokratische Legitimation der Verwaltung, in: Hoffmann-Riem/Schmidt-Aßmann/Voßkuhle (Hrsg.), Grundlagen des Verwaltungsrechts: Band I, 2012, § 6 Rn. 57.

74 Vöneky, Recht, Moral und Ethik, 2010, 17, 535 ff.

75 Lübbe-Wolff, Europäisches und nationales Verfassungsrecht, in: Vereinigung der Deutschen Staatsrechtslehrer (Hrsg.), Die deutsche Staatsrechtslehre in der Zeit des Nationalsozialismus, 2001, 246 ff. (256 f.).

76 Vöneky, Experten und moralischer Autoritarismus, in: Vöneky/Hagedorn/Clados/Achenbach (Hrsg.), Legitimation ethischer Entscheidungen im Recht, 2009, 85 ff. (87).

77 Birnbacher, Wofür ist der "Ethik-Experte" Experte?, in: Rippe (Hrsg.), Angewandte Ethik in der pluralistischen Gesellschaft, 1999, 267 ff. (273).

78 Dreier, Wozu dienen Ethikräte?, in: Appel/Hermes/Schönberger (Hrsg.), Öffentliches Recht im offenen Staat, 2011, 57 ff. (65).

Tun vollumfänglich selbst verantwortlich.[79] Exkulpationsnarrative, die es ermöglichen, die Verantwortung auf andere Akteure zu verschieben, sind aus diesem Grund aus demokratischem Blickwinkel problematisch. Einen wirklichen Ort der Exkulpation kann es daher nicht geben, mit Ausnahme der Öffentlichkeit. Die Bestätigung der eigenständig getroffenen Entscheidung etwa des Parlaments durch den Deutschen Ethikrat mag daher erfreulich sein und in tatsächlicher Hinsicht auch die Entscheidung stützten. Eine eigenständige rechtliche Bedeutung kommt ihr indes nicht zu. Allein das Diskursproblem vermag mittels Ethikgremien gelöst werden. Eine Entschuldung in rechtlicher Hinsicht ist demgegenüber nicht möglich – in moralischer Hinsicht mag dies anders aussehen.

4. Externalisierung moralisch-ethischer Diskurse mithilfe von Ethikgremien

Neben dem Aspekt der Exkulpationsmöglichkeit bewirkt die Institutionalisierung von Ethikgremien als Beratungs- und nicht als Entscheidungsgremien des Weiteren, dass der ethische Diskurs de facto wieder aus dem Rechtssystem externalisiert wird, da die Diskussion über moralische Wertungen nicht im rechtlich zuständigen Entscheidungsgremium, sondern außerhalb geführt wird. Hierdurch wird eine Parallelisierung der moralisch-ethischen und politisch-rechtlichen Diskussion ermöglicht, die dabei hilft, zu vergleichen, in welcher Hinsicht die Diskurse gleichlaufen. Sofern moralische Wertungen nicht im Widerspruch zu rechtlichen Aussagen stehen, stützt man sich gerne hierauf, um die Akzeptanz von Recht zu sichern. Eine tatsächliche Inbezugnahme und stringente moralische Rechtfertigung rechtlicher Entscheidungen erfolgt indes nicht. Unmittelbare Auswirkungen hat die moralisch-ethische Beurteilung einer Frage auf rechtliche Entscheidungen kaum. Moral hat dogmatisch betrachtet nur Einfluss auf das Recht, sofern das Recht dies ermöglicht. Die Moral wird folglich entweder zum Teil des rechtlichen Diskurses oder sie bleibt für sich und zeitigt keine rechtlichen Folgen.

---

79 Vöneky, Recht, Moral und Ethik, 2010, 551.

5. Von der Externalisierung zur Internalisierung: Zur Ermöglichung der Diskussion über Moral im Recht

Angesichts der Ethikgremien zukommenden Aufgabe, einen offenen, öffentlichen Diskurs über bestehende Moralauffassungen insbesondere auch in Bereichen anzuregen, in denen plurale Wertauffassungen vertreten werden, und eine moralische Tabuisierung zu verhindern,[80] ist es notwendig, die gesamte denkbare argumentative Breite des Diskurses im Rahmen der Diskussion des Ethikgremiums abzubilden.[81] Ferner muss sichergestellt werden, dass die innerhalb der Ethikgremien angestellten Überlegungen in gewisser Weise mit den Wertvorstellungen der Bürger korrespondieren, wodurch der öffentliche Diskurs innerhalb des Gremiums simuliert werden kann. Das Votum des Ethikrates kann zwar nicht den gesellschaftlichen Standpunkt repräsentieren,[82] selbst wenn institutionentechnisch in Ethikgremien zum Teil durch die modellhafte Abbildung der Gesellschaft eine Annäherung hieran zu erreichen versucht wird.[83] Den Anschluss an die gesellschaftlichen Wertvorstellungen dürfen Ethikgremien jedoch ebenso wenig verlieren. Die aus diesem Grund erfolgende Widerspiegelung der pluralen, gesellschaftlichen Wertvorstellungen innerhalb der Ethikkommissionen sorgt nebenbei zugleich für eine Erhöhung der Diskursfähigkeit verschiedener Werteverständnisse, weil ihnen allensamt durch die Thematisierung im Ethikgremium in gewisser Weise moralische Legitimität zugesprochen wird.[84] Mittels der Anerkennung eines moralischen Standpunktes als ethisch begründbar und somit politisch diskussionswürdig durch ein Expertengremium kann die Stigmatisierung einer Ansicht als unmoralisch aufgehoben werden. Überdies erfolgt in Ethikgremien eine Entmoralisierung des Diskurses, wodurch die Diskussionsfähig-

---

80 Bogner/Menz, Science, Technology & Human Values 35 (2010), 888 ff. (896); Albers, Die Institutionalisierung von Ethik-Kommissionen, KritV 2003, 419 ff. (424, 428); Taupitz, Ethikkommissionen in der Politik, JZ 2003, 815 ff. (818); Vöneky, Recht, Moral und Ethik, 2010, 288 f.

81 Rippe, Ethikkommissionen als Expertengremien?, in: Rippe (Hrsg.), Angewandte Ethik in der pluralistischen Gesellschaft, 1999, 359 ff. (363).

82 Zur fehlenden Repräsentation des gesellschaftlichen Standpunkts durch den Ethikrat s. Schröder, Die Institutionalisierung des Nationalen Ethikrates, NJW 2001, 2144 ff. (2145). Allgemein zur Repräsentation von Belangen durch den Ethikrat s. Vöneky, Recht, Moral und Ethik, 2010, 243 ff.

83 Zotti, Ethische Politikberatung, in: Vöneky/Hagedorn/Clados/Achenbach (Hrsg.), Legitimation ethischer Entscheidungen im Recht, 2009, 98 ff. (105).

84 Taupitz, Ethikkommissionen in der Politik, JZ 2003, 815 ff. (821).

keit der Wertungen erheblich gesteigert wird.[85] Die durch die Ethikgremien erfolgende Aufarbeitung, in welchem Bereich ein Dissens besteht und was die hierfür maßgeblichen Gründe sind, schafft deshalb eine Diskussionsgrundlage für moralische Fragen.[86] Dass in Ethikgremien Wertdissense häufig nicht aufgelöst und trotz ihrer Konsensorientierung kein Konsens geschaffen, sondern vielmehr der Dissens sichtbar und damit reflektierbar gemacht wird,[87] ist dem Diskurs dabei eher zuträglich. Denn dies ermöglicht Politik.[88] Mit Hilfe von Ethikgremien kann es daher gelingen, Kontroversen zu rationalisieren und einen Diskurs über Moral zu führen, ohne hierbei zu moralisieren.[89]

Ferner werden ethische Argumente und somit die Moral durch die Aufbereitung im Ethikgremium rechtlich verwertbar gemacht.[90] Die Ethisierung von Argumenten ist folglich nicht nur ein Schlüssel für Interdiszipli-

---

85 van den Daele/Müller-Salomon, Die Kontrolle der Forschung am Menschen durch Ethikkommissionen, 1990, 40 ff.; Rippe, Ethikkommissionen als Expertengremien?, in: Rippe (Hrsg.), Angewandte Ethik in der pluralistischen Gesellschaft, 1999, 359 ff. (361); Fateh-Mooghadam/Atzeni, Ethisch vertretbar im Sinne des Gesetzes, in: Vöneky/Hagedorn/Clados/Achenbach (Hrsg.), Legitimation ethischer Entscheidungen im Recht, 2009, 115 ff. (123).

86 Bogner, Moralische Expertise?, in: Bogner/Torgersen (Hrsg.), Wozu Experten?: Ambivalenzen der Beziehung von Wissenschaft und Politik, 2005, 172 ff. (189); Dreier, Wozu dienen Ethikräte?, in: Appel/Hermes/Schönberger (Hrsg.), Öffentliches Recht im offenen Staat, 2011, 57 ff. (70 f.).

87 Vgl. Bogner, Moralische Expertise?, in: Bogner/Torgersen (Hrsg.), Wozu Experten?, 2005, 172 ff. (189); Bogner/Menz, Science, Technology & Human Values 35 (2010), 888 ff. (894, 903 ff.).

88 Bogner/Menz, Science, Technology & Human Values 35 (2010), 888 ff. (888, 907); Bogner/Menz, Bioethical Controversies and Policy Advice, in: Maasen/Weingart (Hrsg.), Democratization of expertise, 2005, 21 ff. (23).

89 Dreier, Wozu dienen Ethikräte?, in: Appel/Hermes/Schönberger (Hrsg.), Öffentliches Recht im offenen Staat, 2011, 57 ff. (72); Vöneky, Ethische Experten und moralischer Autoritarismus, in: Vöneky/Hagedorn/Clados/Achenbach (Hrsg.), Legitimation ethischer Entscheidungen im Recht, 2009, 85 ff. (93); Zotti, Ethische Politikberatung, in: Vöneky/Hagedorn/Clados/Achenbach (Hrsg.), Legitimation ethischer Entscheidungen im Recht, 2009, 98 ff. (108); Rippe, Ethikkommissionen als Expertengremien?, in: Rippe (Hrsg.), Angewandte Ethik in der pluralistischen Gesellschaft, 1999, 359 ff. (361); Rippe, Ethikkommissionen in der deliberativen Demokratie, in: Kettner (Hrsg.), Angewandte Ethik als Politikum, 2000, 140 ff. (140); Bogner/Menz, Bioethical Controversies and Policy Advice, in: Maasen/Weingart (Hrsg.), Democratization of expertise?, 2005, 21 ff. (24).

90 Fateh-Mooghadam/Atzeni, Ethische vertretbar im Sinne des Gesetzes, in: Vöneky/Hagedorn/Clados/Achenbach (Hrsg.), Legitimation ethischer Entscheidungen im Recht, 2009, 115 ff. (126); Albers, Die Institutionalisierung von Ethik-Kommissionen, KritV 2003, 419 ff. (430).

narität innerhalb des Ethikgremiums,[91] sondern auch eine Möglichkeit, Moral diskursfähig zu machen und hiermit einhergehend einerseits Distanz, andererseits aber auch Nähe zu rechtlichen Wertungen zu schaffen. Die bestehenden Unklarheiten, ob Ethikgremien eine ethische oder rechtliche Beurteilung der gesetzlichen Kriterien durchzuführen haben, ob sie lediglich dem Gesetz nach eingeräumte Entscheidungsspielräume durch ethische Würdigungen füllen sollen oder ein genuin ethischer Diskurs neben dem rechtlichen Programm intendiert ist,[92] hängt folglich auch damit zusammen, dass die Aufgaben von Ethikgremien absichtlich zwischen Recht und Nicht-Recht changieren.[93] Dies ermöglicht, auf ihre Voten positiv bezugnehmend verweisen oder sie als moralische Urteile rechtlich ignorieren zu können. Moral und Schuld lassen sich hierdurch trennen, ohne jede Verbindung zwischen ihnen aufgeben zu müssen. Insofern wird Moral ohne Schuld rechtlich denkbar.

Literaturverzeichnis

Aarnio, Aulis/Paulson, Stanley L./Weinberger, Ota/Wright, Georgn Henrik von/ Wyduckel, Dieter (Hrsg.), Rechtsnorm und Rechtswirklichkeit, Berlin 1993.

Albers, Marion, Die Institutionalisierung von Ethik-Kommissionen: Zur Renaissance der Ethik im Recht, in: Kritische Vierteljahresschrift für Gesetzgebung und Rechtswissenschaft (KritV) 86 (2003), 419 ff.

Alexy, Robert, Begriff und Geltung des Rechts, 3. Aufl., Freiburg 2011.

Anderheiden, Michael (Hrsg.), Verfassungsvoraussetzungen, Tübingen 2013.

Appel, Ivo/Hermes, Georg/Schönberger, Christoph (Hrsg.), Öffentliches Recht im offenen Staat, Berlin 2011.

Auer, Marietta, Normativer Positivismus – Positivistisches Naturrecht. Zur Bedeutung von Rechtspositivismus und Naturrecht jenseits von Rechtsbegriff und Rechtsethik, in: Heldrich, Andreas (Hrsg.), Festschrift für Claus-Wilhelm Canaris: Zum 70. Geburtstag, München 2007.

Birnbacher, Dieter, Wofür ist der "Ethik-Experte" Experte?, in: Rippe, Klaus Peter (Hrsg.), Angewandte Ethik in der pluralistischen Gesellschaft, Freiburg/Schweiz 1999.

91 Fateh-Mooghadam/Atzeni, Ethische vertretbar im Sinne des Gesetzes, in: Vöneky/ Hagedorn/Clados/Achenbach (Hrsg.), Legitimation ethischer Entscheidungen im Recht, 2009, 115 ff. (141).

92 Zum Problem vgl. ebd., 115 ff. (121 f.).

93 Sobota, Die Ethik-Kommission, AöR 121 (1996), 229 ff. (252).

Böckenförde, Ernst-Wolfgang, Demokratische Willensbildung und Repräsentation, in: Isensee, Josef/Kirchhof, Paul (Hrsg.), Handbuch des Staatsrechts der Bundesrepublik Deutschland: Band III, Demokratie – Bundesorgane, 3. Aufl., Heidelberg 2005.

Bogner, Alexander/Menz, Wolfgang, How Politics Deals with Expert Dissent, Science, Technology & Human Values 35/6 (2010), 888 ff.

Bogner, Alexander, Moralische Expertise? Zur Produktionsweise von Kommissionsethik, in: Bogner, Alexander/Torgersen, Helge (Hrsg.), Wozu Experten?: Ambivalenzen der Beziehung von Wissenschaft und Politik, Wiesbaden 2005.

–, Die Ethisierung von Technikkonflikten, Weilerswist 2011.

Bogner, Alexander/Menz, Wolfgang, Bioethical Controversies and Policy Advice: The Production of Ehtical Expertise and its Role in the Substantiation of Polical Decision-Making, in: Maasen, Sabine/Weingart, Peter (Hrsg.), Democratization of expertise?: Exploring novel forms of scientific advice in political decision-making, Dordrecht 2005.

Bogner, Alexander/Torgersen, Helge (Hrsg.), Wozu Experten?, Wiesbaden 2005.

Brugger, Winfried/Neumann, Ulfrid/Kirste, Stephan (Hrsg.), Rechtsphilosophie im 21. Jahrhundert, 3. Aufl., Frankfurt am Main 2013.

Canaris, Claus-Wilhelm, Festschrift für Claus-Wilhelm Canaris, München 2007.

Dannecker, Gerhard, Narrativität im Recht: Zur Gestaltung der Sachverhalte durch Gerichte, in: Anderheiden, Michael (Hrsg.), Verfassungsvoraussetzungen: Gedächtnisschrift für Winfried Brugger, Tübingen 2013.

Dewitz, Christian von/Luft, Friedrich/Pestalozza, Christian, Ethikkommissionen in der medizinischen Forschung, 2014, online unter https://www.jura.fu-berlin.de/fachbereich/einrichtungen/oeffentliches-recht/emeriti/pestalozzac/materialien/staatshaftung/Rechtsgutachten_2004_v_Dewitz_Luft_Pestalozza.pdf (28.05.2019)

Dietzel, Gottfried T. W., Wissenschaft und staatliche Entscheidungsplanung, Berlin 1978.

Dreier, Horst, Wozu dienen Ethikräte?, in: Wahl, Rainer/Appel, Ivo/Hermes, Georg/Schönberger, Christoph (Hrsg.), Öffentliches Recht im offenen Staat: Festschrift für Rainer Wahl zum 70. Geburtstag, Berlin 2011.

Dreier, Ralf, Recht, Moral, Ideologie, Frankfurt am Main 1981.

Ellscheid, Günter, Recht und Moral, in: Kaufmann, Arthur/Hassemer, Winfried/Neumann, Ulfrid (Hrsg.), Einführung in Rechtsphilosophie und Rechtstheorie der Gegenwart, 8. Aufl., Heidelberg/München/Landsberg/ Frechen/Hamburg 2011.

Fateh-Mooghadam, Bijan/Atzeni, Gina, Ethisch vertretbar im Sinne des Gesetzes – Zum Verhältnis von Ethik und Recht am Beispiel der Praxis von Forschungs-Ethikkommissionen, in: Vöneky, Silja/Hagedorn, Cornelia/Clados, Miriam/Achenbach, Jelena von (Hrsg.), Legitimation ethischer Entscheidungen im Recht: Interdisziplinäre Untersuchungen. Berlin 2009.

Funke, Andreas, Rechtstheorie, in: Krüper, Julian (Hrsg.), Grundlagen des Rechts, 3. Aufl., Baden-Baden 2017.

Geyer, Christian, Geburtsfehler, Frankfurter Allgemeine Zeitung 3.5.2001, 53.

Gmeiner, Robert, Nationale Ethikkommissionen: Aufgaben, Formen, Funktionen, in: Bogner, Alexander/Torgersen, Helge (Hrsg.), Wozu Experten?: Ambivalenzen der Beziehung von Wissenschaft und Politik, Wiesbaden 2005.

Gosewinkel, Dieter/Schuppert, Gunnar Folke (Hrsg.), Politische Kultur im Wandel von Staatlichkeit, Berlin 2008.

Graf, Tilman, Ethik und Moral im Grundgesetz, Berlin 2017.

Habermas, Jürgen, Faktizität und Geltung, Frankfurt am Main 1998.

Hart, H. L. A., Der Begriff des Rechts, Berlin 2011.

Hilgendorf, Eric, Recht und Moral, in: Aufklärung und Kritik 2001, Heft 1, S. 72 – 90.

Hoerster, Norbert (Hrsg.), Recht und Moral, Stuttgart 1987.

Hoffmann-Riem, Wolfgang/Schmidt-Aßmann, Eberhard/Voßkuhle, Andreas (Hrsg.), Grundlagen des Verwaltungsrechts, München 2012.

Huster, Stefan, Die ethische Neutralität des Staates, Tübingen 2002.

Isensee, Josef/Kirchhof, Paul (Hrsg.), Handbuch des Staatsrechts der Bundesrepublik Deutschland, 3. Aufl., Heidelberg 2005.

Jakobs, Günther, Strafrecht, Allgemeiner Teil, 2. Aufl., Berlin/New York 1993.

Jørgensen, Stig/Pöyhönen, Juha/Varga, Csaba (Hrsg.), Tradition and progress in modern legal cultures [IVR, 11th world congress, Helsinki 1983; proceedings] = Tradition und Fortschritt in den modernen Rechtskulturen, Stuttgart 1985.

Kahl, Wolfgang, Die Konkretisierung verwaltungsrechtlicher Sittlichkeitsklauseln, VerwArch 2008 (2008), 451 ff.

Kant, Immanuel, Werkausgabe. Die Metaphysik der Sitten, 2. Aufl. 1978.

Kaufmann, Arthur/Hassemer, Winfried/Neumann, Ulfrid (Hrsg.), Einführung in Rechtsphilosophie und Rechtstheorie der Gegenwart, 8. Aufl., Heidelberg/München/Landsberg/Frechen/Hamburg 2011.

Kettner, Matthias (Hrsg.), Angewandte Ethik als Politikum, Frankfurt am Main 2000.

Kirchhof, Paul, Demokratie ohne parlamentarische Gesetzgebung, NJW 2001, 1332 ff.

Kirste, Stephan, Recht als Transformation, in: Brugger, Winfried/Neumann, Ulfrid/Kirste, Stephan (Hrsg.), Rechtsphilosophie im 21. Jahrhundert, 3. Aufl., Frankfurt am Main 2013.

Kluth, Winfried, Das Grundrecht der Gewissensfreiheit und die allgemeine Geltung der Gesetze: Überlegungen zur situativen Normdurchbrechung, in: Isensee, Josef (Hrsg.), Dem Staate, was des Staates – der Kirche, was der Kirche ist: Festschrift für Joseph Listl zum 70. Geburtstag, Berlin 1999.

Krüper, Julian (Hrsg.), Grundlagen des Rechts, 3. Aufl., Baden-Baden 2017.

Kühl, Kristian, Der Umgang des Strafrechts mit Moral und Sitten, JA 2009, 833 ff.

Kühl, Kristian/Heger, Martin (Hrsg.), Strafgesetzbuch, München, 28. Aufl., 2014.

Lindner, Josef Franz, Zum Verhältnis von Recht und Moral: Grundfragen der Rechtsphilosophie, Jura 2016, 8 ff.

–, Deutscher Ethikrat als praeceptor iurisdictionis?, ZRP 2017, 148 ff.

Listl, Joseph, Dem Staate, was des Staates – der Kirche, was der Kirche ist, Berlin 1999.

Lübbe-Wolff, Gertrude, Historische Funktionen der Unterscheidung von Recht und Moral, in: Jørgensen, Stig/Pöyhönen, Juha/Varga, Csaba (Hrsg.), Tradition and progress in modern legal cultures [IVR, 11th world congress, Helsinki 1983; proceedings] = Tradition und Fortschritt in den modernen Rechtskulturen. Stuttgart 1985.

–, Recht und Moral im Umweltschutz, Baden-Baden 1999.

–, Europäisches und nationales Verfassungsrecht, in: Vereinigung der Deutschen Staatsrechtslehrer (Hrsg.), Die deutsche Staatsrechtslehre in der Zeit des Nationalsozialismus, Berlin/New York 2001.

Maasen, Sabine/Weingart, Peter (Hrsg.), Democratization of expertise?, Dordrecht, 2005.

MacCormick, Neil, Entrechtlichung der Moral und rationaler Diskurs, in: Aarnio, Aulis/Paulson, Stanley L./Weinberger, Ota/Wright, Georgn Henrik von/Wyduckel, Dieter (Hrsg.), Rechtsnorm und Rechtswirklichkeit: Festschrift für Werner Krawietz zum 60. Geburtstag, Berlin 1993.

Möllers, Christoph, Wir, die Bürger(lichen), Merkur 71 (2017), 5 ff.

Mouffe, Chantal, Deliberative Democracy or Agonistic Pluralism?, Social Research 66 (1999), 745 ff.

–, Das demokratische Paradox, Wien 2008.

Nida-Rümelin, Julian, Zur Rolle ethischer Expertise in Projekten der Technikfolgenabschätzung, in: Rippe, Klaus Peter (Hrsg.), Angewandte Ethik in der pluralistischen Gesellschaft, Freiburg/Schweiz 1999.

Nowotny, Helga, Democratising expertise and socially robust knowledge, Science and Public Policy 30 (2003), 151 ff.

Papier, Hans-Jürgen, Reform an Haupt und Gliedern, Frankfurter Allgemeine Zeitung 31.3.2003, 8.

Pfordten, Dietmar von der, Zur Differenzierung von Recht, Moral und Ethik, in: Sandkühler, Hans Jörg (Hrsg.), Recht und Moral, Hamburg 2010.

–, Rechtsethik, 2. Aufl., München 2011.

–, Rechtsphilosophie, München 2013.

Radbruch, Gustav, Gesetzliches Unrecht und übergesetzliches Recht, in: Hoerster, Norbert (Hrsg.), Recht und Moral: Texte zur Rechtsphilosophie, Stuttgart 1987.

Raiser, Thomas, Recht und Moral, soziologisch betrachtet, JZ 59 (2004), 261 ff.

Rippe, Klaus Peter (Hrsg.), Angewandte Ethik in der pluralistischen Gesellschaft, Freiburg/Schweiz 1999.

–, Ethikkommissionen als Expertengremien?: Das Beispiel der Eidgenössischen Ethikkommission, in: Rippe, Klaus Peter (Hrsg.), Angewandte Ethik in der pluralistischen Gesellschaft, Freiburg/Schweiz 1999.

–, Ethikkommissionen in der deliberativen Demokratie, in: Kettner, Matthias (Hrsg.), Angewandte Ethik als Politikum, Frankfurt am Main 2000.

Rüthers, Bernd/Fischer, Christian/Birk, Axel, Rechtstheorie, 7. Aufl., München 2013.

Sandkühler, Hans Jörg, Moral und Recht? Recht oder Moral?, in: Sandkühler, Hans Jörg (Hrsg.), Recht und Moral, Hamburg 2010.

– (Hrsg.), Recht und Moral, Hamburg 2010.

Schröder, Meinhard, Die Institutionalisierung des Nationalen Ethikrates: Ein bedenklicher Regierungsakt?, NJW 2001, 2144 ff.

Sobota, Katharina, Die Ethik-Kommission – Ein neues Institut des Verwaltungsrechts?, AöR 121 (1996), 229 ff.

Sommermann, Karl-Peter, Ethisierung des öffentlichen Diskurses und Verstaatlichung der Ethik, ARSP 89 (2003), 75 ff.

Taupitz, Jochen, Ethikkommissionen in der Politik: Bleibt die Ethik auf der Strecke?, JZ 2003, 815 ff.

Trute, Hans-Heinrich, Die demokratische Legitimation der Verwaltung, in: Hoffmann-Riem, Wolfgang/Schmidt-Aßmann, Eberhard/Voßkuhle, Andreas (Hrsg.), Grundlagen des Verwaltungsrechts: Band I: Methoden, Maßstäbe, Aufgaben, Organisation, München 2012.

Unger, Sebastian, Das Verfassungsprinzip der Demokratie, Tübingen 2008.

Valdés, Ernesto Garzón, Weitere Überlegungnen zur Beziehung zwischen Recht und Moral, in: Aarnio, Aulis/Paulson, Stanley L./Weinberger, Ota/Wright, Georgn Henrik von/Wyduckel, Dieter (Hrsg.), Rechtsnorm und Rechtswirklichkeit: Festschrift für Werner Krawietz zum 60. Geburtstag, Berlin 1993.

van den Daele, Wolfgang, Streitkultur: Über den Umgang mit unlösbaren moralischen Konflikten im Nationalen Ethikrat, in: Gosewinkel, Dieter/Schuppert, Gunnar Folke (Hrsg.), Politische Kultur im Wandel von Staatlichkeit, Berlin 2008.

van den Daele, Wolfgang/Müller-Salomon, Heribert, Die Kontrolle der Forschung am Menschen durch Ethikkommissionen, Stuttgart 1990.

Vereinigung der Deutschen Staatsrechtslehrer (Hrsg.), Die deutsche Staatsrechtslehre in der Zeit des Nationalsozialismus, Berlin/New York 2001.

Volkmann, Uwe, Darf der Staat seine Bürger erziehen?, Baden-Baden 2012.

–, Grundzüge einer Verfassungslehre der Bundesrepublik Deutschland, Tübingen 2013.

Vöneky, Silja, Ethische Experten und moralischer Autoritarismus, in: Vöneky, Silja/Hagedorn, Cornelia/Clados, Miriam/Achenbach, Jelena von (Hrsg.), Legitimation ethischer Entscheidungen im Recht: Interdisziplinäre Untersuchungen, Berlin 2009.

–, Recht, Moral und Ethik, Tübingen 2010.

Vöneky, Silja/Hagedorn, Cornelia/Clados, Miriam/Achenbach, Jelena von (Hrsg.), Legitimation ethischer Entscheidungen im Recht, Berlin 2009.

Voßkuhle, Andreas, Sachverständige Beratung des Staates, in: Isensee, Josef/Kirchhof, Paul (Hrsg.), Handbuch des Staatsrechts der Bundesrepublik Deutschland: Band III, Demokratie – Bundesorgane, 3. Aufl., Heidelberg 2005.

Wahl, Rainer/Appel, Ivo/Hermes, Georg/Schönberger, Christoph (Hrsg.), Öffentliches Recht im offenen Staat, Berlin 2011.

Zotti, Stefan, Ethische Politikberatung – Anmerkungen zur Frage nach der Legitimation von Expertenkommissionen im bioethischen Diskurs, in: Vöneky, Silja/Hagedorn, Cornelia/Clados, Miriam/Achenbach, Jelena von (Hrsg.), Legitimation ethischer Entscheidungen im Recht: Interdisziplinäre Untersuchungen, Berlin 2009.

Verzeichnis der Autoren

Prof. Dr. Markus Buntfuß, Lehrstuhl für Systematische Theologie an der Augustana-Hochschule, Neuendettelsau

Assoz. Prof. Dr. Martin Dürnberger, Fachbereich Fundamentaltheologie und Ökumenische Theologie, Universität Salzburg

Univ.Prof. Dr. Herwig Grimm, Professor am Messerli Forschungsinstitut der Veterinärmedizinischen Universität, Medizinischen Universität und Universität Wien, Leiter der Abteilung Ethik der Mensch-Tier-Beziehung

Prof. Dr. Maria-Sibylla Lotter, Lehrstuhl für Ethik und Ästhetik mit Schwerpunkt auf der Philosophie der Neuzeit am Institut für Philosophie I der Ruhr-Universität Bochum

Dr. Laura Münkler, Wissenschaftliche Mitarbeiterin (Akademische Rätin a.Z.) am Lehrstuhl für Öffentliches Recht und Verwaltungswissenschaften der Ludwig-Maximilians-Universität München

A.Univ.-Prof. Dr. Robert Pfaller, Professor für Philosophie und Kulturwissenschaft an der Kunst Universität

Prof. Dr. Stefan Rieger, Professur für Mediengeschichte und Kommunikationstheorie am Institut für Medienwissenschaft der Ruhr-Universität Bochum

Dr. Stephan Schleissing, Leiter des Programmbereichs „Ethik in Technik und Naturwissenschaften" des Instituts Technik-Theologie-Naturwissenschaften an der Ludwig-Maximilians-Universität München

Prof Dr. Gary Steiner, Professor of Philosophy, Bucknell University, Lewisburg, USA

Zeitfracht Medien GmbH
Ferdinand-Jühlke-Straße 7
99095 Erfurt, Deutschland
produktsicherheit@kolibri360.de